三联·哈佛燕京学术丛书
学术委员会：

季羡林　李学勤
（主任）

李慎之　苏国勋

厉以宁　陈　来

刘世德　赵一凡
　　　　　（常务）

王　蒙

———————

责任编辑：孙晓林
　　　　　曾　诚

三联·哈佛燕京学术丛书

慈继伟 著

正义的两面

修订版

The Two Faces
of Justice

Revised Edition

生活·讀書·新知 三联书店

Copyright © 2014 by SDX Joint Publishing Company.
All Rights Reserved.
本作品版权由生活・读书・新知三联书店所有。
未经许可，不得翻印。

图书在版编目（CIP）数据

正义的两面／慈继伟著．—修订版．—北京：
生活・读书・新知三联书店，2014.10 （2024.10 重印）
（三联・哈佛燕京学术丛书二十年）
ISBN 978 – 7 – 108 – 05104 – 2

Ⅰ．①正…　Ⅱ．①慈…　Ⅲ．①正义 – 研究
Ⅳ．① B82

中国版本图书馆 CIP 数据核字（2014）第 168780 号

责任编辑	许医农　曾　诚
装帧设计	蔡立国
责任印制	董　欢
出版发行	生活・讀書・新知 三联书店
	（北京市东城区美术馆东街 22 号 100010）
网　　址	www.sdxjpc.com
经　　销	新华书店
印　　刷	河北鹏润印刷有限公司
版　　次	2014 年 10 月北京第 1 版
	2024 年 10 月北京第 5 次印刷
开　　本	880 毫米 × 1230 毫米　1/32　印张 8.5
字　　数	202 千字
印　　数	13,001 – 15,000 册
定　　价	58.00 元

（印装查询：01064002715；邮购查询：01084010542）

三联·哈佛燕京学术丛书
从1994年创始至今，
二十年来，推出了近百种中青年学者的学术论著。

◆

本丛书由哈佛大学哈佛-燕京学社
（Harvard-Yenching Institute）
和生活·读书·新知三联书店共同负担出版资金，
保障作者版权权益。

◆

本丛书邀请国内资深专家组成编审委员会，
依照严格的专业标准评审遴选，定出每辑书目。
丛书保证学术品质，力求建立有益的学术规范与评审制度。

◆

展望未来，
本丛书将一如既往，稳健地推出新著，
为中文学术的繁荣发展竭尽绵薄。

第3章　正义的客观条件 · 057
1. 休谟论正义的作用 · 058
2. 以主体为中心的正义观（Ⅰ）：布坎南 · 060
3. 以主体为中心的正义观（Ⅱ）：罗尔斯 · 065
4. 以主体为中心的正义观（Ⅲ）：哈贝马斯 · 071
5. 哈贝马斯与正义的主观条件 · 077

第4章　叔本华论自愿正义 · 085
1. 积极正义与消极正义 · 086
2. 正义与仁爱的区别：恻隐之心的不同程度？ · 091

第5章　理性利己主义的道德限度 · 095
1. 理性利己主义与正义的距离 · 096
2. 理性利己主义的悖论 · 100
3. 休谟论正义的两个阶段 · 103

第6章　公道与证成 · 109
1. 公道的证成与公道的动机 · 110
2. 拜瑞论公道的经验性条件（Ⅰ）： · 117
   或，公道的必要性 · 117
3. 拜瑞论公道的经验性条件（Ⅱ）： · 122
   或，公道的偶然性 · 122
4. 良心在公道证成中的作用 · 124
5. 以他人为中心的公道概念 · 126

目　录

修订版前言 ·· 001
引　言　 ·· 001

第 I 章　正义秉性的诸因素 ·· 009
　　1. 反应性态度与正义的相互性 ·································· 009
　　2. 公共规范与个人间的相互性关系 ······························ 012
　　3. 正义与仁爱、与利己主义的区别 ······························ 015
　　4. 正义的条件性 ··· 017
　　5. 自律、他律、正义秉性：
　　　　哈贝马斯和罗尔斯与康德的不同 ···························· 021
　　6. 正义的动机与法律的作用 ······································· 027
　　7. 正义秉性的无条件一面 ·· 030
　　8. 合理规范下的相互性 ··· 033
　　9. 相互性与公道 ··· 036

第 2 章　正义的主观条件 ·· 040
　　1. 正义的主客观条件 ·· 041
　　2. 利益冲突与善观念冲突 ·· 042
　　3. 利他主义与正义 ··· 046

第 7 章　相互性的演变 …… 130
1. 以相互善意为特征的相互性关系 …… 131
2. 相互性的条件 …… 135
3. 罗尔斯理论中的相互性 …… 140
4. 从相互利益到相互善意 …… 144
5. 相互利益与正义的条件性 …… 148

第 8 章　无条件正义的两条途径 …… 153
1. 由社会维持的相互性 …… 154
2. 相互性与惩罚 …… 157
3. 正义的升华 …… 160
4. 无条件性的幻觉 …… 163

第 9 章　遗忘与愤恨 …… 168
1. 遗忘正义原初动机的两种方式 …… 168
2. 愤恨与交换 …… 174
3. 愤恨与惩罚 …… 179

第 10 章　个人的宽恕，社会的愤恨 …… 183
1. 宽恕的逻辑 …… 184
2. 无条件的宽恕 …… 188
3. 有条件的宽恕 …… 191
4. 宽恕与正义的条件 …… 195
5. 愤恨的正义性 …… 198

第11章 同情心的道德化 ·········· 202
1. 何谓克服正义的条件性 ·········· 203
2. 正义与友情 ·········· 205
3. 前道德的同情：认知功能与意动功能 ·········· 211
4. 道德化的同情：良心与自爱 ·········· 215
5. 良心的范围 ·········· 221

第12章 正义德行的自我意识性 ·········· 224
1. 威廉姆斯论有意识的德行 ·········· 224
2. 自我克服 ·········· 227
3. 自我克服及其报偿 ·········· 232
4. 以正义的名义 ·········· 234
5. 正义动机的多样性与可变性 ·········· 236

引用书目 ·········· 242
后　记 ·········· 248

THE TWO FACES OF JUSTICE

Contents

Introduction

1. Elements of a Just Disposition

   1.1. Reactive Attitudes and the Reciprocity of Justice

   1.2. Impersonal Norms and Personal Reciprocity

   1.3. Justice as Distinct from Benevolence and Egoism

   1.4. The Conditionality of Justice

   1.5. Autonomy, Heteronomy, and the Disposition of Justice: Kant versus Habermas and Rawls

   1.6. Legal Coercion and the Motivation of the Just Person

   1.7. Unconditional Aspects of the Disposition of Justice

   1.8. Reciprocity under Reasonable Norms

   1.9. Reciprocity and Impartiality

2. Subjective Circumstances of Justice

   2.1. Objective and Subjective Circumstances of Justice Defined

   2.2. Self-Interests and Conceptions of the Good

   2.3. Is Justice Needed under Conditions of Altruism?

3. Objective Circumstances of Justice

   3.1. Hume on the Role of Justice

   3.2. Subject-Centered Justice(Ⅰ): Buchanan

   3.3. Subject-Centered Justice(Ⅱ): Rawls

   3.4. Subject-Centered Justice(Ⅲ): Habermas

3.5. Habermas and the Subjective Circumstances of Justice

4. Schopenhauer and the Idea of Voluntary Justice

4.1. Active and Passive Points of View of Justice

4.2. Justice, Benevolence, and Degrees of Compassion

5. The Moral Limits of Rational Egoism

5.1. Justice and the Insufficiency of Rational Egoism

5.2. The Paradox of Rational Elgoism

5.3. Hume on Two Stages of Justice

6. Impartiality and Justification

6.1. Impartial Justification versus Impartial Motivation

6.2. Barry on Empirical Circumstances of Impartiality(Ⅰ); or, The Necessity of Impartiality

6.3. Barry on Empirical Circumstances of Impartiality(Ⅱ); or, The Accident of Impartiality

6.4. Justification and Conscience

6.5. Towards an Other-Centered Concept of Impartiality

7. A Progress of Reciprocity

7.1. Reciprocity as Mutual Good Will

7.2. Conditions of Reciprocity

7.3. The Importance of Reciprocity in Rawls

7.4. From Mutual Advantage to Mutual Good Will

7.5. Mutual Advantage and the Conditionality of Justice

8. Two Paths to Unconditional Justice

8.1. The Locus of Reciprocity

8.2. Reciprocity and Punishment

8.3. The Transfiguration of Justice

8.4. The Illusion of Unconditionality

9. Forgetting and Resentment

9.1. Two Ways of Forgetting the Original Motives of Justice

9.2. Resentment and Exchange

9.3. Resentment and Punishment

10. Individual Forgiveness, Social Resentment

10.1. The Logic of Forgiveness

10.2. Unconditional Forgiveness

10.3. Conditional Forgiveness

10.4. Forgiveness and the Circumstances of Justice

10.5. The Justice of Resentment

11. The Moralization of Sympathy

11.1. Transcending Justice

11.2. Justice and Friendship

11.3. Pre-Moral Sympathy: Cognitive and Conative

11.4. Conscience, Self-Love, and the Moralization of Sympathy

11.5. The Range of Conscience

12. Justice as a Conscious Virtue

12.1. Williams on Conscious Virtues

12.2. Justice as Self-Overcoming

12.3. Self-Overcoming and Its Rewards

12.4. In the Name of Justice

12.5. The Diversity of Motives and Their Vicissitudes

修订版前言

正义，即当代社会中人们通常所说的正义，是一个"斤斤计较"的个人德行，而建于这一道德心理基础之上的制度或安排相应地也是"斤斤计较"的社会建制。这种计较的对象很自然地分属两类：要么关涉一个建制（上至整个社会制度下至一个具体安排）是否公正；要么关涉人们（从每一个人的角度看主要是他人）是否基本遵守构成一个建制的规范，假定这些规范大体上是公正的，或者被认为大体上是公正的。对应于这两个对象，正义与不正义有两个迥异的所指：正义或指一个建制的规范是公正的，或指一个大体上公正的建制的规范得到了遵守，而不正义或指一套规范本身是不公正的，或指大体上公正的规范未得到普遍的遵守。

《正义的两面》所讨论的是第二个意义上的正义和不正义，也就是正义的道德心理学（就行为主体而言）和政治心理学（就建制尤其是制度而言）。这就意味着，我对所谓实质性或规范性正义问题基本上悬而不论，而这类问题恰恰是当代正义研究、尤其是自罗尔斯以来英语学界正义研究的重心。其实，我丝毫不认为规范性正义论不重要，只是有一些不容忽视的原因让我相信正义道德心理学至少同样重要甚至更为重要，而且，规范性正义涉及多种问题，远非一般意义上的规范性政治哲学所能涵盖。借拙著修订之际，我想先就此补充一些说明，同时把我的这项工作放在正义研究的一个更大的图景当中。

根据我个人的观察与思考，在我们所熟悉的现代社会中，很可能不存在一个所有人都有充分理由同意的正义制度，更不用说所有人实际上都会同意的正义制度。在这一问题上，人们经常挂在嘴边的"共识"到底有无可能，其基础何在，很少有人深究，因此关于"共识"的信念难免只是一个善良的预设，甚至可能沦为一个意识形态性的预设，武断地把对部分人更有利的制度当成对所有人同样有利的制度。平心而论，谁能说他发现或发明了一种切实可行的对所有人都同样有利的正义制度？

这并不是说，我们没有相对合理的理由认为某种制度不正义因此应该改造乃至取缔。然而，批评某种制度不正义或不够正义往往是相对于与之匹配的生产和生活方式而言的。比如，在一个比较发达的资本主义社会，人们有理由期待拥有某些自由、尤其是在这样一种生产和消费方式中不可缺少的自由，并且有理由期待在构成这样一种生产和消费方式的各种活动中享受某种程度的机会平等，甚至有理由期待当他们中的一部分人（不可避免地）沦为失败者时受到一定程度的生活援助和基本的人格尊重。而且，由于在一个资本主义社会中谁都没有资格在什么是好的人生和好的社会这类问题上自诩比他人高明，抑或说由于社会成员之间已经不再被认为存在任何质的而不仅是量的差别，因此某种形式的所谓民主也就成了在道理上难以拒绝的诉求。事实上，经过长期斗争和反复变革，诸如此类的元素已经顺理成章地构成了资本主义社会或者更准确地说"自由民主资本主义"社会的道德地平线。

不难想象，在这一道德地平线上，也就是说在自由民主资本主义社会的道德限度之内，人们尤其是哲学家们会提出五花八门的规范性正义构想，但又万变不离其宗，否则就会沦为毫无现实可能的乌托邦。也正因为如此，凡是基本上还"靠谱"的规范性正义构想其实都大同小异，哪怕就是表面看来势不两立的价值冲突也属于同一家族的内部之争。在理论上，很难说哪一派更有道理；在实践上，对绝大多数平民百姓来说，任何一个"靠谱"的规范性正义构想能够实现就不错了，至少会带来一个几乎比任何现存自由民主社会都公正许多的社会。在这个意义上，只要一个社会形成了相对稳定的道德地平线，规范性正义论的规范部分"差不多"就行了。

基于这一认识，我以为更重要因此也更关注的是在特定的社会中尤其是现代社会中规范性正义论的范式及其由来，而不是一个范式之内各种规范性正义论之间的差异和优劣，因而也无意去构建自己的规范性正义论。我所关心的与其说是规范性正义论不如说是"正义社会学"，其目的是说明一个社会的正义地平线（亦即在该社会大体上切实可行的正义构想之范式）是怎样的和如何形成的。

与此不同，我们通常所说的"规范性正义论"往往是在给定的道德地平线上关于正义的思考。这种思考不把给定的道德地平线视为揭示和反思的对象，至少不悉心为之，而是将给定的道德地平线作为规范性建构的预设或前提。因此，此种意义上的规范性正义论可以说是一种被特定的道德地平线所限制而对这一限制不甚自觉或不甚关心的正义研究。因为这种不自觉，规范性正义论难以超越构成现有道德地平线同时又被这一道德地平线所遮蔽的权力关系，更无法超越被这一道德地平线自然化了的"元正义"构想，即关于作为正义主体的人以及关于正义所分配的利益的构想。这样一种盲目的规范性正义论，尽管会自认为与所有人同样契合或对所有人同等有利，但实际上却难免在价值取向上或利益分配上向一部分人倾斜，因而可以说是通过普遍性话语对部分人的价值或利益也就是对不平等的权力关系的辩护。这就是我们通常所说的负面意义上的意识形态。

针对规范性正义论的这种倾向，"正义意识形态批评"十分必要，其目的在于揭示某个或某种规范性正义论与社会现实的意识形态关系，进而对其意识形态功能进行批评。其实，在我看来，所有以思想独立为宗旨的规范性正义论都需要防范自身的意识形态风险，将意识形态批评视为规范性正义论的一部分，以承载规范性正义论对其难免受制于特定的道德地平线这一背景事实的自觉。只是当规范性正义论缺乏这种自觉时，正义意识形态批评才必须作为一种独立的研究范式而存在。

为了分类完整起见，还有一种规范性正义论不妨一提，那就是或许可以称为"纯粹规范性正义论"的一种规范性思考范式。这种范式试图彻底摆脱给定的道德地平线，比如自由民主资本主义社会的道德地平线，但恰恰因为这个在某种意义上值得称道的理论抱负，它大有可能为此付出与现实世界完全脱节的代价，以至于不再能以实践为其目的，因而也就失去了政治哲学通常被认为固有的实践属性。在这方面，G. A. Cohen 的 *Rescuing Justice and Equality* 提供了一个毫不妥协的例证，并以极端的方式提醒我们，作为实践哲学的政治哲学多么容易沦为意识形态。

在上述几个研究范式中，我比较有兴趣的是我所称为"正义社会学"和"正义意识形态批评"的这两个，可惜它们在当代规范性政治哲学当中几乎没有任何位置。我对"正义社会学"偶有涉猎，而对"正义意识形态批评"（或者说针对现代自由民主社会之主导政治价值的意识形态批评）则用过稍多的笔墨。由此可见，我并不笼统地认为正义研究应该超脱于社会和历史的语境。在这一点上，《正义的两面》其实是一个例外，而这也把我们带到了与这本书更直接相关的话题。

在《正义的两面》中，我刻意避开了规范性正义论，以便专门探讨正义心理学，而因为正义心理学同时涉及正义的行为主体和正义的建制，也就是同时包含道德和政治两个维度，所以我在前面将其称之为正义的道德心理学和政治心理学。哪怕就是这一严格限定的主题，其实也有不同的处理方式。我所选择的处理方式或许可以称为"人性论"式的处理方式：我把正义当作人类不可缺少的一个道德范畴，试图确定这一范畴的基本属性，也就是正义作为一个**抽象的**（因而独立于具体社会和历史语境的）道德范畴的属性，并说明人在这一范畴及其属性中表现出来的道德倾向，包括道德能力和道德限度，同时揭示正义作为一种道德的一般社会性。这并不意味着，我一般地认为正义的所有属性一概独立于社会和历史语境，因此任何关于正义的研究都没有必要考虑社会和历史语境。在《正义的两面》中，我只是选择了一个特定的研究范式，并给自己施加了一些相应的限制，从而构成了这本书的主题和范围。

如此限定本书主题及范围的另一个后果是，我有意未在正义的不同建制形态甚至正义的不同概念之间做出区分，尤其未在古代正义和现代正义之间做出区分，尽管哪怕就是抽象的正义范畴和正义心理也在现代社会有更大的施展空间。这样一来，我所说的正义就要比当代论者笔下的正义（比如他们通常所说的"社会正义"）宽泛许多。按照我的界定，正义所关涉的是所有的道德指导下的人际相互性利害关系（更确切地说，所有道德指导下的人际有意识的相互性利害关系），因而可谓指导人际相互性利害关系之道德的统称。这其中当然也包含现代社会所特有的人际相互性利害关系，但并不限于此。这就是为什么我所反复讨论的概念，比如愤恨（以及其他反应性态度）、相互性、有条件性、正义对惩罚的依赖、以及以群体兼个体之遗忘为基础的无条件性，无一例外地都是正义的抽象属性，因而都独立于古代正义和现代正义之间的巨大差别。

然而，就像我在本书初版引言及后记中所强调的那样，虽然我意在探究的是抽象的正义范畴和正义心理，但是这一探究背后却有一个与现实密切相关的冲动，那就是更准确地理解中国社会中的道德现象。早在那时，我最关心的道德现象已经是中国改革开放以来愈演愈烈的道德危机，而这一道德危机的一个重要组成部分就是正义危机，只不过当时出于某些考虑我没有把心里的这一所指完全挑明。十几年过后，这一危机有增无减，以至于《正义的两面》的某些部分仿佛成了这一危机的哲学脚注。

从理论上说，正义危机有两个截然不同的类型。简而言之，在第一个类型中，规范本身严重地不公正，因此落实得愈好就愈不公正，而在第二个类型中，规范本身大体上是公正的，或者被认为大体上是公正的，但这些规范得不到有效的落实，甚至形同虚设。这两种不公正现象在任何一个社会都难免同时存在，而第二种现象在当今中国尤为严重，称之为危机毫不为过。对正义心理学的思考者来说，这一危机所揭示的最为突出的正义心理特征莫过于正义愿望的有条件性。这其中的道理非常简单。有正义愿望的人们在遵守规范时既不想吃亏也不图占便宜，而是为了在大家共同接受的规范之基础上公平互利。这一公平互利的要求，我称之为正义愿望的相互性。正是因为这种相互性，正义动机才是有条件的。对每一个愿意遵守大体上公正的规范的人来说，只有当他人普遍遵守这些规范时他才有充足的动机也这样做，否则只有单方面吃亏而无公正可言。甚至可以说，每一个社会成员遵守规范的行为（道德主体与道德规范的关系）同时并且在更重要的意义上也是他与其他社会成员构成良性的相互性关系的行为（道德主体之间的关系）。

这样一来，人们遵守道德规范就有一个独特的必要条件，即**相互**

性条件。相互性条件本身不涉及规范的内容，因此它需要另一个条件与之匹配，即关涉规范本身的**公正性条件**。所谓公正指的是被人们**认为**公正，并且**大体上**被认为公正就足够了。只要这一相对宽松的条件能够满足，人们之间的相互性关系就得以启动或延续。这一相互性关系的好坏决定了道德秩序的好坏，甚至可以说就是道德秩序的好坏，因此，道德秩序最怕的就是相互性条件的破坏以及由此产生的相互性关系的恶性循环。既然正义本身包含了有条件的动机，我们没有理由期待有正常的正义愿望的人无条件地遵守规范，这就不难理解，为什么一旦相互性条件严重地得不到满足，社会道德秩序就会以一发不可收拾之势陷入恶性循环。我们的社会正处于这种恶性循环之中：一部分人违反大体上公正的规范但得不到及时有效的制止或惩罚，于是更多的人争相效仿，造成规模越来越大的恶性循环而不得休止。

然而，严格而言，这一意义上的恶性循环远非当下道德秩序的全貌。这是因为，在可以称为正常的正义心理中，个人固有的正义愿望的有条件性是和社会要求于个人的无条件正义行为乃至动机并存而互动的，以至于在相互性关系的恶性循环中总会有那么一些人甚至多数人拒绝同流合污，至少不会轻易而彻底地同流合污。所以，"全民腐败"之说不仅是经验意义上的夸张，而且也是违反正义心理常识的夸张。然而，在相互性关系的恶性循环中尚能自持或部分自持的人们亦不可能超脱正义动机的有条件性，难怪他们当中很多人会沉溺在为自己有时也为他人而感到的愤愤不平之中，仿佛道德是对好人的惩罚，而这种惩罚的内在形式就是道德主体作为道德主体的心理扭曲。在相互性关系的恶性循环中，这是正义心理势必导致的另一种后果。虽然全民腐败不是事实，但是不腐败则扭曲却是普通道德主体（也就是所有不能超越正常正义心理的道德主体）在当今中国难以逃脱的典型命运。令人担忧的是，长此以往，整个社会都难免被笼罩在玩世不恭、麻木不仁、戾气逼人的氛围之中，而这种氛围又有可能孕育出一种道德性格和道德文化。

因此，对中国当下的社会公正、甚至对中国长远的道德前景来说，可能没有什么比打破这种相互性崩塌和道德心理扭曲之双重恶性循环更为急迫的议事日程了。针对这一危机去反思正义心理的属性及其可能后果，便是《正义的两面》背后的现实与理论的双重关切。这种反思所得出的一个根本性的假说就是：一个道德秩序的生命在于相互性关系的循环，要么是良性循环要么就是恶性循环，因此，促成相对公正局面的良性循环比建立完全公正的规范更为重要，更何况企图找到对所有人来说都完全公正的规范本身可能就是一种幻想。这就是为什么在我看来，作为道德哲学及政治哲学的研究对象，实质性正义论固然重要，但正义道德及政治心理学更为重要。我还认为，这是一个带有普遍性的道理，不仅适用于中国（尽管当下中国社会对此有放大镜的作用），同样也适用于其他社会，因此，道德心理学之于规范性正义论的优先乃是理解正义本身的要求。

这类总体的想法，我多年来一直都未改变，至今如此。所以，这次三联书店建议出版《正义的两面》的修订版，让我感到庆幸的是，这可以算得上一部我仍然认识甚至认同的旧著。当然，这并不意味着书中的所有观点我至今依然持有并以同样方式持有。尽管如此，我遵循自己的直觉，在修改过程中对全书及各章的主要思路及论证基本维持不动，而是尽量改进现有思路及论证的表达，使其更为清晰和顺畅，为此，我对初版文本做了幅度不小的修改。如果这一努力的结果给读者、尤其是新的读者带来了更好的阅读感受和收益，这在很大程度上要归因于三联书店，没有他们的恳切邀请和支持，我肯定不会在自己过去的思考收获和现在的思考探索之间找到现在看来显然更为合适的平衡。

引 言

我们不难观察到如下现象：如果社会上一部分人的非正义行为没有受到有效的制止或制裁，其他本来具有正义愿望的人就会在不同程度上效仿这种行为，乃至造成非正义行为的泛滥。我们不妨称之为"非正义局面的易循环性"。这一现象独立于正义规范的具体内容：不论一个社会具有什么样的正义规范，这一现象都有可能发生。如果法律制度不健全，这种可能性就更大。当然，这一现象远非正义问题的全部，甚至没有触及到正义规范的内容是什么、应该是什么这一重要问题。尽管如此，"非正义局面的易循环性"仍然是我们认识正义的性质、特别是其心理性质的一个突破口。任何关于正义的理论都需要对这一现象做出适当的解释，并把它和正义的其他方面联系起来。

本书的中心立论就是由此而生。正义有两个相反相成的侧面：一方面，作为利益交换的规则，正义是有条件的；另一方面，作为道德命令，正义又是无条件的。"有条件"的意思是说，具有正义愿望的人能否在现实中遵守正义规范取决于其他人是否也这样做。这种**有条件的自愿性**反映了正义的一个主要目的，即以**等利害交换**的方式满足人们的自我利益。由于这一特点，正义既有别于无条件的道德类型,比如说仁爱,又有别于利己主义,包括所谓理性的或开明的利己主义。这是问题的一个方面。另一方面,作为道德命令,正义又必须是无条件的。既然愿意遵守正义规范的人能否在现实中遵守正义规范取决于其他人是否也这样做,那么,一部分人的非正义行为就有可能导致其他人的非正义行为,结果使非正义行为蔓延至全社会。鉴于此,不论作为制度,还是作为个人品德,正义都必须是无条件的,否则,社会的正义局面就难以维持。

如此看来,有条件性和无条件性同为正义的基本属性,舍其一正义则不复为正义。但是,正义的这两个方面看起来又是相互矛盾,无法并存的:既然正义是有条件的利益交换规则,每个人能否遵守这些规则就取决于其他人是否也遵守这些规则;同时,既然正义是无条件的道德命令,每个人又必须把正义作为义务而绝对遵守,不论其他人是否也能做到。鉴于这一矛盾,本书旨在说明,正义的两个侧面何以并存,以什么形式并存,此种并存形式使正义作为一种个人品德具有何种属性,并使正义作为一种制度具有怎样的稳定性和局限性。

为此,探讨正义德行的基本属性尤其重要。鉴于正义是一种相对稳定和持久的愿望,并包含某些必不可少的特征,我们不妨称之为"正义秉性"。广义而言,正义秉性由两个因素构成:一是具体内容,二是结构性特征。所谓"具体内容"指的是人们的是非观念,亦即我们通常说的"正义感",它一般来自于人们所在社会的正义规范,而这些规范又往往因时因地而异。所谓"结构性特征"指的是正义秉性中不因规范性内容的变化而变化的特征。这些特征虽非先天,但却为不同社会历史条件下的正义者所共有,也就是说,所有人的正义秉性,不论其具体内容是什么,都具有这些特征。正是因为这些特征的存在,正义才有别于其他的德行和动机。

狭义而言，正义秉性仅指结构性特征，而不包括规范性内容。由于**狭义的**正义秉性不包括任何具体的规范性内容，我们亦可称之为**抽象的**正义秉性。由于这一意义上的正义秉性是所有正义者所共有的，或者说是正义者之为正义者所不可缺乏的，我们还可称之为**一般的**正义秉性。除非另有说明，在使用"正义秉性"一词时，我指的仅是狭义的、抽象的、一般的正义秉性。

在很大程度上，狭义的正义秉性独立于正义的规范性内容：不同的社会可以有不同的正义规范，并且可以在不同的历史条件下对这些规范做各种修正，但是，正义秉性的基本特征不会因为这些变化而改变，相反，这些基本特征不仅构成了人们在不同的社会里遵守不同的正义规范的**共同动机**，而且在一定程度上限定了正义的规范性内容的范围。因为，惟有人们典型地出于正义秉性而遵守的规范才称得上是正义规范，尽管正义秉性本身不能决定正义的规范性内容具体是什么。尤为重要的是，不论正义的规范性内容是什么，这些内容能否得到实施，可能实施到什么程度，怎样才能得到实施，都取决于正义秉性的结构性特征。由此可见，正义的可能性和局限性皆寓于正义秉性的结构性特征之中。

鉴于上述原因，理解正义秉性的重要性不亚于建构正义的规范性理论。就其性质而言，对正义秉性的研究是解释性研究，旨在说明正义（的结构）**是**怎样的（即如何运作），**为什么**是这样的（即为什么会这样运作），而不去证明正义（的内容）**应该**是怎样的。一个完整的正义理论包括解释性理论和规范性理论两部分。本书仅就正义秉性提出解释性的理论，而不直接触及正义的规范性内容。当然，任何解释性理论都难免影响我们对规范性问题的理解，本书亦不例外，但我并不专门讨论这一影响。

为了提出解释性理论，有必要做两个假设。第一，在解释正义秉性时，我们可以不考虑社会、经济、文化等因素。这并不是说，社会、经济、文化等因素不重要；恰恰相反，在正义观念的形成过程中和正义制度的运作过程中，这些因素往往会起到至关重要的作用。但是，本书的目的不是研究正义观念的具体内容，也不是探讨正义制度的具体运作，而是在一个更抽象的层次上分析狭义的、一般性的正义秉性。既然正义秉性具有某些恒定的、超越具体社会历史条件的一般性特征，我们就可以抛开经济、政治、文化、社会等具体因素，把问题放到一个更抽象的层次上来考虑。至于这一做法是否合理，读者可以通过讨论的结果来判断。

第二，有关正义秉性的解释性理论可以独立于正义的规范性理论。因此，在解释正义秉性时，我们可以不从任何规范性理论出发，也不必在不同的规范性理论之间做出取舍。这一假设是否合理，我将在有关章节里略加讨论。

在上述前提下，本书将主要讨论两个问题，第一，正义的有条件性和无条件性如何并存，第二，作为这两个侧面相结合的产物，正义秉性的基本特征是什么。通过这种讨论，我试图对正义心理和正义运作的若干重要特征做出较为系统的解释。在当代正义论中，这些特征并非无人问津，但有关论点散见于各家著述中，尚无专著把相互关联的多个特征放在一个统一的框架中进行综合性分析。

在进行这一综合性分析时，我的基本思路并不复杂：有条件性是正义秉性的固有特征；因此，社会无法消除这一条件性，而只能改变其表现形式，使人们的正义行为乃至正义动机具有无条件的表象及相应的社会效果。这一过程大致涉及两个方面。一方面，为了维持人们之间稳定的等利害交换关系，社会要求人们无条件地遵守正义规范。作为这一（表面看来）无条件行为的条件，社会代替个人维持人际关系的相互性，并通过法律手段惩罚所有破坏相互性的行为，从而使个人报复既不必要，也没有正当性。上述"无条件性"仅仅涉及行为，因为人们无条件地遵守正义规范的**动机仍然是有条件的**，只不过这一条件性是由社会（通过法律制裁）而不是由个人（通过直接报复）满足的。认清这一点是理解正义与法律的关系、尤其是正义对法律之依赖的关键。另一方面，鉴于法律手段的局限性，社会除了要求人们在行为上无条件地遵守正义规范外，往往还通过道德教育来改变人们对正义的理解，使正义规范在人们心目中变成道德意义上的"定言命令"，从而把无条件行为转变为无条件动机。在一定程度上，这种教育可能改变人们的自我认识，使人们对道德命令的绝对性确信不疑；出于这一自我认识，人们会更自觉地遵守正义规范，仿佛他们的正义愿望本身就是无条件的愿望。然而，一个值得注意的现象是，正义者往往对非正义者怀有一种特殊的、**既含道德愤慨又含利益计较的**情感反应。我用"愤恨"一词（大致相当于英文中的 resentment）来特指这种情感。愤恨是一种**道德**情感，因而有别于纯粹的怨气，同时，愤恨又是**涉及自我利益的**情感，因而又有别于纯粹的义愤。这说明，正义者的动机既有条件性、又有道德性，故可称为**有条件的道德动机**。这种双重性动机既使正义局面成为可能，又使正义局面具有某种特殊的脆弱性。

在上述过程中，正义的两个看似矛盾的侧面不仅不相互排斥，反而以相反相成的方式构成正义秉性的结构性特征。我把这一过程称为**正义秉性的社会化**，以表达这样一个意思：虽然和正义的规范性内容相比，正义秉性具有很大的恒定性，并不因时因地而异，但它并不是人的天然品性，而是社会建构的产物。

在分析这一社会化过程时，我的方法是哲学的，而不是社会学的。也就是说，我的分析对象不是社会化过程的经验层面（譬如家庭、教育等因素），而是社会化过程的总体逻辑。通过把握这一总体逻辑，我试图回答的问题是：既然正义的愿望是有条件的，那么，我们需要弄明白，社会化过程如何使人们产生无条件的正义行为和在他们自己看来是无条件的正义动机。解答这一问题有助于我们发现，经由社会化产生的正义秉性具有什么道德属性，并且，鉴于这一道德属性，正义作为社会安排和个人德行有多大的可能性和局限性。

在当代正义论中，这是一个尚未开拓的思路。不过，不少学者的相关论述都有助于我发展这一思路。鉴于此，我难免大量论及这些学者，通过与他们的对话或对他们的批评来更准确地阐述我自己的观点。在用较大篇幅讨论其他学者的观点时，我的目的通常是为自己的观点进行铺设（例如第4章中关于叔本华的讨论），或者为自己的观点提供某种富于启发意义的比较（例如第1章中关于哈贝马斯及罗尔斯的讨论）。一般来说，摆出他人的观点（例如第6章中布莱恩·拜瑞 Brian Barry 的论点）总会在某个方面使我自己的观点变得更为鲜明，更具有针对性。在有些情况下，我仅仅意在通过讨论他人而就不同的立论进行对比和取舍（例如第3章中关于休谟、艾伦·布坎南 Allen Buchanan、罗尔斯、哈贝马斯的讨论）。在另一些情况下，某个学者的观点（例如书中多处提及的叔本华的观点，以及第12章阐述的尼采的一些早期观点）之所以有必要用较大篇幅介绍，是因为这些观点不仅很重要，而且尚不为人熟知。总而言之，不论出于什么具体目的，在引证他人时，我都是为了澄清或求证本书的论点，而不是为了对其他学者的观点做学究性的诠释。

尽管本书涉及道德心理学，但我并未参考（狭义的）心理学家在这方面的研究。这一做法需要略加说明。正如我强调过的，本书的目的不是考察正义秉性实际形成的经验性环境，而是揭示正义秉性赖以形成的社会化过程之总体逻辑。就这一目的而言，哲学家的抽象分析比心理学家的经验性研究更为适用。所以，在使用"心理学"一词时，我指的主要是哲学意义上的抽象的道德心理学，而不是经验性的心理学。在这方面，尼采、叔本华、休谟等人的著述都提供了十分重要的见解。在当代道德哲学家中，有些人专门研究道德心理，例如加布里埃尔·泰勒（Gabriele Taylor）和帕特丽夏·格林斯潘（Patricia Greenspan）。另外一些人虽不以此为主要研究方向，但对道德心理也不乏见地，例如罗尔斯、拜瑞、艾伦·吉巴德（Allan Gibbard）、伯纳德·威廉姆斯（Bernard Williams）。这两类当代道德哲学家都给我很大启发，尽管我很少完全同意他们的观点。此外，在涉及正义的若干宗教因素时，我也参考了某些宗教思想家的见解，例如克尔凯郭尔、莱恩霍德·尼布尔（Reinhold Niebuhr）、保罗·蒂利希（Paul Tillich）。

最后，我扼要介绍一下各章的内容及其联系。在第1章里，我对正义秉性的基本特征提出一个总体的、但只是初步的分析。为深入理解这些特征，我在第2章和第3章分别探讨正义的主观条件和正义的客观条件：根据人类既定的生存状况（即所谓正义的客观条件），人为什么需要正义并且需要什么样的正义；同时，根据人类既定的心理特征（即所谓正义的主观条件），人能够发展出来的正义秉性大致会具有什么特征。在随后的三章里（第4章、第5章、第6章），我进而区分正义动机和其他动机，旨在说明哪类动机高于正义动机，哪类动机低于正义动机，从而确定正义秉性不是什么。以此为基础，从第7章到第9章，我详细阐述正义秉性是什么，以便在一个比第1章更为深入的层次上进一步分析正义秉性的各种基本特征或口结构性特征。在这三章里，我们既会看到正义的可能性，也会发现正义的局限性。接下去，在第10、11两章里，我主要分析正义秉性和利他主义德行的关系，目的在于判断，正义秉性能否（并且应否）通过与利他主义德行的结合而超越自身的局限性。最后，在第12章里，我把正义作为一种道德意识加以分析，着重指出正义秉性中的自我意识倾向及其意义。在某种意义上，第12章可以作为全书的总结。因为，正义秉性的自我意识性既体现了正义的成就，也体现了正义的代价，既表明了正义的可能性，也表明了正义的限度。只有如此观之，我们才能恰如其分地估价正义：不论作为个人德行，还是作为社会安排，正义都是十分可观的道德成就，但同时也是相当脆弱的道德成就。

第 1 章
正义秉性的诸因素

构成正义秉性的主要因素包括:愤恨(resentment)、相互性或条件性、对法律约束的依赖性,以及表面看来与上述特征相悖的无条件性或自律性。这些因素彼此相关,要准确把握其中任何一个,都有必要考量它和其他因素的关系。鉴于这些因素之间的关系尚待证明,我们先从这些单个因素本身谈起。

1. 反应性态度与正义的相互性

彼得·斯特劳森(Peter Strawson)认为,人无法长期避免人际交往而不丧失人性,而只要与人交往,我们就会产生某些道德情感。斯特劳森把这些道德情感统称为**反应性**态度(reactive attitudes)。在正义观念主导的人际交往中,反应性态度有三种:即愤恨(resentment)、义愤(indignation)、自责感(guilt)。这些反应性态度都是正义秉性的固有特征,因而也是受正义观念主导的人际交往的固有特征。无论我们如何界定正义的内涵与外延,并赋予它怎样的规范性内容,正义秉性都离不开这些反应性态度。如斯特劳森所言:"如果这类态度不以**某种**形式存在的话,世界上就难以存在**我们**所理解的人际关系体系,或人类社会本身。"❶同理,离开了潜在的愤恨、义愤和自责感,以正义观念为媒介的人际交往将不复存在,甚至变得不可思议。

我之所以引用斯特劳森的观点,是因为它基本上得到了诸家的同意,适合作为讨论的一个共同出发点。和斯特劳森一样,在讨论愤恨和其他反应性态度时,我们将对不同的规范性正义观和元伦理观持中立态度;譬如,我们将不比较普遍论和相对论的优劣。❷ 在本章所选定的抽象层次上,规范性正义观或元伦理观的不同不会导致我们对正义秉性之理解的不同;相反,不论我们持有怎样的规范性正义观或元伦理观,正义秉性都不能不包含愤恨、义愤及自责感这三种反应性态度。❸据此,要了解正义秉性,建构包括正义规范论和正义心理学在内的完整正义理论,把握这三种反应性态度是必不可少的先决条件。正如斯特劳森所说:"只有通过研究这类态度,我们才能从我们所体验到的事实中领悟出:当我们用道德语言谈论应得、责任、自责感、谴责、正义时,我们究竟指的是什么。"❹ 诚然,从某些正义观的角度看,上述特征并不必然存在。譬如,某些宗教正

---

❶ Peter Strawson, *Freedom and Resentment* (London: Methuen, 1974), p. 24.

❷ 正义秉性在规范和元伦理两方面均独立于正义的认知范畴,正如形式正义具有相对独立性一样。见 John Rawls, *A Theory of Justice* (Cambridge, Mass.: Harvard University Press, 1971), pp. 58–59。

❸ 本书的目的是解释正义秉性,而不是论证正义规范。鉴于此,我会取材于不同的正义论作者,尽管他们的规范性理论各不相同。同样,当我批评某些著作家对正义秉性的解释时,比如哈贝马斯、罗尔斯、布莱恩·拜瑞、艾伦·布坎南,这并不意味着我反对他们的规范性理论。当然,解释性和规范性的界线并不是绝对的,但这一区分有助于说明本书的意图,指出哪些问题在本书讨论范围之内,哪些问题不属于这一范围。在解释愤恨、相互性等现象时,我不会刻意避免这些观念可能包含的规范性意义,但也无意从这些意义中发展出一套完整明确的规范性理论。

❹ Strawson, *Freedom and Resentment*, p. 23.

义观混淆了正义和仁爱,忽略了正义的独特道德特征。但是,正是因为没有抓住愤恨、义愤、自责等特征,这类正义观无法说明,正义何以区别于某些邻近的概念,成为一个独立的道德范畴。

除上述反应性特征外,正义秉性的另一特征是相互性或条件性。为了说明这一特征,我们有必要强调愤恨与另外两种反应性态度的区别。斯特劳森认为,三种反应性态度都是正义秉性的必要特征,他写道:"一般来说,尽管其程度有所不同,我们为自己而要求于别人的考虑也是我们为别人而要求于别人、为别人而要求于自己的考虑。"❶"所有这三种态度都植根于我们的天性以及我们作为人类社会成员这一身份。"❷虽然这三种反应性态度确实如斯特劳森所说是同一道德结构的不同侧面,但这并不必意味着,这三种情感在我们的道德心理中占有同样显著的位置。从发生学的角度看,我们最初产生的要求是为了自己而对别人提出的要求;与此相应,我们最先体验到的反应性态度是愤恨。只有在此之后,我们才学会为了他人而对自己提出要求,并且为了他人而对他人提出要求。也就是说,自责感和义愤是继愤恨之后才产生的反应性态度。我们只有先感受自己的遭遇,然后才能体会他人的不幸。❸斯特劳森把义愤和责难这两种第三人称态度描述为"第一人称反应性态度(即愤恨——

---

❶ Strawson, *Freedom and Resentment*, pp. 15–16.

❷ Strawson, *Freedom and Resentment*, p. 16. 另见 Jürgen Habermas, *Justification and Application: Remarks on Discourse Ethics*, tran. Ciaran P. Cronin (Cambridge, Mass.: MIT Press, 1993), p. 40。

❸ 在阐述卢梭对非正义的理解时,Judith Shklar 指出:一个人必须"首先体验(自己遭受的)非正义",才能接受别人拥有的权利。鉴于此,"应该最先教给孩子懂得他们自己的权利,这样,当他们能够明白别人也会因遭受非正义而痛苦时,他们就能懂得自己的责任,而责任是我们的权利的自然基础"(*The Faces of Injustice*, New Haven: Yale University Press, 1990, p. 88)。

引者）的相似物",❶正是由于这一缘故。可见，愤恨是自责感和义愤的基础，虽然前者只有在与自责感和义愤并存的情况下才成为真正的道德情感。

即使这三种反应性态度已经全都出现，形成了一个具有不同侧面的道德情感整体，人最固执的要求仍然是我们为了自己而对别人提出的要求；与之相应，愤恨也是最容易被触发的情感。人天生偏爱自己，所以动辄就会因别人伤害了自己而感到愤恨。相形之下，义愤和自责感是长期道德教化的结果；况且，不论道德教化如何成功，我们都难以充分体会别人的境遇，因为他人对他人的过失而感到强烈的义愤，或因为自己对他人的过失而感到由衷的悔恨。虽然任何道德都包括两种要求，即我们为了自己而对他人提出的要求和我们为了他人而对自己（和他人）提出的要求，但这两种要求并不同样强烈。愤恨的强度往往高于义愤和自责感，❷因此，与义愤和自责感相比，愤恨也更能体现正义的相互性特征。

2. 公共规范与个人间的相互性关系

当我们因为别人未能满足自己的要求而感到不满时，我们的反应并不能被称为愤恨，否则，以愤恨为重要特征的正义感就无异于自我中心主义。在评论斯特劳森时，哈贝马斯指出，与公共规范

---

❶ Strawson, *Freedom and Resentment*, pp. 14–15.
❷ 这并不是说，自责感或义愤不应该成为道德心理研究的重点。我们如何选择研究焦点取决于我们想要阐明什么问题。关于对自责感的进一步讨论，见 P. S. Greenspan, *Practical Guilt: Moral Dilemmas, Emotions, and Social Norms*（New York: Oxford University Press, 1995）。

（impersonal norms）认同是产生愤恨的必要条件。他写道："**某一具体**个人损害了我们的尊严，义愤和愤恨就是针对此人。然而，这种义愤之所以具有道德性质，不是因为两个**具体**个人之间的交往受到了干扰，而是因为有关的**规范性期待**遭到了违背。这一规范性期待的合理性不仅适用于自己和他人，也适用于社会所有成员。我们甚至可以说，如果这一规范性期待是严格意义上的道德规范，它的合理性就必须涵盖所有具有正常能力的行动者（competent actors）。"❶ 在此，哈贝马斯指出了愤恨的**道德**属性，但他忽视了愤恨的另一重要属性：他人因违背道德规范而侵犯了我，这并不足以使我产生愤恨，因为使我产生愤恨的必要条件还包括，我本人在相当长一段时间里没有违背同样或同类的道德规范，尤其是针对那个侵犯了我的人而言。与此同理，我不会仅仅因为自己违背了道德规范并伤害了他人而产生自责感，因为使我产生自责感的必要条件还包括，我所伤害的人在相当长一段时间里并未伤害过我。推而论之，如果某个人因无视道德规范而伤害了另一个人，我们对他的义愤往往取决于这样一个事实，即他所伤害的人并未伤害过他。

由此看来，我们对公共规范的承诺同时也是我们与他人达成的相互性承诺。在此意义上，社会全体成员共同遵守规范是每一个成员遵守规范的先决条件。承诺的相互性或相互依赖性反映了这样一个事实：我们每个人都有自己的利益，只有在大家共同遵守公共规范的前提下，这些利益才能受到适当的保护。这说明，人与规范的关系同时也是人与人之间的相互性关系。任何受道德规范调节的人际关系都是相互性关系；规范本身的非个人化特征并没有抵消这一相互性，而只

---

❶ Jürgen Habermas, *Moral Consciousness and Communicative Action*, trans. Christian Lenhardt and Shierry Weber Nicholsen（Cambridge, Mass.：MIT Press, 1990）, p. 48.

是赋予它一种特殊的形态，即**以规范为基础的相互性**。[1]

以规范为基础的相互性是个人利益与公共规范的交汇点，在此交汇点上，个人利益因受到公共规范的调节和保护而不再是纯粹的个人私利，而变成了合理的个人利益。为了保护彼此的合理利益，我们接受公共规范的约束，并与所有承诺遵守这些规范的人建立起以规范为基础的人际关系。这一关系的特征在于，我们对他人的承诺是他人对我们的承诺的先决条件，反之亦然。这样一来，对公共规范的违背不仅是对相互性原则的违背，也是对他人的合理利益的侵犯。我之所以会对某个人感到愤恨，是因为他一方面违背了公共规范，另一方面侵犯了我的合理利益。这两个方面同为愤恨的必要条件，是构成愤恨的两个不同侧面。

为了说明愤恨的道德属性，从而说明愤恨与一般意义上的不满的区别，哈贝马斯突出了愤恨的非利益因素，并强调指出，愤恨的起因是他人对公共规范的破坏。然而，哈贝马斯显然忽视了愤恨的利益因素：愤恨不仅起因于他人对公共规范的破坏，同时也起因于他人对我们的合理利益的侵犯。虽然这两个因素总是同时发生作用，但利益因素的作用往往大于道德因素的作用。与义愤不同，愤恨是一种带有自偏倾向的道德情感，与报复欲不无相通之处。因此，对愤恨者本人来说，起主导作用的不是"有关的**规范性期待**遭到了破坏"，而是"两个**具体**个人之间的交往受到了干扰"。当受害者用道德眼光来看待这一现象时，愤恨的情感便油然而生。

换言之，我们之所以对他人感到愤恨，主要是因为他人侵犯了我们受正义规范保护的个人利益，而不仅仅是因为他人违反了正义

---

[1] 关于规范与利益之间的关系，亦即遵守规范的相互性，见 David Hume, *A Treatise of Human Nature*, ed. L. A. Selby-Bigge, 2nd edn., ed. P. H. Nidditch (Oxford: Clarendon Press, 1978), p.490。

规范这一事实本身。固然，我们之所以认为自己的某些利益是合理而不可侵犯的，是因为这些利益受到了公共规范的认可和保护。不过，这并没有改变一个基本事实：造成我们愤恨的主要原因是他人对我们个人利益的侵犯，而不是他人对公共规范的破坏。只有侵犯我们个人利益的人和事才能引起我们的愤恨。

退一步说，即使我们确实因为他人违反了公共规范而感到愤恨，这一情感的产生也与个人利益有关。在遵守公共规范时，我们的目的是为了维护与他人的互利关系，在这一关系中，每个人都必须放弃其非合理利益，并保证不侵犯他人的合理利益。任何违反公共规范的人都擅自放弃了他所应该履行的义务，从而破坏了上述互利关系。这种违约行为是对我们个人的合理利益的侵害，所以，我们对违约者怀有个人的、直接的愤恨。

可见，相互性是正义秉性的固有特征。在承诺遵守公共规范时，我们实际上是在向他人做出承诺，保证不伤害他们的合理利益，而他人对我们的承诺也具有同样的意义。倘若他人未能兑现其承诺，我们履行的义务就成了单方面的付出，我们的愤恨情感也就随之而生。相互性动机是愤恨情感的先决条件；反过来，愤恨情感是相互性动机的逻辑产物。不论我们在具体内容上如何构想正义，我们都无法回避对正义秉性的如下理解：他人普遍遵守正义规范是每一个人遵守正义规范的前提。

3. 正义与仁爱、与利己主义的区别

通过相互性的概念，我们可以更准确地界定正义秉性的上限和下限，解释正义如何介于纯粹的利他主义和纯粹的利己主义之间。

简言之，正义是一种有条件的、但又是自愿的人际关系态度。一个正义的人能自愿地遵守正义规范，做有利于他人的事，而不做不利于他人的事。然而，这一自愿态度有其条件，那就是，社会其他成员也这样做。由于这一条件，正义不同于仁爱或其他纯粹利他主义的德行。与正义者不同，仁爱者不论别人如何行事，都自愿做有利于他人的事，而不做不利于他人的事。

与正义相比，仁爱涵盖的行为范围更广。仁爱者热衷于帮助他人，正义者则侧重于不损人利己。就我们所讨论的问题而言，这两者的主要区别在于，仁爱者的行为不取决于受惠者是否回报，而正义者则根据他人是否回报来决定自己的行为。前者是无条件的，后者是有条件的。就内容来说，仁爱与正义有雷同之处，但就动机来说，这两者却有质的区别：正义以相互性为条件，仁爱则不需要这一条件。即使不具备相互性条件，仁爱者仍会以仁爱之心待人。❶

不过，条件性并不使正义等同于（理性）利己主义。与正义者不同，利己主义者不会根据他人是否遵守正义规范来决定自己的行为。在此意义上，利己主义者的行为也是无条件的。即使具备相互性条件，利己主义者仍不会遵守正义规范。不管别人怎样做，只要可以避免法律惩罚，他就会为了追求个人利益而不惜违反正义规范。由于这一区别，法律对正义者和利己主义者的作用迥然不同：为了促使正义者遵守正义规范，法律只须维护社会的基本有序状态；而为了使利己主义者能够这样做，法律则必须诉诸直接的胁迫手段。

上述三类人的行为可大致概括如下：出于等利害交换的动机，正义者的利他行为必须以相互性为条件；仁爱者的利他行为不依赖

---

❶ 根据这一理解，仁爱的特点是无条件的自愿。仁爱者无条件地把自己视为仁爱的主体，而不是仁爱的对象。见 Immanuel Kant, *The Metaphysics of Morals*, trans. Mary Gregor (Cambridge: Cambridge University Press, 1991), p. 244 (450)。

于这一条件；利己主义者则尽可能逃避自己在相互性关系中的责任。通过这三者的区别，我们可以看出相互性和愤恨的关系。正义以相互性为动机，所以必然导致愤恨的反应性态度。仁爱在动机上高于相互性，所以能超越愤恨的反应性态度。利己主义在动机上低于相互性，所以无从导致愤恨的反应性态度。所谓正义是介于纯粹的利他主义和纯粹的利己主义之间的情感，指的就是这个意思。

4. 正义的条件性

如果正义秉性是有条件的，那么，我们就有必要重新评价正义秉性，并对当代正义论的一些重要观点提出质疑。通过这一重新评价，我试图确立以下命题：正义命令是假言命令而非定言命令；正义感是他律而非自律的道德情感。

某一命令是否为假言命令，不仅取决于它是否带有附加条件，还取决于这些附加条件是否涉及当事者本人的欲望。假如正义命令是有条件命令，那么，我就只有在别人遵守正义命令时，才会遵守正义命令。但是，仅凭这一个条件，正义命令并不能成为假言命令。要使正义命令成为假言命令，还需要具备另外一个条件：我之所以有条件地遵守正义命令，是因为我具有自己的欲望，并且力图以互利方式实现这些欲望。所谓正义命令是假言命令而非定言命令，指的正是这一双重含义。

在叔本华看来，康德在论及道德义务时混淆了假言命令和定言命令。他的根据是，康德在《道德形而上学》中曾这样说："每个人都想**得到帮助**，但如果有人表现出，他的行为准则是不帮助他人，那么人人都**有理由**拒绝帮助他。因此自私的准则是自相矛盾的。"[1]叔本华指出，这段文字"以再清楚不过的方式表明，道德义务绝对地、完全地依赖于可期待的**相互性**，因此，它是纯粹利己的，并从利己主义中获得其意义。在**相互性**的条件下，利己主义狡猾地默认了一种妥协"。叔本华认为，既然康德在《**道德形而上学的基础**》中声称，"永远按照可以成为普遍法则的准则行事是使人的意志永远不与自身发生对抗的条件"，因此，"**对抗**这个词的真正含义就是，如果意志认可了非正义和非仁爱的准则，那么，一旦它**最终**成为被动的一方，它便会放弃这条准则并因此而陷入自相**矛盾**"。叔本华由此得出结论："康德的基本规则并不是他反复声称的**无条件**命令，而是一个**假言**命令，因为它有一个条件：既然我把制约我的行为的法则提到了**普遍性**的高度，它就变成了对我**不利**的原则，在这个条件下，我作为最终的被动一方，当然**不能**把非正义和不仁爱作为我的**意志对象**。"[2]

我大段引用叔本华是为了说明两个问题。第一，在讨论康德所谓的定言命令和假言命令时，我们需要说明，以条件性为特征的假言命令涉及道德的哪一阶段，是确立道德准则的阶段，还是实践道德准则的阶段。第二，不管叔本华对康德的批评能否成立，它都不影响一个基本事实：在第二阶段，即实践道德准则的阶段，康德的定言命令并不掺有假言命令的成分。根据叔本华所引的康德著作片段，我们可以看出，即使康德所说的定言命令确实掺有假言命令的成分，它也只涉及确立道德准则的阶段，而不涉及实践道德准则的

---

[1] Kant, The Doctrine of Virtue, sect 30, in *The Metaphysics of Morals*. 为一致起见，本节在引用康德时保留了叔本华在 *On the Basis of Morality* 中的引用形式，包括着重标志。见 Arthur Schopenhauer, *On the Basis of Morality*, trans. E. F. J. Payne (Indianapolis, Indians: Bobbs-Merrill, 1965), pp. 90–91。

[2] Schopenhauer, *On the Basis of Morality*, p. 91.

阶段。❶诚然，在《道德形而上学》中，康德区分了正当与德行两个范畴，使问题变得更复杂了一些。❷然而，即使在该书中，康德也坚持认为，道德主体在履行德行义务时必须是无条件的：服从定言命令意味着，相互性的缺失不能构成障碍。在这一点上，《道德形而上学》和《道德形而上学基础》一脉相承。最能说明问题的是《道德形而上学基础》中的如下说法："定言命令确定准则，使其成为所有理性者的行为规则，**如果人们普遍遵守这些准则**，目的王国便会实现。"虽然康德承认，这只是一个假设性的陈述，但他仍然坚持说："'遵守目的王国的成员为仅仅是可能的目的王国制定的普遍准则'这一法则仍完全有效，因为它是定言命令。"❸

这里，我们触及到了关于条件性的一个重要区分。对康德来说，条件性涉及道德准则能否成为普遍意志之对象的问题，或者说道德准则的合理性问题。在描述康德《道德形而上学基础》中的"实践唯我论"（practical solipsism）时，托马斯·波格（Thomas Pogge）指出："理性在此仅仅要求每个人作为个体具有动机的统一：每个人应有一个前后一致的、普遍性的、完备的准则体系。"❹这是康德哲学对条件性的要求。与此不同，另一种条件性只要求不同个体之间实践的统一。根据后一种条件性，一个人是否遵守社会准则取决于社会其他成员是否遵守该准则。此处，条件性指的不是个人动机的统一（或准则在理性领域中被证成的可能性），而是个人动机对外界条件的依赖性（或准则在欲望与利益领域中的可行

---

❶ Thomas Hill 也做了类似的区分。见 Hill, *Dignity and Practical Reason in Kant's Moral Theory* (Ithaca, New York: Cornell University Press, 1992), p. 66。

❷ 见 Thomas W. Pogge, "Kant's Theory of Justice," *Kant Studien* 79, 1988, pp. 410, 415。

❸ Kant, *Groundwork of the Metaphysic of Morals*, trans. H. J. Paton, in *The Moral Law* (London: Hutchinson, 1947), p. 106.

❹ Pogge, "Kant's Theory of Justice," p. 410.

性)。借用科特·拜尔(Kurt Baier)的说法,在后一个意义上,正义行为的理由不具有独立性,❶意思是说,一个人是否认同并遵守这些理由不仅取决于他人是否**应当**认同并遵守这些理由,还取决于他人**实际**上是否认同并遵守这些理由。

第二种意义上的条件性可以称为实践条件性,或基于利益的条件性。在当代正义理论中,这一条件性被认为是正义诉求和正义秉性的合理特征。它的具体表现是,正义准则往往带有"如果别人也都这样做……"这一条件句。这种条件性不涉及制度正义的内容,❷而只涉及个人动机,属于罗尔斯所谓"合理道德心理":"如果[公民们]相信制度或社会运作方式是正义的或公平的(如其设想所示),他们便能够并愿意履行自己在其中的责任,**只要他们确信别人也会履行这一责任**。"❸借用伯纳德·威廉姆斯(Bernard Williams)的表达方式,这就是说,如果我们只有在这种情况下才愿意履行自己的责任,我们的正义愿望就属于对成本敏感的愿望。❹正如威廉姆斯本人所说:"行为主体还抱有别的、特别是利己主义的动机。除非合作能在一定程度上也满足这些利益,否则合作就会在这些动机

---

❶ Kurt Baier, *The Rational and the Moral Order* (Chicago and La Salle, Illinois: Open Court, 1995), p. 190. Baier 认为,在一定程度上,正义的基础是根植于社会的、因此非独立的理由。所谓"根植于社会的理由"指的是:我按某种理由行为的前提是其他人亦认同并遵守这一理由。

❷ 关于制度的作用,休谟说,"一个孤立的正义行为,就其自身考虑,经常会有违公益;只有人们通过整体的计划或系统的行为方案的一致作法才是有利于公益的"。见 Hume, *A Treatise of Human Nature*, p. 579。

❸ John Rawls, *Political Liberalism* (New York: Columbia University Press, 1993), p. 86, 着重标志为引者加。

❹ 见 Bemard Williams, "Formal Structures and Social Reality," in *Trust: Making and Breaking Cooperative Relations*, ed. Diego Gambetta (New York: Basil Blackwell, 1988), p. 4。

的作用下失去稳定性。"❶

5. 自律、他律、正义秉性：
哈贝马斯和罗尔斯与康德的不同

上述道德心理完全符合正义所固有的反应性态度和相互性动机，就其本身来说无可厚非。不过，一旦我们意识到正义秉性的条件性和它与个人利益的关系，我们就必须放弃康德的定言命令及自律概念对正义的适用性。根据我们对条件性的非康德式定义，正义秉性的条件性所要求的不是动机的统一，而是实践的统一，或个人（合理）利益的满足。❷ 这一条件性说明，正义秉性的属性不是自律，而是他律，正义命令也不是定言命令，而是假言命令。康德对自律的定义是：人"应该关心履行责任（即德行）时所需做的牺牲，而不是这样做所能带来的好处，这样他就能理解责任之命令的权威，即这种命令是一种自足的、独立于任何其他影响的法则，要求无条件的服从"。❸

---

❶ Williams, "Formal Structures and Social Reality," p. 11.
❷ 作为回报，正义之士所要满足的不是他的任何利益，而是他的合法利益。罗尔斯认为，只要别人遵守社会合作的公平条件，正义之士也会这样做，哪怕违反他的个人利益（见"Reply to Habermas," *Journal of Philosophy* 92, 1995）。依我看，这一观点未能准确表达正义秉性的性质。正义的作用是区分合理与非合理的利益，因而不要求人们牺牲自己的合理利益，而只要求他们放弃自己的非合理利益。一旦我们区分合理利益与非合理利益，就不难看出正义的相互性与（合理）利益的满足之间的联系。关于这一点的讨论，见 Lawrence C. Becker, *Reciprocity* (New York: Routledge, 1986), p. 126。
❸ Kant, "On the Common Saying: 'This May Be True in Theory, But It Does Not Apply in Practice'," in *Kant's Political Writings*, ed. Hans Reiss, trans. H. B. Nisbet (Cambridge: Cambridge University Press, 1970), p. 64.

显然，这种自律性不符合正义的相互性，对一般人际关系来说既不现实也不尽可取。既然如此，我们不妨取消"他律"一词的消极含义，把它作为一个中性或描述性的词语来理解，并借此重新评价正义秉性，不去过分挑剔其他律特征。事实上，对他律性的宽容态度恰恰是当代正义论的标志之一。比如，罗尔斯就认为，正义愿望的条件性属于"合理道德心理"的范围。哈贝马斯亦写道："即使某些规范在道德上是十分合理的，我们也没有理由期待人们遵守，除非他们能够相信大家都会遵守这些规范"；因为，"只有在规范得到普遍遵守的情况下，我们为规范的正当性所提出的理由才能成立"。[1]

如果哈贝马斯仅仅是在描述正义的道德心理，他的观点自然不错；但他同时也认为，这一道德心理特征属于"自律"，这就有失妥当了。道理很简单：如果只有在正义规范得到经验层次的认可和实践时，我们才能够接受并实践这些规范，那么，我们遵守规范的理由就涉及我们的个人利益，而与康德的"普遍性标准"和托马斯·波格的"个人动机的统一"无关。这样一来，哈贝马斯所描述的正义愿望就不具有自律的特征，而只具有他律的特征。他所说的正义愿望就具有对成本的敏感性，而康德所说的自律则是不计成本的。

实际上，关于道德行为对成本的敏感性，哈贝马斯本人做过一段很清楚的说明，其中涉及他本人对自律的解释、他对理性与利益的关系的理解以及他如何用合理的个人利益概念来区分正义行为和分外善行（acts of supererogation）。他写道："只有在合乎

---

[1] Jürgen Habermas, *Law and Morality*, in *The Tanner Lectures on Human Values*, vol. 8, ed. Sterling M. McMurrin (Salt Lake City: University of Utah Press, 1988), p. 245.

理性的社会环境中，我们才有理由期待人们自律，在这种社会环境中，受正当理由驱使的行为不一定与个人利益发生冲突。道德命令的合理性必须满足一个条件，那就是，作为普遍实践的基础，**所有的人**都遵守这些命令。只有在此条件得到满足时，道德命令才表达了所有人能够有的愿望。只有在此时，符合公共利益、对所有的人同样有利的道德命令才不对个人提出分外的要求。"❶显而易见，哈贝马斯虽然使用了自律的字眼，但他实际描述的却是正义秉性的他律特征。

为了进一步说明这一点，我们不妨借用康德本人的概念，把康德认为是道德在经验层次的"次要"特征解释为正义秉性的必要和首要特征。康德承认，"通过想象、习惯和欲望的作用，一些次要的概念和考虑伴随义务概念"；他甚至说："受到普遍认可和尊重的义务很难在其履行过程中不受人的私利和其他动机的干扰。"❷这就给了我们一个提示，使我们有可能在康德体系内部讨论道德的潜意识或无意识动机（即康德所谓次要的概念和考虑）。当然，康德本人并没有这样做。对康德来说，潜意识或无意识动机和私利动机一样，是人们在履行道德义务时有待克服的障碍。而我们则力图说明，不论"次要的动机"是有意识的还是下意识或无意识的，其存在都绝非偶然，其意义也不限于经验领域。恰恰相反，正如我们从正义秉性所固有的愤恨态度和相互性动机中所推知的，所谓次要动机实为正义秉性的结构性动机，其实质是人对自我利益的关切，亦即他律。

正义概念有其内在的道德限度，一俟逾越此限度，我们就脱离

---

❶ Habermas, *Justification and Application*, p. 34
❷ Kant, "On the Common Saying," p. 69. 另见 *The metaphysics of Morals*, p. 196（392-393）。

了正义的领域。当然，这并不是说，所有符合正义标准的行为都是他律的行为。我们不必否认，符合正义标准的行为有可能出于高于正义的愿望。不过，如果一个符合正义标准的行为确实出于高于正义的愿望，那么，这一行为的主体就不会仅仅满足于正义的行为，而会在必要时超越正义的要求，做出纯粹的、不以相互性为条件的利他行为。

当然，这并不是康德本人的观点。在《道德形而上学》中，康德区分了正当和德行两个领域；由于这一区分，他很难把正义动机视为一个单独的德行，而只能把自觉地遵守正义义务的愿望作为德行的一部分。❶我在前面对康德的分析只是一种推论，旨在说明，**假如**康德认为正义是一个单独的德行，他也无法否认，正义的属性是他律。就康德的实际观点而言，他对正当领域和德行领域的区分直接影响了他对正义的理解。一方面，他可以把正义**行为**归入正当的范畴，承认正义的他律属性，❷但另一方面，鉴于义务和定言命令的关系，他又必须把正义**义务**纳入德行的范畴，坚持正义的自律属性。

与康德不同，罗尔斯和哈贝马斯视正义为一个单独的动机或德行。从这一观点出发，他们无法像康德那样，截然区分正当领域和德行领域，进而用自律来概括后者的特征。相反，对他们来说，如果一个人履行正义义务的条件是别人也这样做，这一条件是完全合情合理的。这一观点本身无可挑剔，但它呈现出一个问题。既然罗尔斯和哈贝马斯拒绝截然区分利益与规范、正当与德行，他们就不应否认正义秉性具有康德意义上的他律属性。同时，由于他们认为，正义是人类理性的产物，包含了所有具有理性的人都应该遵守的原则，他们又不愿放弃康德意义上的自律概念。这两者的并存

---

❶ 康德明确指出，"可以被称为德行的心向只有一种，即履行义务的主观决定基础，它亦包括正当的义务。"（*The Metaphysics of Morals*, p. 210（410））

❷ 见 Kant, *The Metaphysics of Morals*, p. 122（307）。

在他们的理论中造成了一种矛盾或紧张：一方面，与康德不同，他们认为正义秉性是以利益为基础的，因而是有条件性的；但另一方面，他们又坚持康德的理性观，不肯放弃自律的概念。在这两者之间寻找平衡时，罗尔斯和哈贝马斯似乎没有注意到，如果正义秉性是以利益为基础的、计较成本的情感，它就在根本上有悖于康德的自律概念。显然，为了解决这一矛盾，只能放弃自律概念，因为，他律（亦即基于利益的条件性）是正义秉性中一个无法消除的因素，舍之正义则不复为正义。

其实，在某种意义上，哈贝马斯已经放弃了康德的自律概念。在哈贝马斯看来，自律不是纯粹实践理性的预设，而是社会化过程在经验层次的产物。❶借助科尔伯格（Lawrence Kohlberg）的道德发展阶段论，哈贝马斯提出，人的正义秉性有一个发展过程，在该过程中，相互性由低级形式逐渐发展到理想形式，后者的最终表现是自律。推动这一发展的是社会化的进程：社会以良性循环、循序渐进的方式调节规范和利益之间的关系，使人们在自觉自愿遵守规范的同时，愈来愈有效地实现其合理利益。

罗尔斯的构想亦大致如此。与功利主义的正义观不同，在罗尔斯的理论中，自律和善意不是正义社会的道德先决条件，而是正义社会（即罗尔斯所说的良序社会）的预期结果。❷正义社会的先决条件不是自律和善意，而是等利害交换的他律动机。

当然，用自律概念来描述哈贝马斯和罗尔斯的正义观未尝不

---

❶ 在使用自律一词时，哈贝马斯有两个含义。第一是意志的自律，与他律对照，关系到人是否"能够按照道德洞见行动"。在这一意义上，哈贝马斯的自律概念与康德的自律概念相似。第二是"个人自律"，或者说个人的独立性，与相互依赖性对照，属于沟通理性的一部分。此处所指的是自律的第一个含义。

❷ 关于罗尔斯和哈贝马斯在这些问题上的观点，本书第7章有更详尽的讨论。

可。不过，在这个意义上使用自律概念，必须注意它与康德的自律概念的区别。对康德来说，自律不仅独立于利益和欲望，并且，作为理性的预设，它是一切道德概念的起点。与此相反，对哈贝马斯和罗尔斯来说，自律是规范与利益相互调节的产物，并且，它不是道德发展的起点，而是道德发展的归宿和结果。既然如此，把哈贝马斯和罗尔斯的正义观视为康德自律原则的一种形式，或哈贝马斯所谓"康德自律原则的交互主体（intersubjective）形式"，显然有欠准确。❶ 事实上，鉴于哈贝马斯和罗尔斯所描述的"自律"行为有赖于（正当的）个人利益的满足和社会化的正常进行，我们不妨以逆喻的手法把它称为"**受条件制约的自律**"。这一自律之所以被误认为是康德意义上的、先于经验的自律，是因为我们已经遗忘了其条件，而我们之所以会遗忘其条件，是因为这些条件已经在现实生活中得到了满足。这一点我会在其他章节详细讨论。这里需要说清的是，虽然哈贝马斯和罗尔斯的自律概念与康德的自律概念有某些表面的相似，但它所依赖的社会化进程与康德的道德观并无干系，而是与休谟所谓的"情感的进步"（progress of sentiments）更为接近。如果在讨论正义秉性时使用自律概念，我们务必厘清"自律"的含义，不可混淆两种不同的用法。

以上旨在说明，按照严格的、亦即康德式的自律概念，正义秉性的特征是他律而非自律。正义与仁爱不同：仁爱可以是无条件的、自律的，而正义则一定是有条件的、他律的。不做这一区分，我们就无法区别正义与仁爱，也无法对正义的可能性和局限性有一个恰如其分的估价。

---

❶ Habermas, "Reconciliation through the Public Use of Reason: Remarks on John Rawl's Political Liberalism," *Journal of Philosophy* 92, 1995, p. 109.

更具体一点讲，如果把正义视为自律的德行，我们就会在建构规范性理论时低估人们就正义规范取得共识的困难。当然，这并不是说，康德的自律概念能解决这一困难。康德在理论上排除了利益和欲望在道德中的作用，但这并没有解决问题，而只是把问题转移到了经验领域。与康德相比，哈贝马斯和罗尔斯的长处在于，他们把个人利益和个人需求作为讨论的出发点，并进而认为，正是因为人们的利益和需求有所不同，他们才需要努力取得共识。如此看来，如何取得共识是问题的焦点：共识不再像在康德哲学中那样，是一个在理论上已经解决、只需运用于经验领域的问题。[1]这显然是一个进步。不过，一旦调节利益冲突成为正义的焦点，自律的概念就失去了它在康德哲学中的意义。

在这种情况下，继续用自律概念来界说正义秉性会给我们一个错觉，好像仅凭正义秉性本身，我们就能建立并维持正义的社会；如果法律仍有必要，那仅仅是因为非正义行为仍然存在，所以我们需要法律的保护，而不是因为法律是促使我们遵守正义规范的重要辅助条件。当然，这并不是说，哈贝马斯或罗尔斯有意夸大了正义秉性的作用，但他们对正义秉性的理解（即正义是自律的、带有道德独立性和目的纯粹性的愿望）确实在无形中起了这种夸张的作用。

6. 正义的动机与法律的作用

既然正义秉性的特征是他律，它就只能在一定条件下才能导致

---

[1] 见 Thomas McCarthy, *Ideals and Illusions*（Cambridge, Mass.：MIT Press, 1991）, p. 210。

正义的行为。为了克服这一条件性，使正义具有自律的外表，社会必须诉诸法律。法律的强制手段迫使人们遵守正义规范，不论他们是否情愿。久而久之，一个道德有序的社会就可能逐渐形成，在该社会中，人们普遍遵守正义规范，从而为别人遵守正义规范提供了相应的社会和心理条件。这样一来，社会一般成员就不会因为正义规范得不到普遍遵守而自己也不愿继续遵守正义规范。

通过这一点，我们不仅要说明正义秉性和法律手段之间的关系，而且要说明法律手段本身的性质和作用。有一种观点认为，法律旨在保障普遍的行为自由（康德），制止对个人权利的侵犯（黑格尔）。换用日常生活用语，这就是说，法律的作用在于保护人们的合理利益，并威慑和惩治不义之徒。哈贝马斯则持另一种观点。他认为，法律之所以必要，是因为它能促使具有正义愿望的人毫无勉强地服从正义的要求。用他自己的话说，"在何种条件下道德命令才是合理的这一问题是促使道德向法律过渡的因由"。[1]

哈贝马斯甚至认为，这也是康德的看法。根据他的解释，康德"已经用类似的方式证明，从道德到国家所认可的法律之过渡是合理的"。[2]不过，他对康德的解释并不完全正确。在讨论道德和法律的关系时，康德关注的是人的行为自由，以及"把普遍的相互强制手段与每个人的自由联系起来的可能性"，[3]而不是法律能否为已经拥有义务感的人提供履行义务的辅助条件。这里，康德只涉及正当的范畴，而不涉及德行的范畴以及与动机有关的一系列问题；用他本人的语言表达："正当之为正当，在于它构成了使用强制手段的

---

[1] Habermas, *Justification and Application*, pp. 16, 155, 156. 另见 *Law and Morality*, p. 245。

[2] Habermas, *Justification and Application*, pp. 155, 另见 pp. 87–88。

[3] Kant, *The Metaphysics of Morals*, pp. 57（232），47（220）。

依据。"❶与康德相反，哈贝马斯从正义动机的角度来看待法律的作用，并且认为，人们之所以遵守正义规范，是因为他们知道，法律"在必要时会通过强制手段确保人人遵守具体的法律规范"。❷此种期待构成了正义动机的有机部分，是人们自愿遵守正义规范的必要条件。❸显然，不管正确与否，这都不是康德的观点。

根据本章的思路，使法律强制手段成为必要的不仅是正义动机的相互性，也是道德主体在这一相互性遭到破坏时所产生的愤恨情感。❹实际上，相互性之于法律的威慑作用相当于愤恨之于法律的惩罚作用。既然正义动机以相互性为条件，那么，为了维护这一条件，从而维护正义的可能性，社会就必须诉诸法律的威慑力，迫使人们尊重人际关系的相互性。倘若威慑不起作用，相互性遭到破坏，并引起其合理利益受到损害的社会成员的愤恨，社会就必须采取进一步的强制手段，诉诸实际的惩罚。

可见，哈贝马斯对德行的理解与康德截然不同。对康德来说，德行的固有特征是内在立法（internal lawgiving）。哈贝马斯则认为，作为一种德行，正义不仅不独立于、反而依赖于外在立法（external lawgiving）或司法性立法（juridical lawgiving）。这样一来，外在立法就成了内在立法的背景或先决条件，内在立法也就失去了它的严格意义。当然，外在立法的作用不是促成人的正义动机，而是维护正义的条件性，强迫不具有正义动机的人遵守正义规范，从而为具有正义动机的人创造自愿实践正义的条件。由此可见，外在立法愈

---

❶ Kant, *The Metaphysics of Morals*, p. 57（231），着重标志为引者加。
❷ Habermas, *Justification and Application*, p. 156.
❸ 见 Diego Gambetta, "Can We Trust Trust？" in *Trust: Making and Breaking Cooperative Relations*, pp. 218-221。
❹ 见 Strawson, *Freedom and Resentment*, p. 22。

成功，罗尔斯所谓"合理的道德心理"的条件性和不稳定性就愈不明显。反过来，如果法律未能有效地维护正义的相互性，正义动机的条件性和不稳定性就会显现出来。

这里，我们无意借助康德来批评哈贝马斯。相反，从道德心理学的角度看，哈贝马斯的观点较之康德是一个进步。与康德不同，哈贝马斯不去截然区分道德与私利、内在立法与外在立法，也正因为如此，他才能提出，公共规范的普遍实施是每个人遵守该规范的合理前提。在正义的范畴之内，这的确是一个合理前提。不过，一旦接受这一前提，我们就必须重新估价道德动机的独立性，并弱化道德与私利、内在立法与外在立法、有德的动机与有益的行为之间的区别。诚然，在弱化这些区别之后，我们仍可坚持，正义秉性是合理的、理性的，但我们不再能认为，正义秉性是纯粹道德的、完全自律的。

7. 正义秉性的无条件一面

正义秉性之为正义秉性，是因为它具有双重性：既重道德义务，又重利益满足。无论我们是否借用康德有关正当和德行的区分，这两个侧面都应该受到同等的重视。我们在前面说过，正义秉性的形成有赖于规范和利益的相互调节，而这意味着，在道德层次上，正义秉性是居于利他主义与利己主义之间的德行，带有内在的愤恨倾向和不可避免的条件性，并在很大程度上依赖于法律（对他人）的威慑和惩罚作用。

当然，这只是笼统而言。在实际经验领域中，正义可以更接近于利他主义，也可以更接近于利己主义。至于它究竟偏向哪一边，取决于社会化的具体情形,而后者又取决于特定的文化和历史条件。一般来说,在社会化比较成功的情况下,正义秉性会更貌似无条件的德行,人们甚至会产生一种主观感知,好像自己的正义秉性确实是无条件的。

至此,我们主要讨论了正义秉性的有条件性一面。但正义还有另外一面:正义者往往视正义原则为无条件命令。❶这两个貌似矛盾的侧面何以共存,何以具有相等的心理真实性,是一个正义理论有待讨论的命题。我们一方面需要说明,正义秉性为什么是有条件的,另一方面,我们还需要解释,正义原则为什么会被正义者本人认为是定言命令、无条件命令。要解释这两个不同侧面,我们首先需要分析社会化的作用,即正义秉性所固有的条件性如何通过社会化的作用(部分地)转化为无条件性,从而使正义秉性兼有条件性和无条件性两个侧面。

作为建制,正义的**实践**必须是无条件的,否则正义就无法起到保障稳定的道德秩序和利益交换的作用。为了创造这一无条件性,国家必须诉诸法律,垄断维护正义的相互性的权力,使个人既无必要亦无可能自行干预。与此同时,作为交换的条件,个人必须无条件地履行正义的义务,不论别人是否也这样做。

个人与国家的这种"交换"关系完全符合正义秉性的逻辑。个人之所以愿意无条件地遵守正义规范,是因为正义的条件性已经受到了国家的保障。在此前提下,个人行为的无条件性与个人**动机**的有条件性并行不悖。固然,相互性条件的满足可以使人们不再意识到该条件的存在,但这只改变了人们实践正义的社会环境,而没有改变他们实践正义的动机。既然国家已经满足了正义的相互性条

---

❶ 见 Kant, *Groundwork of the Metaphysic of Morals*, p. 106。

件，个人就不再有必要坚持这一条件性。正义的相互性动机并没有改变，而只是暂时退出了人们的意识。

倘若国家不能完全有效地保障人际关系的相互性，它就必须诉诸别的手段，通过提高社会道德水准来弥补自身机制的缺陷。国家愈无力维持正义与其相互性条件之间的联系，它就愈需要淡化公民对这一联系的意识。为达此目的，国家必须创造一种强调义务的意识形态，以求改变人的正义动机，把无条件地实践正义变成公民的道德义务。如果说，国家通过法律手段来维护正义的相互性的作法完全符合正义秉性的逻辑，那么，国家通过强调个人义务感和正义的无条件性来弥补其自身机制缺陷的作法就超越了正义秉性的逻辑范围。正因为如此，这一努力无法取得全面的成功。虽然人们可以内化某种强调义务的意识形态，从而暂时忘却正义的条件性，但他们对条件性的要求并没有消失，而是潜入了下意识，转变为愤恨这一反应性态度。

通过意识形态的反复作用，正义的条件性可能不再表现为人们对相互性的直接要求，而表现为愤恨和惩罚欲等反应性情感。这些情感的存在表明，正义秉性的特征不是自律，而是他律。它之所以有时呈现出自律的表象，是因为人们对正义的相互性条件的要求已经在该条件得到满足的情况下退出了人们的意识。尼采用"遗忘"的概念来解释这一变化。[1] 这一概念的恰当之处在于，它不仅解释了正义的相互性动机如何从人们的意识中消失，还解释了该动机如何以愤恨和惩罚欲等情感形式继续滞留于人们的下意识。社会化虽然可以改变正义秉性，使它从有条件的德行转变为貌似无条件的德行，但这一改变有其内在限度。不管社会化如何成功，表面上看起

---

[1] 见 Friedrich Nietzsche, *Human, All Too Human*, trans. R. J. Hollingdale（Cambridge: Cambridge University Press, 1986）, I, 92。

来是无条件的正义愿望都与正义的相互性动机一脉相承。

8. 合理规范下的相互性

在有关正义的论述中，诸多作者区分以公道为定义的正义观（justice as impartiality）和以相互性为定义的正义观（justice as reciprocity; justice as mutual advantage）。这一区分有其道理，不过，这两种正义观之所以不同，不是因为其中一种认为，正义动机是相互性的，而另一种认为，正义动机是非相互性的。实际上，这两种正义观的主要区别在于，它们提倡不同的**规范性**理论。规范性理论的中心问题可以概括为：什么是最合理的正义原则。对这一规范性问题，公道正义论和相互性正义论有不同的回答。[1]本章使用的相互性概念是解释性的，而不是规范性的。它不涉及规范是否合理，而只涉及人们在建立并遵守某一套正义规范时出于什么动机。

为了区分不同的概念，我们用"相互性"（reciprocity）一词来指称人们对正义规范所作的有条件承诺，不管该正义规范的具体内容是什么，用"互利"（mutual advantage）一词来指称以互利为具体内容的规范性正义观，故曰"互利性正义观"或"以互利为定义的正义观"。

这一区分并不意味着，所有的规范都能取得人们的相互性承诺。某些规范违背正义的基本精神，是人们无法出于正义动机而遵守的规范（比如完全服务于个人私利的规范或明显损害他人利益的

---

[1] 见 Brian Barry, *Theories of Justice*（Berkeley: University of Califomia Press, 1989）; *Justice as Impartiality*（Oxford: Clarendon Press, 1995）。

规范)。正义是居于利他主义和利己主义之间的德行：因为与利他主义不同，所以它不能允许严重妨碍自我利益的规范；因为与利己主义不同，所以它不能允许严重损害他人利益的规范。诚然，在如此限定的范围内，人们有可能就某一规范是否公道产生歧异，但一般来说，人们无法出于正义动机而遵守的规范只是那些严重损害自我利益或他人利益的规范。

如前所述，相互性是正义秉性的固有特征。这里，我们有必要对相互性做进一步的界说。相互性指的是人们对规范的有条件服从，但"规范"指的不是任何规范，而是合理规范。因此，更确切地说，相互性是合理规范下的相互性。根据这一定义，"相互性"是一个恒定因素，而"合理规范"的具体内容则是一个变动因素，后者在不同的正义观中有不同的定义。譬如，作为规范性理论，以公道为定义的正义观中的相互性指的是**公道**框架内的相互性；同理，作为另一种规范性理论，以互利为定义的正义观中的相互性指的是**互利**框架内的相互性。不同正义观之间的分歧不在于它们对人们是否应对既定的正当规范作出相互性的承诺有歧异，而在于它们对人们应当如何确定既定规范的正当性持不同看法。❶正义秉性的相互性是一个适用于不同正义观的概念，其中既包括以公道为定义的正义观，也包括以互利为定义的正义观，以及许多其他的可能性。

在此基础上，我们可以提出"最低限度的相互性"这一概念，用来指称见于各种不同的正义观、以不同的正义规范为基础的人际相互承诺关系。就"相互性"本身而言，这种人际相互承诺关系不因正义观之不同而不同；但就其内容来说，它又取决于不同正义观

---

❶ 在第二点上，不同的正义论者（如 Rawls, Robert Nozick, Brian Barry, and David Gauthier）是一致的，至少应该是一致的，否则就无从将正义区别于利他主义和利己主义。

的具体规范。根据这一区分,"最低限度的相互性"乃是正义秉性中的最基本要素,涉及的是人的正义动机。尽管相互性在不同的正义观中具有不同的规范性内容,但"最低限度的相互性"本身不会因规范性内容的不同而有任何改变。只有这样理解正义秉性的相互性条件和正义规范性内容的关系,我们才能解释,为什么人的正义动机是稳定的、甚至恒定不变的,而人的正义观却灵活可变,可以在不同的社会历史条件下表现出截然不同的规范性内容。

如果不区分解释性理论和规范性理论、区分最低限度的相互性和道德主体赖以形成相互性关系的社会规范,我们就无法对道德的历史变迁做出恰当的解释。也许有人认为,人们对既定规范的有条件服从本身就是相互性的表现,因此,这一区分并不必要。这种看法的缺点是,它把相互性变成了一个彻底的规范性概念,从而混淆了两个不同的范畴:一个是相互性关系本身,另一个是相互性关系在特定社会历史条件下所表现出来的具体规范内容。

通过上述区分,我们还可以解释,社会化如何一方面影响正义秉性,另一方面又不能超越正义秉性所固有的内在限度。在社会化过程中,社会向个人灌输具体的正义规范,但这种灌输的成功条件是,接受灌输的人必须具备以"最低限定的相互性"为基本特征的正义秉性。诚然,在一定程度上,正义秉性本身亦是社会化的产物,而不是人的天然愿望。但是,与社会化在灌输正义规范时的庞大选择空间相比,在塑造和改变"最低限定的相互性"时,社会化的灵活余地很小。不同的社会可以向人灌输不同的正义规范,从而给人际相互关系赋予不同的内容,但是,假如一个社会取消了人际关系中的"最低限定的相互性",代之以无条件的利他主义或无条件的利己主义,那么,正义秉性和正义制度本身都将不复存在。因此,我们可以说,"最低限定的相互性"是正义秉性之为正义秉性、正义观之为正义观、正义制度之为正义制度的必要条件。

另一方面，恰恰因为以相互性为特点的正义秉性本身并不具有规范性内容，或者说只具有"等利害交换"这一最低限度的规范性内容，所以，正义秉性有待规范性正义观的充实，否则它将是空洞的、抽象的。在这一意义上，正义秉性和规范性正义观可以说是二为一体，前者制约后者，而后者又反过来充实前者。任何实际存在的、具有具体时空内容的正义愿望都是这两者相互作用的产物。举例说，如果与正义秉性相结合的规范性正义观是以公道为定义的，那么，由该正义观所促成的正义愿望的具体内容自然是公道，相应地，正义的相互性条件自然也是以公道为基准的相互性条件。不过，即使这样，我们仍有必要区分布赖恩·拜瑞（Brian Barry）所谓的"一阶公道"（first-order impartiality）和"二阶公道"（second-order impartiality），❶进而说明，拜瑞不应也不必拒绝用相互性概念来解释正义动机。

9. 相互性与公道

拜瑞认为，以公道为定义的正义指的应该是二阶公道而非一阶公道。他写道："公道的支持者所维护的是二阶公道。这里，公道被视为对一个社会的道德和法律规则的测试：它所测试的是这些规则是否可以被自由、平等的人们所接受。对公道的批评者所谈论的

---

❶ 拜瑞写道："以公道为正义的理论需要的是这样一些准则和规则，它们能够成为寻求在合理条件下取得一致的人们自由地达成一致的基础。我们称这种公道为二阶公道，以区别于一阶公道，即要求人们不偏不倚地行为这一戒律"（*Justice as Impartiality*, p. 11）。

则是一阶公道,即以公道作为日常生活中的行为准则。"❶借助这一区分,拜瑞指出:"以公道为定义的正义并不要求把普遍的一阶公道作为准则,甚至与这一作法相悖。"❷在《正义即公道》中,他声称,把普遍的一阶公道作为准则既不必要,也不可取。在早先发表的《诸种正义理论》中,他也表达了类似的观点,认为立法的角度和守法的角度有所不同,前者应该是公道的,而后者则不必是公道的。原因之一是,既然人们已经在立法阶段为守法阶段确立了法律制裁,公道的动机在后一阶段就不再必要。❸

需要补充的是,在日常生活中,一阶公道不仅**不必**、而且**不应**成为正义的动机。况且,一阶公道也**不可能**成为正义的动机。如前所述,相互性是正义秉性的最低限度的规范性内容。以公道为定义的正义观可以为相互性赋予更具体的规范性内容,但却不能取消它的存在。换言之,如果与正义秉性相结合的规范性正义观是以公道为定义的,那么,公道并不能取代正义动机的相互性,而只能为人们的相互性承诺关系提供具体的规范性内容。如此看来,不管拜瑞用什么概念(公道或任何其他概念)来界定正义的范畴,他都**不应**否认正义动机的相互性条件,而且,既然他坚持一阶公道和二阶公道的区别,他就**不必**拒绝用相互性概念来解释正义动机。

具体来说,拜瑞针对正义理论提出了三个问题,它们分别涉及正义行为的动机、正义规范的标准、以及这两者之间的联系。他认为,以互利为定义的正义论和以公道为定义的正义论是不同的正义观,两者都对这三个问题提供了综合的答案。❹的确,以公道为定义

---

❶ Barry, *Justice as Impartiality*, p. 194.
❷ Barry, *Justice as Impartiality*, p. 213.
❸ 见 Barry, *Theories of Justice*, p. 366。
❹ 拜瑞在 *Theories of Justice* 和 *Justice as Impartiality* 两书中均有此论。

的正义论可以是这三个问题的综合答案,然而,既然第一个问题涉及的是道德主体的动机而不是规范的正当性,拜瑞对该问题的答案就应该包括"最低限度的相互性",虽然他对第二个问题的答案是公道。换言之,就正义的动机而言,公道概念只能用来充实相互性概念,而不能取而代之。

其实,虽然拜瑞拒绝用相互性概念来回答第一个问题,但"相互性"在他对正义动机的理解中显然起了重要的作用。在回答正义理论的第一个问题时,拜瑞指出,正义行为的动机是"公平待人的愿望":"如果我有公平待人的愿望,我就会按以公道为正义的要求行事,**只要大家基本上都这样做**。"❶这里,正义的规范性内容虽然取决于公道的定义,但人们是否愿意遵守这些规范却有赖于以合理规范为基础的相互性关系:每一个人是否愿意遵守公道原则取决于他人的行为是否符合公道。因此,在全面批评艾伦·吉巴德(Allan Gibbard)以互利为定义的正义构想时,拜瑞与吉巴德的分歧实际上只涉及正义理论的第二个问题(即正义规范的问题),而不涉及第一个问题(即正义动机的问题)。❷

拜瑞对罗尔斯正义论的分析也陷入了同样的误区。拜瑞认为,虽然罗尔斯主张以公道为定义的正义观,但他实际上却把相互性视为"合理的道德心理"的一部分。在拜瑞看来,这是一个明显的矛盾,以至于"约翰·罗尔斯的《正义论》包括了两种正义理论"。❸实际上,罗尔斯的《正义论》并没有包括两种正义观,而只是对两个不同的问题提供了不同的答案。的确,罗尔斯的正义观是以公道为定义的正义观,但这只涉及第二个问题(即正义规范的问题)。

---

❶ Barry, *Justice as Impartiality*, p. 51, 着重标志为引者加。
❷ Barry, *Justice as Impartiality*, pp. 48–50.
❸ Barry, *Theories of Justice*, p. 179.

在涉及第一个问题（即正义动机的问题）时，罗尔斯始终坚持的是人际关系的相互性。只有当不区分正义理论的两个问题时，罗尔斯的正义论才具有拜瑞所描述的那种矛盾。而一旦做了这一区分，他的正义论就会变成抽象的正义秉性（即"最低限度相互性"）与某种实质性的正义观（即以公道为定义的正义观）的毫无矛盾的结合。只有如此观之，我们才能把握正义秉性的基本特征，同时承认它与各种规范性正义观结合的可能性。

第 2 章

正义的主观条件

不论我们的目的是解释正义秉性,还是提出正义的规范性理论,都需要了解正义的条件(the circumstances of justice)。[1]只有通过了解正义的条件,才能知道正义所要解决的问题,以及解决这些问题所需要的动机资源。从这两方面看,如何理解正义的条件将决定我们如何看待正义秉性。且以休谟为例。休谟认为,正义之所以必要,是因为人们在物质匮乏的条件下缺乏足够的仁爱精神。据此,休谟提出,正义的首要作用是决定如何分配财产权利。这两个命题之间的联系是显而易见的:休谟对正义条件的理解直接影响了他如何界定正义的领域、正义的作用,以及正义德行的性质。

正义的条件可以区分为正义的主观条件和客观条件。对这两种条件,我的看法与当代正义理论的普遍倾向有很大的出入。我认为,休谟对正义客观条件的理解难以服人,但他对正义主观条件的分析却基本成立。与此相反,当代正义论者普遍认为,正义的必要性与利他主义的缺乏并无关系。这一倾向回避了若干重要问题,使

---

[1] "正义的条件"这一说法出自 John Rawls, *A Theory of Justice* (Cambridge, Mass.: Harvard University Press, 1971), p. 126。

我们难以确定正义秉性的基本特征和正义制度所赖以实施的动机资源。据此，我们有必要重温休谟对正义主观条件的分析，以便克服上述倾向。

1. 正义的主客观条件

在讨论正义的条件时，休谟区分了人的"外在处境"和"自然脾性"。以此为基础，罗尔斯进一步区分了正义的客观条件和主观条件。❶粗略地说，正义所面临的问题是由正义的客观条件所造成，而解决这些问题的动机资源则取决于正义的主观条件。我们将大体沿用罗尔斯的区分，同时略微改动一下他对这两个条件的定义。对我们来说，正义的主观条件指的是人的某些动机和意向，因为这些动机和意向的存在，正义不仅是必要的，而且是可能的。根据这些动机和意向（譬如人的自爱倾向），我们可以推知，不论是作为个人德性还是作为社会实践，正义都有其局限性，而且，只要这些动机和意向仍然存在，正义就无法超越其局限性。这是问题的一方面，即正义的主观条件。另一方面，我们所谓"正义的客观条件"指的是人类生活的某些普遍特征，因为这些特征的存在，人们必须诉诸正义建制才能满足他们各自的需求。譬如，休谟强调，人的生存有赖于某些物质资源，这些物质资源的缺乏构成了正义的最基本的客观条件，与此相应，正义的最基本问题是如何分配有限的物质资源。至于休谟的观点是否合理，我们下章再做分析。

---

❶ Rawls, *A Theory of Justice*, pp. 126–127.

2. 利益冲突与善观念冲突

根据霍布斯、休谟、叔本华等人的观点，正义之所以必要，是因为个人或群体之间有现实或潜在的利益冲突。休谟进一步认为，个人或群体之间之所以会有利益冲突，是因为社会缺乏两种东西，一是物质资源，二是利他动机。照此推理，正义是一种**弥补性**品德：如果一个社会不缺乏物质资源和利他动机，正义的品德就不再必要。

在当代正义理论中，休谟的观点已经受到了越来越多的质疑。例如，罗尔斯在《政治自由主义》中指出，鉴于"合理多元主义"在现代民主社会的发展，休谟的观点已失去其合理性。❶另外一些学者，譬如说斯图沃特·汉普希尔（Stuart Hampshire），则认为休谟的观点从一开始就不能成立。不论这些学者对休谟的评价有何不同，他们都从善观念（conceptions of the good）的多元化出发，并试图以此为基础重新界说正义的条件及其功能。汉普希尔指出："对霍布斯和大多数社会契约论者来说，问题的要旨在于，既然人们的欲望和利益彼此冲突并互不相让，在什么条件下他们才能和平共处？但这并没有抓住道德的中心问题。"这是因为，"与善观念的冲突以及是非观的冲突相比，欲望和利益的冲突更容易通过理性的算计来解决。博弈论或某种巧妙的理性选择方法可能会有助于解决利益冲突，但它们无助于解决道德冲突。"❷

---

❶ 见 Rawls, *Political Liberalism* (New York: Columbia University Press, 1993), esp. pp. xvi–xvii。

❷ Stuart Hampshire, *Innocence and Experience* (Cambridge, Mass: Harvard University Press, 1989), p. 141. 另见 Rawls, *Political Liberalism*, p. 4。

显然，对于过于简化的正义观，汉普希尔的观点能起到修正的作用。它提醒我们，不管人们追求的是狭义的个人私利（interest in the self），还是广义的个人愿望（interest of a self），这一追求都无法脱离某种善观念的影响。❶正是通过不同善观念的作用，不同个人之间的利益冲突才能达到互不相容的尖锐程度，正义建制也才成为必要。尖锐而持久的社会冲突往往涉及**道德化了的**个人利益。虽然冲突的实质是个人利益之争，但其表现形式却是不同善观念之间的分歧。这说明，人们需要通过道德手段去解决的冲突本身就具有道德的表现形式。

在汉普希尔看来，正义需要解决的问题首先是不同善观念之间的冲突，而不是单纯的个人利益之争。无疑，这更贴近人们对利益冲突的自我理解。当人们因利益纠纷而与他人发生冲突时，他们时常认为，造成冲突不是利益纠纷，而是不同善观念之间的分歧。在这一点上，汉普希尔似乎比休谟更进了一步，抓住了利益冲突的道德侧面。

不过，这并没有从根本上推翻休谟的正义条件论，而只是更准确地表达了休谟正义条件论的潜在内涵。的确，不同个人利益之间的冲突常常表现为不同善观念之间的冲突，但这并不意味着，善观念的分歧本身就足以导致难以解决的社会冲突，以至于人们不得不诉诸于正义概念。当持有不同善观念的人们发生利益冲突时，使正义概念成为必要的首先不是他们在善观念上的差异，而是他们偏倚自己的利益、自己的善观点，从而对别人的利益、别人的善观念缺乏足够尊重的倾向。

---

❶ 关于观念与利益之间的关系，见 Jürgen Habermas, *The Theory of Communicative Action*, vol. 1, trans. Thomas McCarthy（Boston: Beacon Press, 1984）, pp. 187–194。

仔细分析一下正义所要解决的问题，我们就会明白这一点。❶正义所要解决的问题不是善观念的多元化，也不是不同善观念之间的差别，而是人们为了追求各自的目标而不惜牺牲他人利益的倾向。虽然这一倾向可以在善观念的作用下发生某种程度的升华，但它的实质仍旧是利己主义。当然，利己主义本身并不能构成善观念的内容，但是，不管人们持有什么类型的善观念，其善观念的内容又是什么，只要他们在追求自己的善观念时拒绝考虑别人的利益和观点，他们的做法就是利己主义的。持有不同善观念的人们之所以会卷入尖锐而持久的冲突，正是由于这一利己主义倾向的缘故。

即使我们的善观念的（有意识的）宗旨是促进他人利益，我们也很难避免利己主义的倾向。如果在促进他人利益时，我们不从他人角度考虑何为他人利益，我们所表现出来的就不仅是认知能力的缺陷，也是道德意义上的利己主义。真正的利他主义者不仅乐于理解别人的愿望，而且理应具有理解别人愿望的能力。❷在不受客观条件限制的情况下（譬如，受客观条件所限，我们有时无法准确了解他人的愿望），造成认知能力缺陷的往往是利他主义的缺乏。对名副其实的利他主义者来说，认知能力和利他动机往往互为因果。

为了进一步论证这一观点，我们不妨从反面做一点说明。托马斯·内格尔（Thomas Nagel）提供了一个很好的例子，他认为："在没有其他因素介入的情况下，利他主义本身就会导致冲突，世界上有多少善观念就会有多少相互冲突的角度。"他特别提到"那些

---

❶ 见 Hampshire, *Innocence and Experience*, pp. 71–72; Immanuel Kant, *Critique of Practical Reason*, in *Critique of Practical Reason and Other Writings in Moral Philosophy*, trans. and ed. Lewis White Beck（Chicago: University of Chicago Press, 1949）, p. 181。

❷ 有关这一问题的进一步讨论，见 Michael Sandel, *Liberalism and the Limits of Justice*（Cambridge: Cambridge University Press, 1982）, pp. 172, 181。

为了我的最佳利益……而希望限制我的宗教自由的人们",[1]并为此加了一个脚注:"在实际生活中,我们必须时刻对这种做法表示怀疑。"[2]应该说,对这种做法仅仅表示怀疑是不够的。倒是内格尔引用的洛克《论宽容的信札》中的一段话更切中问题的关键。与内格尔不同,洛克认为,强加于人的做法在根本上不符合利他主义的精神。洛克写道:"请那些人不要诉诸法官之权威和他们的口才与学识,就算他们口口声声只热爱真理,这种沾满火与剑的毫无节制的狂热却无法掩饰他们对世俗权力的野心,因为任何一个知书达理的人都难以相信,一个亲手把自己的弟兄交给刽子手去活活烧死却心安理得的人,其意图是真心诚意地想拯救自己的弟兄,使其免受来世的地狱之火。"[3]洛克在这里谈的是宗教,但他的观点同样适用于所有以真理和道德的名义把个人意志强加于人的做法。这也是康德的观点:"我不能根据自己的幸福观为别人创造福利(幼童和疯人除外),以为强迫别人接受我的礼物也能使其受益。相反,我只能根据他人自己的幸福观为其创造福利。"[4]也就是说,真正的利他主义者不应把自己的幸福观强加于人,否则,他所谓的利他主义行为就成了盗用利他主义名义的利己主义行为。只有这样,我们才能区分利他主义和纯粹家长主义。

与洛克和康德相反,当代正义论者往往把正义的必要性归结于善观念的多元化,而忽略了一个基本事实:只有在利己主义的作用

---

[1] Thomas Nagel, *Equality and Partiality* (New York: Oxford University Press), pp. 163-164.

[2] Nagel, *Equality and Partiality*, p. 163,重点标志为引者加。另见 Rawls, *A Theory of Justice*, p. 127。

[3] 转引自 Nagel, *Equality and Partiality*, p. 164。

[4] Immanuel Kant, *The Metaphysics of Morals*, trans. Mary Gregor (Cambridge: Cambridge University Press, 1991), p. 248 (454).

下，善观念的多元化才能导致个人之间或群体之间的根本性冲突。正如我已经指出过的，当代正义论的一个基本倾向是否定休谟关于正义主观条件的看法，认为利他主义的缺乏不是正义的必要条件，正义秉性也不是一种弥补性的品德。这一理论的根据是，即使在一个完全利他主义的社会里，正义的观念和建制也是必要的。

3. 利他主义与正义

休谟认为，如果有人能把"人的仁爱或自然资源的丰富增加到足够的程度"，他就能"把正义变成无用之物，而代之以更崇高的品德和更宜人的福祉"。❶在不赞成这种观点的学者当中，斯蒂芬·卢克斯（Steven Lukes）的论证最为详尽。卢克斯认为："即使是在物质丰富、利他精神充分的合作局面中，善观念的冲突也使我们有必要公平地分配利益和负担，合理地分派义务和保护权利。惟一的区别是，这一必要性来自于他人的仁爱，而不是他人的自私。当利他主义者热诚追求各自的善观念时，他们完全可能做出不正义或破坏权利的行为。每一种善观念都会赞成特定的社会关系和特定的对个人利益的理解，更准确地说，每一种善观念都会对个体的利益有不同的构想和排列顺序。不仅如此，每一种善观念都会在上述问题上排斥其他善观念。如果世界上没有一个充分实现并被人们普遍接受的善观念，那么，即使人们不是利己主义的，他们也会在追求各自的善观念时对彼此造成威胁。在这种情况下，正义、权利、

---

❶ David Hume, *A Treatise of Human Nature*, ed. L. A. Selby-Bigge, 2nd edn., ed. P. H. Nidditch (Oxford: Clarendon Press, 1978), p. 495.

义务这些概念就成为必不可少的了。"❶

卢克斯的观点是否正确取决于以下两个命题能否成立。第一，同为利他主义者的人们会持有不同的、乃至有可能导致冲突的善观念；第二，假如同为利他主义者的人们持有不同的善观念，他们仍会把自己的善观念强加于人。如果这两个命题都能成立，我们就可以说，正义在普遍利他主义的社会中仍有必要。

在我看来，这两个命题都很难成立。要判断第一命题能否成立，我们必须考虑善观念如何形成、善观念具有什么作用等先决问题。卢克斯的根本疏忽是没有触及这些问题，对他来说，善观念似乎可以独立于利益和欲望，善观念之间的冲突似乎也与利益之争无关。然而，恰恰因为没有触及这些问题，卢克斯无法解释，同为利他主义的人们为什么会持有截然不同的善观念。❷鉴于现有社会的大部分成员都不是利他主义者，我们无法排除如下一种可能：尽管不同个人之间或群体之间的冲突往往表现为善观念的冲突，但这一冲突的实质是以不同善观念为其意识形态的利益之争，亦即追求自我利益的不同方式之间的冲突。

为了说明这一点，我们不妨从罗尔斯的合理多元论（reasonable pluralism）概念入手。根据罗尔斯的定义，合理多元论指的是"合理但相互不一致的完备性学说（comprehensive doctrines）的多样性这一事实"。❸在使用这一概念时，罗尔斯自有他的用意，但他的概念亦有可能被用来支持卢克斯的第一个命题。鉴于这一可能性，有

---

❶ Steven Lukes, "Taking Morality Seriously," in *Morality and Objectivity*, ed. Ted Honderich（London: Routledge & Kegan Paul, 1985）, p. 104.

❷ 见 Nagel, *Equality and Partiality*, p. 164。另见 Allen Buchanan, *Marx and Justice*（Totowa, New Jersey: Rowman and Littlefield, 1982）, pp. 157, 167。

❸ Rawls, *Political Liberalism*, p. xvii.

必要对罗尔斯的观点做些澄清。

对罗尔斯来说,合理多元论的重要性在于,它为民主的宽容态度奠定了理论基础。在解释什么是"合理分歧"(reasonable disagreement)时,罗尔斯强调,善观念的不同会导致社会冲突,并且这一点不会因为人们通情达理而有任何改变。❶尽管罗尔斯言之成理,但他忽略了事情的另一方面:当不同的合理善观念发生冲突时,冲突各方以合理方式追求的是**个人利益**。诚然,个人的合理利益应该受到民主政体的保护,但是,受民主政体保护的合理利益仍然是**个人利益**。罗尔斯所说的多元化和**合理**多元化的主要区别在于,前者涉及不同个人利益之间的冲突,而后者则涉及**合理的**个人利益之间的冲突。当人们以合理的方式追求各自的个人利益时,合理的善观念之间的冲突就产生了。罗尔斯所说的合理多元化,指的就是这样一种局面。

在论及利益时,罗尔斯没有区分个人利益和**合理**个人利益。这就使他不得不拒绝使用利己主义的概念,认为它过于简单,完全没有解释力。❷在罗尔斯看来,凡是用利己主义概念来解释合理多元化的人都有一个错误假定:"人们所有的分歧都来自于无知和刚愎自用,或者来自于对权势、地位和经济利益的追逐。"❸其实,这种推理并无必要。只要区分了个人利益和**合理**个人利益,❹我们就可以用**合理**个人利益之间的冲突来解释合理多元化现象,而这一解释完全符合罗尔斯的合理多元论所设定的"很低限度的必要条件"。❺

---

❶ 见 Rawls, *Political Liberalism*, p. 58。
❷ 见 Rawls, *Political Liberalism*, p. 55。
❸ Rawls, *Political Liberalism*, p. 58.
❹ 当然,什么是合理自我利益并非自然而然的,而是由正义观决定的。
❺ Rawls, *Political Liberalism*, p. 37.

当然，这并不是对合理多元化的全部解释，❶但就正义概念而言，我认为这是惟一能够成立的解释。既然正义所限制的是手段而不是目的，合理多元论就应该允许个人利益的存在，哪怕它仅指狭义的个人私利。合理利己主义是现代社会的道德底线，社会道德只要求人们达到这一水平，而不要求他们超越这一水平。

正义之所以具有这种宽松性特征，是因为它是一种以个人主义为前提的道德观。换言之，以正义为中心概念的道德观的基本预设是，不论是在本体意义上还是在道德意义上，个人利益都是第一位的，而集体利益只是个人利益的加合。基于此，以正义为中心概念的道德观不要求人们追求他向的目标，只要求人们在追求自我选择的目标时采取社会认可的公正手段，不论这一自我选择的目标是自向的还是他向的。追求个人利益的惟一条件是，人们必须遵守既定的社会规范和这些规范所体现的形式平等及互不伤害原则。❷

从理论上讲，个人追求可以是他向的，而不一定是自向的，但是，不论个人追求的目标取向如何，它都是个人自己的选择。❸一种道德观是否以正义概念为中心，并不取决于人们追求什么样的目标，而取决于该目标是否是个人自己的选择。这一意义上的个人主义是正义的基本特征，它既不同于利己主义，也不与之相矛盾。同理，它既不同于利他主义，也不与之相矛盾。不过，一般来说，个

---

❶ 罗尔斯所列举的造成合理分歧的诸种原因也是解释的 部分。见 *Political Liberalism*, pp. 56-57。

❷ 这一观点的经典表述之一来自于亚当·斯密："每个人有完全的自由以自己的方式追求自己的利益，只要他不违反正义的法则。"见 Adam Smith, *An Inquiry into the Nature and Causes of the Wealth of Nations*, ed. Edwin Cannan (Chicago: University of Chicago Press, 1976), vol. 2, p. 208. 另见 Habermas, *The Theory of Communicative Action*, vol. 1, pp. 256-260; David Gauthier, *Morals by Agreement* (Oxford: Clarendon Press, 1986), pp. 2, 3, 119。

❸ 见 Sandel, *Liberalism and the Limits of Justice*, p. 12。

人自由选择追求的多是自我利益，而不是他人利益。我们甚至有理由认为，在很多情况下，甚至可以说在典型的情况下，人们之所以争取个人选择的自由，是因为他们希望能自由地追求个人利益。在此意义上，正义的基本倾向在理论上一般是个人主义的，在实践中经常是利己主义的。正因为如此，在以正义为基本原则的社会里，利他主义行为属于分外善行（acts of supererogation），或非完全义务（imperfect obligation）。"分外"的意思是说，以正义为中心的道德观不**要求**利他主义，尽管它可以容纳、甚至倡导利他主义。在这一道德观的范围内，人们**必须**达到的道德水准仅仅是正义。

可见，造成合理多元化及不同善观念之间的冲突的完全可以是合理个人利益之争。罗尔斯称，合理多元化是"人类理性在持久的自由制度下产生的结果"。❶这一说法，我们可以理解为：合理多元化是人们在合理范围内追求个人利益的结果。如果有人问，"自由制度为什么会导致合理多元化"，❷可以回答说，这是因为自由制度允许个人在正义规则的范围内选择并追求他们自己认为恰当的利益。只要这一选择不超出正义规则的范围，由此产生的多元化局面就是合理的。

以上分析旨在说明一点，那就是，善观念的多样化产生于人们在合理范围内对个人利益的不同选择和追求。既然如此，那么，罗尔斯的合理多元论就不能被用来证明卢克斯的第一个命题，即：同为利他主义者的人们会持有不同的、乃至有可能导致社会冲突的善观念。如果这一命题不能成立，那么，依赖于它的第二个命题也就无法成立。不过，为了便于分析卢克斯的第二个命题，我们姑且假

---

❶ Rawls, *Political Liberalism*, p. 129.
❷ Rawls, *Political Liberalism*, p. 55.

定他的第一个命题可以成立。

如前所述，卢克斯的第二个命题是，如果持有不同善观念的利他主义者组成一个社会，他们就会把各自的善观念强加给对方，从而造成不同善观念之间的冲突。但问题在于：持有不同善观念的利他主义者会出于什么动机把自己的善观念强加于人，从而使彼此卷入尖锐而持久的冲突，以至于必须诉诸正义的概念呢？的确，不同社会条件下的利他主义者可以有不同的善观念，但不同的善观念不必在不同社会成员之间导致难以调和的冲突。事实上，善观念的差异之所以会在合理多元化社会里导致尖锐的冲突，是因为人们以合理方式追求的不是他人或社会的利益，而是各自的个人利益。在一个完全由利他主义者构成的社会里，这类冲突显然不会发生。当然，彻底的利他主义社会仍需要规则，比如汤姆·康贝尔（Tom Campbell）所谓的教育性（educative）规则、信息性（informative）规则、组织性（organizational）规则、合作性（co-operative）规则。❶但是，与具有强制色彩的正义规则不同，这些规则的目的只是"为了使利他主义得以实现，而不是为了将自私行为的有害后果降至最低程度"。❷如果有人认为，利他主义者不仅需要这类规则，还需要正义的规则，他就必须提供证明，而不能凭空假设。

卢克斯确实力图提供证明，但问题是他在论证过程中过多地依赖现有社会的概念，未能充分区别假想的普遍利他主义社会和我们所熟悉的非普遍利他主义社会。譬如，在分析假想的普遍利他主义社会时，卢克斯谈到以下问题：如何裁决人们对公共资源的竞争性要求、如何处理利益与负担的分配、如何迫使人们尊重

---

❶ 见 Tom Campbell, *The Left and Rights* (London: Routledge & Kegan Paul, 1983), pp. 44–46, 49–51, 57。

❷ Campbell, *The Left and Rights*, p. 51.

他人的利益。显然,这些都是现有社会的说法,都是现有社会为解决利益之争而使用的概念。❶挪用这些概念的结果是,卢克斯所讨论的利他主义者与我们所熟悉的现有社会中的非利他主义者并无本质的区别。这并不是说,卢克斯应该尽量使他想象中的普遍利他主义社会更贴近真实。事实上,一个普遍利他主义社会与我们所熟悉的现有社会如此不同,以至于我们根本无法从后者推知前者。卢克斯的失误不在于他未能准确地描述一个假想的普遍利他主义社会,而在于他相信,准确描绘这样一个社会是可能的。正因为如此,他才忽视了假想社会和现有社会的本质区别,进而犯了从后者推知前者的论证错误。

和卢克斯一样,艾伦·布坎南(Allen Buchanan)也认为,理想社会"会有利益或理想之间的冲突,尽管这些冲突不是利己主义性质的,但它们足以严重到需要正义原则的程度"。❷他甚至认为,"即使在纯粹由利他主义者组成的社会里……,对共同善(common good)的不同理解也会导致你死我活的冲突。"❸在此,我们要问一个同样的问题,那就是布坎南何以得出这一结论。细究起来,他所描述的社会与其说是利他主义社会,不如说是我们所熟悉的现有社会,其中充满了以共同利益为名追求自我利益的所谓"利他主义者"。在这种社会里,布坎南所说的"你死我活的冲突"自然不足为奇,但我们不能由此得出结论,在普遍利他主义社会里,即由名副其实的利他主义者组成的社会里,也会出现这种现象。

当然,我们无法真正证明普遍利他主义社会不需要正义。以上讨论并不是要说明,卢克斯的两个命题都是错误的,而只是要说

---

❶ 见 Lukes, "Taking Morality Seriously," pp. 104, 105。
❷ Buchanan, *Marx and Justice*, p. 157.
❸ Buchanan, *Marx and Justice*, p. 157.

明，这两个命题都是无法证明的。对本章的命题来说，这已经足够了。既然我们无法确知普遍利他主义社会的状况，那么，在讨论有关正义的问题时，我们的立足点就应该是普遍利他主义社会与现有社会的区别，而不是它与现有社会的相似，否则，我们就难免借助现有社会的概念来描述假想的普遍利他主义社会，从而混淆两种完全不同的情形。同时，我们也承认，不论未来社会如何接近理想社会，既然它也是人类社会，它就不可能与现有社会毫无相似之处，因此，从现有社会的角度来想象未来社会、认为未来社会也需要正义并不荒谬。但是，如果我们站在现有社会的角度（这是我们拥有的惟一角度），认为未来社会仍然需要正义，那么，我们能够做出的更合理推论应该是，未来社会尚不是普遍利他主义的。相比之下，认为普遍利他主义社会和现有社会一样，也存在着尖锐的个人利益冲突，难免显得贸然。

我们讨论正义在理想社会是否必要，不是出于对理想社会的好奇，而是为了说明正义作为个人品德和社会建制的性质和作用。卢克斯想必也是出于同一目的。他试图证明，如果我们像休谟和约翰·麦基（John Mackie）那样，把正义的必要性归结于利他主义的缺乏，我们的道德观就会发生不良的变化；[1]譬如，我们就会产生"马克思主义以及其他形式的社会主义和共同体主义思想的灾难性倾向，对'正义'、'权利'，以及义务性的道德采取敌视态度，并期待这种道德……在更具有共同体主义精神的社会中逐渐消失，因为在该社会中，物质缺乏和利己主义已经彻底或基本上被克服，代之而起的是'更崇高的品德和更宜人的福祉'，亦即一个超越了正

---

[1] 见 Lukes, "Taking Morality Seriously," pp. 107–108。

义和权利的社会"。❶

这一倾向确实有其潜在的危险,不过,在分析这一倾向的理论渊源时,卢克斯并未抓住实质。在正义问题上,马克思主义的理论失误不在于没有料到理想社会亦需要正义,而在于过于乐观,以为我们可以达到理想社会,甚至无须诉诸正义就可以达到理想社会。在此,我们没有必要深究理想社会的可能性,但是,如果有人认为,理想社会确实能够实现,人类确实能够超越正义的主观条件(即利他主义的缺乏),他就必须提供充分的论据,而不能凭空假设。在没有充分论据的情况下,我们只能接受罗尔斯的观点,即正义的主观条件(即利他主义的缺乏以及由此产生的合理善观念之间的冲突)是人类社会的永恒特征。这一观点足以使人重视正义,所以,我们不必像卢克斯那样,牵强地论证正义在普遍利他主义社会中的必要性。❷

与此相应,我们也有理由认为,正义是一种弥补性的品德。正义究竟是不是弥补性的品德,取决于它的功能是什么,它所要克服的东西是什么。既然我们没有理由认为,一个普遍利他主义的社会也需要正义,那么,正义的功能就可以说是弥补利他主义的缺乏。我们说正义是弥补性的品德,正是这个意思。❸马克思主义对正义的道德水准有所保留,大致也是出于这个原因。❹

如果我们否认正义的主观条件,同时否认正义是弥补性的品德,我们就难免过高评价正义的道德水准,并过于乐观地看待使正

---

❶ Lukes, "Taking Morality Seriously," p. 108.
❷ 见 Lukes, "Taking Morality Seriously," p. 109。
❸ 关于正义是否是弥补性的品德,见 Sandel, *Liberalism and the Limits of Justice*, pp. 31–35。
❹ Lukes, "Taking Morality Seriously," p. 108.

义成为可能的动机资源。和休谟一样，马克思在这些问题上表现出了少有的清醒，尽管他过于乐观地认为，人类最终可以达到理想社会，从而使正义失去其必要性。❶抛开这一失误，马克思对道德的激进批评态度并非没有道理，反而包含了一个洞见：趋近正义的最好办法不是加强道德教化，而是争取物质资源的尽可能丰富，从而在一定程度上克服正义的**客观**条件。❷正义愈是不必要，我们就愈接近正义。显然，这一洞见有其片面性，因为，除客观条件之外，正义还有其主观条件，而后者是不可能完全被克服的。这样解释马克思对正义的态度，我们就不必认为，马克思是在毫无道理地一味贬低正义的价值。

然而，否认一个普遍利他主义的社会也需要正义，并不意味着，利他主义者在任何情况下都无须正义规范的约束。在现有社会中，一个利他主义者所面临的问题与他在假想的普遍利他主义社会中可能面临的问题截然不同。借用罗尔斯的话说，在现有社会中，一个利他主义者可能会处于如下困境："一旦爱的不同对象所要求的东西相互冲突，爱就会陷入困窘……一旦所爱的不同的人相互对立，仁爱就会茫然不知所措。"❸更为严重的是，在一个充满不义和痛苦的社会里，一个利他主义者完全可能因为自己的利他主义目标备受挫折而变得偏激和狂热，最终迫于无奈而不择手段，从而导致目的和手段的悖论。鉴于这种可能性，利他主义者必须在手段上接受正义的约束，不论他们的目的如何崇高。

这一补充与我们的基本观点并不矛盾。只要一个社会仍然存在着利己主义，所有的人都必须接受正义的约束，不论他们是利己主

---

❶ 见 Buchanan, *Marx and Justice*, p 178。
❷ Sandel, *Liberalism and the Limits of Justice*, pp. 32, 34 表达了类似的洞见。
❸ Rawls, *A Theory of Justice*, p. 190.

义者,还是利他主义者。倘若利己主义不仅表现为不同个人之间或群体之间的利益之争,而且表现为不同善观念之间的分歧,情况就会变得更为复杂。正如内格尔所言:"最大的难题不是利益的冲突而是价值观的冲突。"❶不过,这不是假想的普遍利他主义社会的问题,而是现有的非普遍利他主义社会的问题。

---

❶ Nagel, *Equality and Partiality*, p. 154.

第 3 章

正义的客观条件

讨论正义的客观条件之所以很有必要，是因为不同的正义观对正义的客观条件有不同的构想，而这些不同构想又导致对正义的作用和范畴的不同理解。为说明这一点，我将从休谟对正义客观条件的定义入手，揭示该定义对休谟整个正义观的影响。以此为基础，我将继而讨论与休谟对立的三种正义客观条件论。这三种论点的共同出发点是主体（subject）的平等尊严，故可称为以主体为中心（subject-centered）的正义观。在这三者中，我首先讨论罗尔斯和艾伦·布坎南（Allen Buchanan）的正义观。虽然这两个正义观有别于休谟的财产中心正义观，故可称为主体中心正义观，但它们的正义客观条件论并没有完全从主体的平等尊严出发，而是在一定程度上反映出休谟的正义客观条件论的影响。与罗尔斯和布坎南不同，哈贝马斯的正义客观条件论始终强调人的身份认同（identity）和尊严的重要性，因而更彻底地克服了休谟正义观的根本缺陷。这是哈贝马斯的过人之处。不过，哈贝马斯的正义客观条件论与他的正义主观条件论有若干矛盾之处。对此哈贝马斯本人没有充分考虑，因此有必要在这里一并讨论。

1. 休谟论正义的作用

按照休谟的看法，使正义成为必要的客观条件是物质资源的缺乏。他指出："正义起源于人的自私和有限的慷慨，以及自然为人类需要所提供的资源之不足。"❶根据这一看法，正义的主要作用是分配"外在之物"，即"那些我们通过勤奋和幸运而得到的财产"。❷休谟认为，人类生活主要需要三种东西："我们心灵的内在满足，我们身体的外在享受，以及我们对通过勤奋和幸运所获得的财物的占有。"在这三者中间，只有最后一种"既易受他人的侵夺又可以经过转移而不受损失或变动，同时，这种财富在数量上又不足以供应每个人的欲望与需求。因此，增进这类财富的供应是组成社会的首要益处；与此相应，这种财富之不足及其所有权之**不稳定**是社会的主要困境"。❸

对休谟来说，正义的存在是为了解除这一困境，给"财产所有权以稳定性，使每个人能够安心地享用他通过幸运和勤奋所获得的财物"。❹更精确地说，正义的应用**范畴**是财物，而正义的**作用**是妥

---

❶ David Hume, *A Treatise of Human Nature*, ed. L. A. Selby-Bigge, 2dn edn., ed. P. H. Nidditch (Oxford: Clarendon Press, 1978), p. 495.

❷ Hume, *A Treatise of Human Nature*, pp. 489, 487.

❸ Hume, *A Treatise of Human Nature*, pp. 187–188. Alasdair MacIntyre 的"外在物质"概念与休谟的相似，他的定义是："我称之为外在物质的东西具有以下一些特征：这些东西为某人所成就时总是成为个人的财产或所有物。而且，它们的特性决定了某些人拥有的多些，另外的人就拥有的少些。这种情况有时是必然的，例如权力与名声，有时则是偶然的，例如金钱。因此，外在物质往往是竞争的对象，在竞争中，既有人胜利，也有人失败。"见 MacIntyre, *After Virtue* (Notre Dame, Indiana: University of Notre Dame Press, 2nd edn, 1984), p. 190。

❹ Hume, *A Treatise of Human Nature*, p. 489.

善"分配物品"，❶并建立适当的规范以限制财物占有欲。因此，正义即分配正义（distributive justice）。因为有了正义，财产所有权才成为可能；离开了正义与非正义的概念，所有权将是"完全不可思议的"。❷因此，休谟强调："分配财物和巩固所有权的习俗无疑是缔结人类社会的最重要部分……一旦人们就如何建立和遵守这些规则达成协议，社会的和谐与协作就大功告成了。"❸

正义的客观条件不仅决定正义的作用和范畴，还影响正义作为一种德行的性质。对休谟来说，既然正义的客观条件是物质缺乏，那么，有待正义克服的恶习就是过分的物欲。"人为自己和亲友获取财物的贪欲是永无止境的、恒久的、普遍的，它对社会有直接的破坏力……因此，总体来说，缔结社会的难度取决于调节和约束这种欲望的难度。"❹休谟认为，克制物欲的最好办法不是诉诸与物欲相反的品德，譬如同情心或其他纯粹的道德动机，而是诉诸与物欲相通的情感。"没有任何一种情感……能够控制利欲，只有利欲本身才能通过改变其方向来控制自己。"换言之，只有开明的贪婪才能克制贪婪，因为贪欲"只有在受到约束而不是放任自流的情况下才能得到更好的满足，同时，也只有通过保全社会，我们才能更好地满足我们获取财物的欲望"。❺在此意义上，正义几乎可以说是贪

---

❶ Hume, *An Enquiry Concerning the Principles of Morals*, ed. J. B. Schneewind (Indianapolis: Hackett, 1983), p. 21. 另见 Annette Baier, *A Progress of Sentiments* (Cambridge, Mass.: Harvard University Press, 1991), pp. 221-226; Barry Stroud, *Hume* (London: Routledge & Kegan Paul, 1977), pp. 202-203; Knud Haakonssen, "The Structure of Hume's Political Theory," in *The Cambridge Companion to Hume*, ed. David Fate Norton (Cambridge: Cambridge University Press, 1993), pp. 198-199。
❷ Hume, *A Treatise of Human Nature*, p. 489.
❸ Hume, *A Treatise of Human Nature*, p. 491.
❹ Hume, *A Treatise of Human Nature*, pp. 491-492.
❺ Hume, *A Treatise of Human Nature*, p. 492.

欲的变形，所以休谟称正义为"谨慎的、带嫉妒性的品德"。❶由此推之，我们可以说，不仅仅是正义，而且任何以分配财物为其功能的品德都具有这种性质。

值得注意的是，当代正义论者（如罗尔斯）往往一方面接受休谟对正义客观条件的认识，另一方面又不赞成休谟对正义的作用和范畴的理解。在我看来，这种做法无可避免地陷入自相矛盾：既然正义的作用和范畴取决于正义的客观条件，那么，一旦接受了休谟的正义客观条件论，我们就必须接受他对正义的作用和范畴的理解。安内特·拜尔（Annette Baier）就曾指出，"关于正义'起源'的说法首先是要澄清正义的发明旨在解决什么问题。一俟我们认为，正义所要解决的问题是人们对可易手之物的吝啬，那么，解决方案的大致轮廓也就清楚了"。❷这并不是说，我们不应该对休谟的财产中心正义观提出异议，❸而是说，鉴于休谟的财产中心正义观产生于他的正义客观条件论，在对休谟的财产中心正义观提出异议的同时，我们更需要对休谟的正义客观条件论本身提出异议，对其进行根本的修正。

2. 以主体为中心的正义观（Ⅰ）：布坎南

在对休谟正义观提出质疑的学者中间，艾伦·布坎南有一定的代表性。布坎南认为，休谟正义观的中心是"相互性命题"（reciprocity thesis）；根据这一命题，"只有那些对合作剩余产品有贡

---

❶ Hume, *An Enquiry Concerning the Principles of Morals*, p. 21.
❷ Baier, *A Progress of Sentiments*, p. 226.
❸ 见 Judith Shklar, *The Faces of Injustice*（New Haven: Yale University Press, 1990）, pp. 117–118。

献(或能够做出贡献)的人才有权使用社会资源"。❶作为论据,布坎南援引了休谟在《道德原理探究》中的一句话:"那些与我们类似但却无力伤害我们的生物最多只能希望得到慈悲的对待,而不能希望得到正义的对待。"❷

针对休谟的相互性命题,或互利性正义观,布坎南提出了以主体为中心的正义观,❸并把"个人的根本道德平等"(the fundamental moral equality of persons)作为这一正义观的基础。与互利性正义观不同,主体中心正义观"注重的是人的需要和人的非功利性能力,以及我们如何通过集体的力量去满足这些需要和发展这些能力"。❹相对于休谟的正义观,这无疑是一个进步,但布坎南对休谟的批评尚不够彻底,没有完全摆脱休谟的正义客观条件论的影响。举例说,布坎南认为,互利性正义观的缺陷是"没有考虑到一个更为基本的问题,即什么样的合作制度才能产生公正的条件,以决定**什么人可以进入贡献者的行列**"。❺不错,贡献问题确实先于分配问题,但是,仅仅优先考虑贡献问题并不能使我们摆脱以财产或资源为中心范畴的正义观。❻在布坎南所指的意义上,贡献无非是对资源的贡献,恰如分配是对资源的分配;二者是相互对应的概念,同属一个

---

❶ Allen Buchanan, "Justice as Reciprocity versus Subject-Centered Justice," *Philosophy and Public Affairs* 19,1990, p. 230.
❷ Buchanan, "Justice as Reciprocity versus Subject-Centered Justice," p. 227.
❸ 见 Buchanan, "Justice as Reciprocity versus Subject-Centered Justice," p. 231. 有关分配正义的综合性讨论,见 Charles Taylor, "The Nature and Scope of Distributive Justice," in *Philosophy and the Human Sciences*(Cambridge: Cambridge University Press, 1985)。
❹ Buchanan, "Justice as Reciprocity versus Subject-Centered Justice," p. 233.
❺ Buchanan, "Justice as Reciprocity versus Subject-Centered Justice," p. 238.
❻ 在这一点上,尽管 Buchanan 对 Gauthier 持批评态度,他对正义的范畴与作用的理解与 Gauthier 在 *Morals by Agreement* 一书中表达的观点并无根本区别。见 David Gauthier, *Morals by Agreement*(Oxford: Clarendon Press, 1986), pp. 114, 116。

范畴。布坎南指出："既然谁有能力成为贡献者是由社会来决定的，那么，正义的问题就不仅起因于贡献者之间的关系，还在一个更深的层次上涉及我们应该选择什么样的合作制度，因为该制度的性质将在一定程度上决定谁可以做贡献。"[1]这一说法虽有道理，但布坎南并没有把这一道理说透。说到底，贡献者资格问题比分配问题重要，是因为它更关系到人的尊严。布坎南没有触及人的尊严，而只提到贡献者的资格，好像它本身就构成了问题的关键。

事实上，主体中心正义观之为主体为中心观，关键在于它首先考虑人的价值和尊严，其次才考虑个人对资源的贡献和社会对资源的分配。对持主体中心正义观的论者来说，如何衡量人的贡献取决于如何维持人的尊严，而不是反过来根据人的贡献来决定如何维持人的尊严。换句话说，主体中心正义观首先关注的是人的问题，而不是资源问题；主体中心正义观可以成为分配正义的基础，但它本身并不是分配正义。

从主体中心正义观出发，个人之间的根本道德平等是正义的首要范畴，而分配公正则是正义的次要范畴。布坎南或许会接受这一区分，他甚至会说，虽然他侧重讨论资源的贡献和分配，但他所坚持的却是以主体为中心的正义观。然而，细读他的文章，我们就会发现，除了不加解释地使用"个人的根本道德平等"等抽象概念外，布坎南并没有为主体中心正义观提出任何论证，更没有构想与主体中心正义观相吻合的正义客观条件论。在涉及具体问题时，他总是直接从资源分配的公正着手，把主体中心正义作为资源分配的一种形式。这一做法混淆了正义的首要范畴（人的尊严）和次要范畴（资源的贡献和分配），好像主体中心正义观的直接关注对象

---

[1] Buchanan, "Justice as Reciprocity versus Subject-Centered Justice," p. 238.

是资源，或者说资源的贡献和分配是正义的首要任务。这就提出了一个问题：如果我们把资源的贡献和分配作为正义的首要问题，我们的基本出发点就无异于休谟的正义客观条件论，但是，从这一客观条件论出发，我们根本就无法推导出主体中心正义观。布坎南的正义观和他所界定的正义范畴之间之所以出现矛盾，大致就是因为这个缘故。布坎南一方面认为，正义关系到"人的根本道德平等"，但另一方面，在界说正义的范畴时，他却诉诸休谟"使用资源的基本权利"的概念，❶把资源的贡献和分配视为正义的首要任务。这一矛盾说明，一旦我们从休谟的正义客观条件论出发，把资源的贡献和分配视为正义的首要范畴，我们就无法前后一致地提出与休谟的互利性正义观不同的理路。反之，如果我们要建立一个以主体为中心的正义观，就必须从根本上放弃休谟的正义客观条件论。

布坎南的失误在于，他没有从最根本的问题入手，深入阐述正义的客观条件，并相应地区分正义的首要范畴和次要范畴。布坎南说："根据主体中心正义观，决定资源基本享用权的不是个人的功利性能力，而是个人的其他特征，即他们的需要或他们的非功利性能力。"❷这一说法混淆了两个不同的问题：第一，正义是否应该以主体为中心，第二，主体中心正义观是否应该成为分配正义的基础。在回答第二个问题之前，我们必须先回答第一个问题。一旦我们确认，正义的首要任务是保障人的平等尊严，我们就可以继而解决资源的贡献和分配等次要问题。既然正义的首要范畴已经明确，主导该范畴的以主体为中心的正义原则也已经确立，剩下的问题就是如何运用这一正义观来管辖正义的次要范畴，解决资源处置等技

---

❶ Buchanan, "Justice as Reciprocity versus Subject-Centered Justice," p. 231.
❷ Buchanan, "Justice as Reciprocity versus Subject-Centered Justice," p. 231.

术性或程序性问题。然而,布坎南没有区分正义的首要范畴和次要范畴,而是**直接**讨论资源的处置,试图借此确立并证成以主体为中心的正义观。结果是,虽然他提出了正义的根本问题(即他所说的"人的根本道德平等"问题),但他却无法深入阐述这一问题,提出解决这一问题的理论基础。

当然,布坎南并不是没有对主体中心正义概念作任何说明。他提出:"一个前后一致的道德政治理论至少可以用两种方式来为个人的根本平等这一概念提供基础",一是以罗尔斯为代表的"非常广义的**公平**(fairness)观,即对人因其为人而公平的概念",二是康德式的"对人的尊重和关怀"。❶从我们的角度看,这一区分并不十分妥当,因为公平概念不能作为主体中心正义观的基础,除非这一概念本身就基于"对人的尊重和关怀"。一般来说,公平概念属于资源分配的范畴,而资源分配的范畴是主体中心正义观的次要范畴。如果我们认为,罗尔斯的公平(fairness)概念独立于康德的尊重(respect)概念,我们就不能用罗尔斯的公平概念作为主体中心正义观的基础,否则,我们就犯了本末倒置的错误,用属于正义次要范畴的概念来界定属于正义首要范畴的概念。要避免这一错误,布坎南必须把公平概念置于尊重概念之上,但这样一来,主体中心正义观就只剩下一个基础,即公平,而不像他所说的那样,有公平和尊重两个不同的基础。

布坎南对主体中心正义观所做的另一说明也表现了类似的混乱。有一种观点认为,正义是理性的,慈善(charity)是非理性的;正义适用于有能力为社会资源做贡献的人,而慈善则适用于缺乏这种能力的人。布坎南评论说,这一观点的特点是"混合性道德

---

❶ Buchanan, "Justice as Reciprocity versus Subject-Centered Justice," p. 234.

观",❶并指出,"混合性道德观"不符合以主体为中心的正义观。但是,在具体分析"混合性道德观"时,布坎南主要讨论慈善为什么不是非理性的,而没有抓住问题的关键,说明"混合性道德观"为什么不符合主体中心正义观。从我们的角度看,"混合性道德观"之所以与主体中心正义观不符,最主要的原因是,用慈善对待那些被认为无权得到正义待遇的人,尽管从表面上看是出于善意,但实际上却无异于施舍,因而是对受益者尊严的轻视。从主体中心正义观出发,凡是人的尊严所需要的东西都是人所应得的,因此,我们不应把满足这种需求的行为视为慈善行为,亦即施舍行为,不管一个人能否在资源意义上为社会做出贡献。

通过上述分析,我们可以看出,在倡导主体中心正义观时,布坎南始终未能摆脱分配正义的思维框架,为主体中心正义观提供确切的定义和坚实的基础。实际上,为了确立以主体为中心的正义观,我们不仅需要跳出分配正义的思维框架,还需要更进一步,从根本上摆脱休谟的正义客观条件论。

3. 以主体为中心的正义观(Ⅱ):罗尔斯

与布坎南相比,罗尔斯更直接地启用了休谟的正义客观条件论。他认为,休谟对正义条件的说明"尤为明晰",而他自己的论述"没有给[休谟]更为详尽的讨论添加任何实质性的内容"。❷至于正义条件的具体陈述,罗尔斯概括说:"在资源普遍缺乏的情况下,如果彼

---

❶ Buchanan, "Justice as Reciprocity versus Subject-Centered Justice," p. 243.
❷ John Rawls, *A Theory of Justice* (Cambridge, Mass.: Harvard University Press, 1971), pp. 127-128.

此漠然的（mutually disinterested）人们就资源分配问题提出相互冲突的要求，正义的条件即已具备。"❶很明显，罗尔斯是从休谟的正义客观条件论出发，按照休谟的思路去理解正义的作用和范畴。在此前提下，正义的目标是争取资源和利益分配的平等，而正义的作用则是确定"一套原则……使人们能够在决定利益分配的不同社会方案中做出选择，并能够为有关恰当分配额的协议提供保证"。❷

值得注意的是，虽然罗尔斯的出发点是休谟的正义客观条件论，但他的结论却带有强烈的康德倾向。罗尔斯明确指出，正义原则的优先顺序反映了"康德所说的人的价值高于一切"的信念。❸在阐述他的完整善理论（full theory of the good）时，罗尔斯进一步声明，"最重要的基本善"是人的自尊，而不是人使用资源的权利。❹据此，"在一个正义的社会里，自尊的基础不是一个人的收入份额，而是社会所认可的基本权利与自由的分配。由于这种分配是平等的，所以，当人们一起处理整个社会的公共事务时，每一个人都有相同而稳固的地位"。❺

自尊的头等重要性首先反映在最大限度的平等自由原则与差别原则（difference principle）的关系上。❻罗尔斯视前者为正义的第一原则，后者为正义的第二原则（的一部分）。他写道："最好的办法是通过对基本自由的完全可行的平等分配去**尽可能地**实现自尊

---

❶ Rawls, *A Theory of Justice*, p. 128.
❷ Rawls, *A Theory of Justice*, p. 126.
❸ Rawls, *A Theory of Justice*, P. 586.
❹ Rawls, *A Theory of Justice*, p. 440, 另见 p. 543。
❺ Rawls, *A Theory of Justice*, p. 544.
❻ 见 Rawls, *A Theory of Justice*, p. 61。需要说明的是，差别原则只是罗尔斯第二个正义原则的一部分；除差别原则外，第二正义原则还包括公平的机会平等原则，而机会平等原则优先于差别原则。但这与本章的题旨无关。

这一基本善。与此同时，**通常意义上的分配正义，即关于物质手段的相对份额的正义，就降到了从属的地位**。这样，我们就有了另外一个理由把社会结构划分为正义原则所表达的两部分。虽然这两个正义原则允许酬劳的不平等，以换取人们对大家都有益的贡献，但自由的优先地位意味着人们在尊重所需的各项**社会**基础方面享有平等。"❶

上述观点带有明显的康德色彩，以至于布坎南称，罗尔斯的正义观是主体中心正义观的典型。然而，这种正义观与罗尔斯所推崇的休谟正义客观条件论不能不形成尖锐的矛盾。根据休谟对正义客观条件的理解，正义只涉及资源和利益的分配，与人的平等和尊严无关。在休谟的理论框架内，分配正义是正义的全部内涵，也是正义的惟一存在理由。如果我们硬要把人的尊严问题塞进休谟的理论框架，它也只能处于从属地位，而不能取代资源分配，成为正义的首要问题。在这种情况下，如果要从休谟式的正义客观条件论推出康德式的尊重至上说，我们就难免陷入自相矛盾。

细究起来，罗尔斯恐怕更倾向于康德，但这一倾向并不足以使他在《正义论》中放弃休谟的正义客观条件论。事实上，在考虑尊重和自尊是否属于最重要的基本善时，罗尔斯并非毫无犹豫。在《正义论》里，除了专门适用于自由主义良序社会的正义构想外，罗尔斯还提出了一个"更为抽象的正义构想"："**所有社会价值——自由和机会、收入和财富、还有自尊的基础——都应该以平等方式分配，除非一种（或所有）价值的不平等分配对每一个人都有利。因此，非正义便是不能让所有人受益的不平等**。"❷

---

❶ Rawls, *A Theory of Justice*, p. 546, 着重标志为引者加。
❷ Rawls, *A Theory of Justice*, p. 62, 着重标志为引者加。

这里，我们不能不注意到，罗尔斯把收入与自尊之基础归入同一范畴。的确，按照平等主义的直觉，大家都需要的东西应该平等分配，除非不平等分配可以使每一个人从中受益。但这一分配原则只适用于收入和财富的分配，而不适用于自尊之基础的分配。如果自尊是基本善，是人最重要的基本需求，我们就没有理由认为，自尊之基础的不平等分配可以使每一个人从中受益。同一道理也适用于自由：如果自由是基本善，是人最重要的基本需求，我们就没有理由认为，自由的不平等分配可以使每一个人从中受益。❶

要避免自尊之基础的不平等分配，自尊就必须独立于资源和利益的分配。罗尔斯并非没有意识到这一点，他明确指出："自尊由社会所认可的所有人的平等公民身份来保障"，而"物质手段的分配则根据程序正义的观念自行安排"。❷但是，罗尔斯同时还意识到，"这一想法很可能无法得到彻底的贯彻。在一定程度上，人们的自我价值感会依赖于他们的社会地位和收入份额"。❸这个无法避免的困难提醒我们，有必要重新界说正义的作用：正义不仅要解决人们为争夺物质资源而发生的冲突，更重要的是要解决人们为争夺自尊之基础而发生的冲突。

当然，在谈到良序社会中的自尊之基础时，罗尔斯针对的是一个更为理想的情况：自尊受到最大限度的平等自由原则的保障，完全独立于差别原则所管辖的范畴，比如收入和地位。正是在这种情况下，最大限度的平等自由原则才优先于差别原则。不过，按照这一道理，差别原则不仅次要于最大限度的平等自由原则，而且根本就不具有罗尔斯所赋予它的意义。既然自尊不以收入和

---

❶ 见 Rawls, *A Theory of Justice*, p. 543。

❷ Rawls, *A Theory of Justice*, p. 545.

❸ Rawls, *A Theory of Justice*, p. 546.

地位为基础，人们因收入和地位的差异而发生冲突的可能性就不会很大，相应地，统摄收入和地位之分配的差别原则也就不具有很高的重要性。同理，如果收入和地位的差异在相对富足的条件下仍会导致尖锐的冲突，那一定是因为收入和地位实际上构成了自尊的重要基础。

这一点在斯多噶哲学中得到了尤为清楚的印证。按照斯多噶哲学的信念，人的自尊和人的发展与外在之物无关；因此，外在之物，尤其是财产，是不值得引起冲突的东西。这种把人的自尊与外在之物截然分开的想法，诚如马莎·纽斯邦（Martha Nussbaum）所说，现在看起来不免过于天真。❶但斯多噶哲学的逻辑仍然成立：如果人的自尊和发展不依赖于外在之物，那么，人就没有必要为外在之物大动干戈。反之，如果人们为外在之物大动干戈，那就说明，外在之物并非单纯的外在之物，而是构成人的自尊之基础的重要因素。由此可见，罗尔斯的差别原则之所以重要，恰恰是因为，表面上的财物之争实际上是有关人的自尊的冲突。❷

既然如此，我们就不再有理由像罗尔斯那样认为，差别原则次要于最大限度的平等自由原则。事实上，罗尔斯本人也认为，自尊是最重要的基本善。由此，我们可以推断，如果在一个社会里，收入和地位构成自尊的基础，那么，对这个社会来说，差别原则的重要性就不一定亚于最大限度的平等自由原则。也就是说，正义的两项原则不应该有固定的优先顺序，而应该根据影响自尊的具体因素来决定。然而，我们很难一概而论地事先确定，究竟是自由还是经济地位对自尊的影响更大。在理想的情形下，如果自尊的**惟一**基础

---

❶ 见 Martha Nussbaum, *Therapy of Desire: Theory and Practice in Hellenistic Ethics* (Princeton: Princeton University Press, 1995), pp. 505–506。

❷ Rawls, *A Theory of Justice*, p. 545.

是平等自由而不是经济地位，那么，差别原则就失去了罗尔斯赋予它的重要性，因为物质资源的分配不再关系到自尊这一最重要的基本善。

为了强调自尊的重要性，罗尔斯把自尊归入基本善的范畴，并用它来制约差别原则的运用。❶这意味着，在道理上，自尊是正义的最基本问题，也是罗尔斯的正义论的开端。但是，从方法论的角度出发，罗尔斯又认为，自尊的地位应该取决于一个更基本的前提，因而不能预先决定。这一模棱两可的态度说明罗尔斯正视了一个所有试图建立主体中心正义论的人都难以回避的难题。用他自己的话说："只有在人们富有正义感并因此而彼此尊重的情况下，正义的原则才会有效，但这些原则却不宜以尊重和人的内在价值这些概念为基础而产生，因为这些概念本身就需要解释。"❷考虑到这一难题，罗尔斯提出，在建构主体中心正义论时，我们不能从"尊严"的概念出发，而应该发现一个更基本的起点："一旦正义构想在握，……尊重和人的尊严这些概念就可以被赋予更为确定的含义。"❸正是出于这种考虑，罗尔斯才提出他所谓的"原初状态"，并坚持把休谟的正义客观条件论作为他的正义论的起点。

可见，罗尔斯没有把自尊作为其他概念的基础，恰恰相反，他试图在其他概念中为自尊找到更深层的基础。尽管如此，我们仍然可以看出，自尊对他来说是一个十分重要的直觉概念。正如他本人所说，在他的整个正义论构想中，这一直觉概念始终处于核心位置；他的正义论的主要目的之一就是在这类直觉概念和（借助"原初状态"导出的）正义诸原则之间取得反思性的平衡（reflective

---

❶ Rawls, *A Theory of Justice*, p. 546.

❷ Rawls, *A Theory of Justice*, p. 586.

❸ Rawls, *A Theory of Justice*, p. 586.

equilibrium）。❶至于他的正义客观条件论为什么没有把这些直觉概念考虑进去，罗尔斯的解释是："如果我们要**系统地**阐释尊重和平等之自然基础这些概念，那么，我们就无法回避原初状态或类似的建构所要求的复杂思考。"❷显然，这不是一个令人满意的回答。既然罗尔斯已经承认，自尊是正义的最基本直觉概念，这些概念就理应是他的正义论的起始预设：正义需要首先解决的问题应该是如何保障人的自尊，而不是如何分配物质资源和利益。不过，这也说明，为了建构这样一个主体中心正义观，我们不能从该正义观本身着手，而需要首先建构一个相应的正义客观条件论。

4. 以主体为中心的正义观（Ⅲ）：哈贝马斯

在当代正义客观条件论中，与主体中心概念最一致的当属哈贝马斯的构想。和休谟、罗尔斯一样，为了说明正义的必要性，哈贝马斯也从描述人类社会的冲突开始。然而，在描述这一冲突时，哈贝马斯的侧重点是一个远比资源分配、甚至比人身安全更为根本的问题："由于人的个体化是通过社会化完成的，因此人易受伤害，并在道德上需要关切。"哈贝马斯认为，使正义成为必要的正是这一基本事实。在通过社会化完成的个体化过程中，每一个人都不可避免地"置身于一个密集的社会网络中，在其中，人们相互承认、相互暴露，同时亦有可能相互伤害。主体必须通过使用语言参与人际关系，从而外化自己，否则就无法形成构成他个人身份的内核"。

---

❶ Rawls, *A Theory of Justice*, pp. 3–4.
❷ Rawls, *A Theory of Justice*, p. 586，着重标志为引者加。

哈贝马斯把这一情形描述为"个人身份的本质上的不稳定性和永久的脆弱性",并进而认为,这一特点的重要性远远超过人的物质需求,甚至"先于对性命的直接威胁"。[1]

哈贝马斯的意思并不是说,"对性命的直接威胁"不构成非正义。这当然构成非正义,但原因首先不是因为它给人带来皮肉之苦(尽管皮肉之苦亦给人造成严重伤害)。在这一点上,哈贝马斯承袭的是叔本华的观点:"不义"(Unrecht)是"对他人意志表达之疆界的侵越"。[2]关于这一定义,叔本华解释道:"当不义之受害者的躯体表达领域受到他人侵犯时,他所感受的是直接的、**精神的**痛苦。这种痛苦完全独立于、且不同于由他人行为或者由随损失而来的懊恼所造成的肉体痛苦,尽管后者与前者同时被感受到。"[3]

据此,[4]叔本华提出,正义的基本原则是"不伤害人"(Neminen

---

[1] Jürgen Habermas, *Moral Consciousness and Communicative Action*, trans. Christian Lenhardt and Shierry Weber Nicholsen (Cambridge, Mass.: MIT Press, 1990), p. 199. 另见 Habermas, *Philosophical-Political Profiles*, trans. Frederick G. Lawrence (Cambridge, Mass.: MIT Press, 1985), pp. 122-123; Habermas, *Justification and Application*, trans. Ciaran P. Cronin (Cambridge, Mass.: MIT Press, 1993), pp. 130-131, 154, 174。

[2] Arthur Schopenhauer, *The World as Will and Representation*, trans. E. F. J. Payne (New York: Dover, 1969), vol. 1, p. 334.

[3] Schopenhauer, *The World as Will and Representation*, vol. 1, p. 355, 着重标志为引者加, 另见 pp. 337, 338。

[4] 在这一点上,叔本华与康德、尤其是黑格尔很相近,尽管叔本华对黑格尔哲学不以为然。例如,康德在 *The Metaphysics of Morals* 中把尊重界说为"以他人的人性尊严来限制我们的自尊的行为准则"。关于非正义的对象,黑格尔说得更为明确:"只有存在于对象中的意志才会受到伤害",因此,伤害他人之所以是罪行是因为它暗示着一种"**无限的消极判断**"(着重标志为引者加),也就是彻底否定受害者享有权利。在这个意义上,严重的非正义是"无限度的伤害"。见 Immanuel Kant, *The Metaphysics of Morals*, trans. Mary Gregor (Cambridge: Cambridge University Press, 1991), p. 244 (449-450); G. W. F. Hegel, *Hegel's Philosophy of Right*, trans. T. M. Knox (Oxford: Clarendon Press, 1952), paragraphs 96 (p. 68), 95 (p. 67), and 218 (p. 140), and "C. Coercion and Crime" (pp. 66-73)。

laede）❶：不仅不伤害他人的肉体，而且不伤害他人的自尊，说到底，非正义损害的是人的自尊，资源和利益的不公平分配之所以能对人造成伤害，首先是因为它能伤害人的自尊。与此相应，正义的首要目的是维护人的自尊，而不仅仅是公平地分配资源和利益。只有这样来理解正义和非正义，我们才能解释，人为什么会对表面上看起来只触及肉体或物质利益的非正义行为表现出如此深刻的愤恨。❷

从上述角度看，菲利普·莫瑟（Philip Mercer）对叔本华正义概念的理解与批评不能不说是不着边际的。莫瑟说："如果我们必须表述[正义的基本原则]，那么，比较合适的说法也许是'同等待人'。只要我们不允许例外（包括我们自己在内），我们就可以公正地伤害每一个人。"❸不错，正义确实意味着同等待人，但这并不等于说，同等待人可以不计方式，更不等于说，以同等方式"伤害每一个人"是正义的表现。如果我们从叔本华、哈贝马斯的正义客观条件论出发，那么，正义的目的就是不伤害任何人。这一定义本身包含了同等待人的意味，但同等待人在这里指的是同等尊重每一个人，而不是同等伤害每一个人。莫瑟用来反驳叔本华的论点之所以无法成立，是因为我们无法推论，他的正义概念是以什么正义客观条件论为出发点的。换言之，我们无法想象，任何人的合理需求可以通过同等"伤害每一个人"的原则来得到满足。从我们的角度

---

❶ Arthur Schopenhauer, *On the Basis of Morality*, trans. E. F. J. Payne（Indianapolis, Indiana: Bobbs-Merrill, 1965）, p. 149.

❷ Judith Shklar 把非正义与愤怒联系起来，认为这种愤怒造成的伤害是无法衡量的。她说，"世界上没有任何东西比愤怒更让人痛苦，更摧毁人的灵魂。如果我们造成非正义感因而造成愤怒，我们所带来的伤害是无法用有形的剥夺来衡量的。我们必须考虑我们所导致的心理伤害，尤其是我们所造成的持久的愤怒。只要想想种族歧视所带来的伤害就不难意识到，不仅剥夺人们的社会权利是非正义的，使他们感到愤怒和伴随屈辱的愤恨也是不正义的。"见 Shklar, *The Faces of Injustice*, p. 49。

❸ Philip Mercer, *Sympathy and Ethics*（Oxford: Clarendon Press, 1972）, p. 131.

看,既然正义的目的是不伤害任何人,"公正地伤害每一个人"只能是一个自相矛盾的说法。

在这方面,哈贝马斯的正义观可以说是叔本华的正义观的延续。两者的区别仅在于,叔本华把人的个体存在视为个体化原理(principium individuationis)造成的表象,属于应该被超越的范畴,而哈贝马斯则不然。哈贝马斯不仅吸收了叔本华关于非正义的实质和人之相互依赖性(solidarity)的洞见,还强调自主性(autonomy)的重要性,认为正义所维护的首先是人的自主性。根据他的看法,"在现代意义上",正义首先涉及每个人"不可剥夺的个体的主体性自由"。❶与此相应,正义的作用是"教给我们如何在力所能及的范围内通过周到和体贴来降低他人的极度易受伤害性。用人类学的语言说,道德是一种保险机制,其作用是补偿人在社会文化生活中所固有的易受伤害性"。❷

这样,哈贝马斯就完全摆脱了休谟的正义论框架。对他来说,正义首先不是分配正义,正义的作用也不限于物质资源领域。事实上,分配的概念只适用于某一类物质:因其总量有限(尽管"有限"的含义因物质的不同而不同❸),某些人的多得**必然**导致其他人的少得。哈贝马斯的正义范畴主要涉及个人身份和自尊,与上述意义上的物质分配没有直接、更没必然关系。在分配物质资源时,人们完全可以按照合理的方式来为自己争取尽可能大的份额,但在处理个人身份和自尊等问题时,我们显然需要诉诸别的方法。这完全不同于休谟的正义观。在一个崇尚物质利益的社会里,正义只能如休谟所说,是一个谨慎而带有嫉妒性的品德,无法起到哈贝马斯

---

❶ Habermas, *Moral Consciousness and Communicative Action*, p. 200.
❷ Habermas, *Moral Consciousness and Communicative Action*, p. 199.
❸ 见 Gauthier, *Morals by Agreement*, p. 114。

所提倡的维护个人身份与自尊的作用。如果我们把他人视为有限资源和利益的争夺者,而不是自尊易受伤害、因而需要关切的个体,我们就无法从哈贝马斯的角度来看待正义,在最根本的意义上公平待人。

从哈贝马斯的角度看,正义的最重要因素不是建制,而是社会不同成员相互之间的同情心。为此,他一再提及"同情(sympathy)和恻隐(compassion)的道德哲学",并强调个体之间相互体谅的重要性。他说:通过社会化而形成的个体"因其极易受到伤害而需要有保障的相互体谅,这种体谅有两方面的作用,一方面,它维护个体的完整性,另一方面,它维系个体间至关重要的相互承认的纽带,通过这一纽带,不同个体得以**互相**稳定其脆弱的身份"。❶ 可见,在哈贝马斯的理论中,同情心的重要性直接源自于他对正义客观条件的理解。既然使正义成为必要的不是物质资源的短缺,而是通过社会化而形成的个体的身份脆弱性以及人们对相互承认的心理需求,那么,为了达到正义的目标,我们首先需要的不是正义的建制,而是人们相互之间的体谅和同情。当然,这并不是说,我们可以忽视正义建制的作用。为了维护个体的完整,正义建制是必不可少的,但从哈贝马斯的角度看,正义建制的重要性首先在于建构人的品德,使人成为出于同情心而以正义待人的人。

所以,对通过社会化而形成的个体来说,自主性仅仅是个体的根本需求之一,另一个同样根本的需求是个体之间的相互关切。对此,哈贝马斯强调:"鉴于道德的目的是照顾通过社会化才成为个体的人们的脆弱性,它总是必须**同时**完成**两个**任务。它必须提倡平等地尊重个人尊严,强调个人的不可侵犯性,同时,它必须保护主

---

❶ Habermas, *Moral Consciousness and Communicative Action*, p. 200.

体间（intersubjective）相互承认的关系网络，使个人能借此网络作为共同体的成员生存下来。与这两个互为补充的侧面相对应的是正义原则与相互关切原则，前者提倡对个人的平等尊重和平等的个人权利，后者则提倡对邻舍福利的同情和关心。"❶

这段话不仅概括了哈贝马斯的正义客观条件论，还解释了"正义和爱心（即相互关切）统一"之说。这一说法在宗教思想史中由来已久，但它的意义却始终难免令人略感费解。比如说，保尔·蒂利希（Paul Tillich）对正义与爱心的依存关系做过极富洞见的论述，但他闭口不谈正义的客观条件，因而始终未能说明，这一依存关系究竟是什么性质。他所谓"正义之所以为正义，是因为其中含有爱心"的说法，❷ 很容易让人做宗教性的诠释，同时也很难被不信宗教的人所理解。与蒂利希不同，哈贝马斯并不抽象地诉诸人的感情，而是从正义的客观条件出发，通过个体在社会关系中的脆弱性来说明正义与爱心的相互依赖。这实际上也提醒了我们：把正义和爱心视为一个统一体，并不是给休谟的分配正义论增添一层感情色彩，而是从一个根本不同的角度来理解正义的客观条件，以及与此相应的正义的范畴与作用。

蒂利希说："正义概念所包含的全部意义，尤其是各种形式的平等和自由，都不外是如下命令的应用：把每一个潜在的人视为人。"❸ 一旦我们从正义客观条件论出发来理解这段话，它的意思就一目了然了。同时，借助哈贝马斯的正义客观条件论，我们还可以理解，蒂利希为什么强烈反对慈善（charity）的概念。他写道：

---

❶ Habermas, *Moral Consciousness and Communicative Action*, p. 200.
❷ Paul Tillich, *Love, Power, and Justice*（London: Oxford University Press, 1954）, p. 15.
❸ Tillich, *Morality and Beyond*（New York: Harper and Row, 1963）, p. 38. 另见 *Love, Power, and Justice*, pp. 60, 63, 85。

"令人遗憾的是,基督教将爱与正义对立起来,从事'慈善'意义上的善行而不是努力消除社会的不正义,这种做法往往隐藏了基督教不愿实现正义或不愿为正义而战的倾向。"❶ 不难看出,蒂利希之所以这样认为,是因为在他看来,慈善带有施舍之义,而施舍有悖于平等地尊重每一个人的正义概念。一旦理解了正义的客观条件,我们就不难悟出蒂利希的道理。他的陈述之所以读起来酷似宗教式的断语或带有感情色彩的夸张之词,是因为他未能说明正义的客观条件。哈贝马斯的正义客观条件论所填补的正是这一空白。

5. 哈贝马斯与正义的主观条件

然而,一旦我们采纳了哈贝马斯的正义客观条件论,正义的**主观条件**就变成了一个问题。哈贝马斯的正义客观条件论界定了正义的作用,为了发挥这一作用,正义需要一定的**主观条件**,即人们必须对彼此怀有足够的同情心或恻隐之心。但是,显而易见的是,这一条件并不具备,正义之所以必要,恰恰是因为人们对彼此缺乏足够的同情心或恻隐之心。这不是说,既然不具备这一主观条件,我们就应该放弃哈贝马斯的正义客观条件论。然而,由于缺乏这一主观条件,哈贝马斯所描述的正义何以实现,或者说依赖什么动机资源才能实现,就变成了一个问题。

实际上,对正义的主观条件的理解也是对正义的动机资源的理解。如果说,使正义成为**必要**的是同情心或恻隐之心的缺乏,那么,使正义(即哈贝马斯意义上的正义)成为**可能**的则是同情心或

---

❶ Tillich, *Morality and Beyond*, p. 39.

恻隐之心的充足。两者同为正义的条件，是一个问题的两个侧面。和休谟相比，哈贝马斯对正义客观条件的认识显然更为深刻，但正因为如此，实现他的正义构想也需要更高的主观条件。这里，我们涉及一个正义的客观条件与正义的主观条件能否吻合的问题。一方面，我们需要弄清，使正义成为必要的客观条件是什么，另一方面，我们还需要了解，使正义成为可能的主观条件又是什么，两者之间是否存在太大的距离。

与哈贝马斯相比，休谟的正义客观条件论不涉及个体的身份认同，而只涉及物质资源的匮乏。为了解决后一类问题，社会无须提倡对他人的尊重与关切，而只须要求人们在追逐私利时采取足够的理性态度。换言之，从休谟的角度看，为了达到正义的目的，我们只须诉诸人的现有动机资源，而不必发展正义的主观条件中尚不充分具备的品德。诚然，休谟也使用同情的概念，但他的目的主要是为了解释人们为什么赞同正义，而不是为了说明正义的原初动机。退一步讲，即使在休谟正义论中同情是正义原初动机的一部分，这一情感的作用也仅限于在认知层次上帮助人们领悟彼此的需要，从而促使他们出于理性利己主义的考虑来满足彼此的需要。显然，这种同情不同于对他人的尊重与关切。如安内特·拜尔所指出，在休谟关于正义起源的论述中，相互冲突的人们"不仅在理论上知道如何制止冲突，而且不需要经过任何心理改变就能将其理论付诸实践"。❶

对哈贝马斯来说，情况则完全不同。哈贝马斯明确地意识到，后传统（post-conventional）道德中存在着"动机不足"的问题，因

---

❶ Baier, *A Progress of Sentiments*, p. 228. 另见 Stroud, *Hume*, p. 209。

此，现代社会对法律程序的依赖性更大。[1]根据这一看法，哈贝马斯无法否认，除了包含使正义成为可能的动机资源之外，正义的主观条件也包含了使正义成为必要的问题。尽管如此，在他的沟通行为（communicative action）理论中，哈贝马斯并没有明确讨论，在上述情况下，一个社会怎样才能实现主体中心正义论所构想的正义。

哈贝马斯对沟通行为的定义是，在该行为中，每一个"参与者都愿意通过内部手段来协调其行动计划，承诺只有在各方都对情况的定义及其后果已经达成一致意见或正在达成一致意见的条件下才去追求各自的目标"。[2]然而，哈贝马斯没有说明，人们通过沟通行为追求的是自我利益，还是他人利益抑或整体利益。他仅仅指出，在沟通行为中，人们通过实践商谈（practical discourse）达成的协议是他们追求各自利益的先决条件。至于人们通过沟通行为所追求的目标是否和战略性行为（strategic action）的目标一样是为了满足追求者的自我利益，哈贝马斯并未说明。当然，在哈贝马斯看来，不管人们追求的是个人利益还是整体利益，这种追求都必须以社会价值框架为媒介才能进行。但问题并没有因此而得到解决，因为社会价值框架的媒介作用并不能消除不同个人利益之间的冲突，相反，只能把不同个人利益之间的冲突转化为不同价值观之间的冲突，从而使这一冲突更难解决。[3]

根据哈贝马斯的看法，既然实践商谈能够"沟通自我行为和他我行为"，[4]我们就不必再区分纯粹的自我利益和纯粹的整体利益。

---

[1] Habermas, *Law and Morality*, in *The Tanner Lectures on Human Values*, vol. 8, ed. Sterling M. McMurrin (Salt Lake City: University of Utah Press, 1988), p. 245.

[2] Habermas, *Moral Consciousness and Communicative Action*, p. 134.

[3] 关于对哈贝马斯的带有同情的批评，见 Thomas McCarthy, *Ideals and Illusions*, (Cambridge, Mass: MIT Press, 1991), ch. 7.

[4] Habermas, *Moral Consciousness and Communicative Action*, p. 134.

通过沟通行为的作用，自向目标和他向目标不再泾渭分明，正如自我与他人、自主性与互相依赖性不再是截然不同的两个范畴一样。不过，哈贝马斯同时也强调，为了防止有人用整体利益的名义来压制别人，个人利益与整体利益不能完全混淆。正义的重要作用之一即在于防止这种混淆："没有任何办法比个人的实际参与能更有效地防止他人从不同视角曲解个人的自我利益。"❶由此而推，沟通行为的起点应该是严格意义上的自我利益，或者说是一种任何人都无法代言的自我利益。❷正如哈贝马斯在（U）（普遍性）原则中所指出："要使某一规范具有合理性，它的**普遍**遵守可能给**每个人**的具体利益的满足带来的后果和副作用都必须是**所有**受其影响的人都能自由接受的。"❸

但是，哈贝马斯还认为："从（U）原则可以直接推出，任何参与论辩的人都能在原则上就行为规范的可接受性作出相同的判断。"❹这显然包含了过于乐观的预设。（U）原则的前提是："只有个人才能最终判断什么最符合他本人的利益"。❺在此前提下，除非我们把高度利他主义作为（U）原则的附加条件，我们就无从确知，人们是否能就规范的可接受性作出同样的判断。只有在高度利他主义的条件下，实践商谈才能"使个人意志的形成具有认知合理性，从而确保个人的利益得到应有的尊重而同时不割断使他们作为互为定义的主体而共存的社会纽带"。❻可见，哈贝马斯的理论中有

---

❶ Habermas, *Moral Consciousness and Communicative Action*, p. 67.
❷ 见 McCarthy, *Ideals and Illusions*, p. 20. 在此，McCarthy 对利益在哈贝马斯和康德思想中的不同性质做了明晰的比较。
❸ Habermas, *Moral Consciousness and Communicative Action*, p. 120.
❹ Habermas, *Moral Consciousness and Communicative Action*, p. 121.
❺ Habermas, *Moral Consciousness and Communicative Action*, p. 67.
❻ Habermas, *Moral Consciousness and Communicative Action*, p. 202.

一个潜在的矛盾:个人利益一方面被视为裁决冲突的最终权威,另一方面,哈贝马斯又坚持认为,个人必须有能力放弃或改变自己的利益,以便于追求社会不同成员的共同利益。换句话说,哈贝马斯一方面强调,在实践商谈中,参与者的目的是为了"努力澄清一种共同利益",而不是力图"在相互冲突的个别利益之间求得一种平衡",❶但另一方面,他又坚持认为,根据正义的原则,只有个人才有权决定是否放弃自己的个人利益,任何人都无权要求别人按照利他主义的原则行事。这说明,归根结底,个人是否放弃其个人利益完全取决于他的个人动机资源。

哈贝马斯对此并不否认。对他来说,同情心和利他主义是实践商谈的道德前提或曰规范性前提之一。他明确指出:"通过话语达成协议的可能性依赖于以下两个条件:个人不可剥夺的说'同意'或'不同意'的权利,再加上个人**克服自我中心视角的能力**。如果个人没有对可批评的有效性声称(criticizable validity claims)做'同意'或'不同意'反应的不可剥夺的自由,认可就只是实然的认可,而不具备名副其实的普遍性。反之,**如果不是每一个人都对他人富有同情的敏感,商谈就不可能产生任何值得普遍认同的解决办法**。"❷这说明,实践商谈并不是纯粹认知性活动。正如哈贝马斯本人所强调,实践商谈所要求的认知性活动"与同情心之类的动机、情感意向、态度带有**内在的**联系。当社会文化距离发生作用时,关怀邻舍的命运(邻舍往往并不近在眼前)是实践商谈的参与者在进行他们应做的认知活动时**一个必不可少的先决条件**"。用哈贝马斯的另一句话说:"在论证规范和应用规范时,只有认知活动和情感

---

❶ Habermas, *Moral Consciousness and Communicative Action*, p. 72.
❷ Habermas, *Moral Consciousness and Communicative Action*, p. 202, 着重标志为引者加。另见 *Justification and Application*, pp. 154, 175。

意向及态度的**结合**"才标志着"**成熟**的道德判断能力"。❶

哈贝马斯在这里预设了利他动机的充分存在,但却没有证明这一预设是否成立。这就导致了一个问题:利他主义动机的**缺乏**是使正义成为必要的主观条件,正因为如此,实践商谈和正义才有必要;但是,在哈贝马斯的沟通行为理论中,因其缺乏才使正义成为必要的利他主义动机却成了实践商谈和正义的前提条件。显然,实践商谈假设了两个相互矛盾的命题:第一,利他主义动机的缺乏使正义成为必要;第二,利他主义动机的充足使正义成为可能。

在哈贝马斯所说的沟通行为中,参与者仅仅克服**不开明的**利己主义是不够的。因为,克服不开明的利己主义只能有助于利益冲突各方达成策略性妥协,而实践商谈的目的并非策略性妥协而是道德性共识。为此,实践商谈要求人们不仅在策略意义上、而且在道德意义上克服利己主义。只有在满足这一前提的条件下,我们才能说:"任何参加论辩的人都能在原则上就行为规范的可接受性达成相同的判断。"❷然而,与此同理,一旦该前提得到了满足,使正义成为必要的主观条件就不复存在,正义本身也就不再必要了。因此,如果我们预设,人们并不缺乏利他主义的动机,我们就等于否认了正义的必要性。

为了避免这一自我矛盾,哈贝马斯转而诉诸社会化的概念,把正义所依赖的道德动机视为社会化的产物。他提出,要满足实践商谈的规范性前提,"道德与社会化和教育的实践必须有某种程度的契合……另外,道德与社会政治制度也必须有某种程度的契合"。❸

---

❶ Habermas, *Moral Consciousness and Communicative Action*, p. 182. 除"成熟"一词外,其他处的着重标志为引者加。

❷ Habermas, *Moral Consciousness and Communicative Action*, p. 121.

❸ Habermas, *Moral Consciousness and Communicative Action*, pp. 207–208.

换句话说，利他主义不是人的天然动机，而是社会化的可预期结果。根据这一推理，哈贝马斯设想，只要具备下述条件，任何人都有可能发展出利他主义的动机和能力："在基本正常的家庭中长大，在相互承认的关系中形成其身份，并且在相互期待和相互交换视角的网络中继续其生活。"❶在此意义上，利他主义动机是社会化的结果，而不是正义的**起始**主观条件。

那么，社会化本身又能以什么动机为其预设起点呢？受劳伦斯·科尔伯格（Lawrence Kohlberg）的启发，哈贝马斯认为，社会化的起点是一种初级程度的相互性，它表现为"受权威控制的互补和受利益引导的对称"。❷用更通俗一点的话说，这指的大约是人从小就懂得的利益或感情交换。在这之后，通过社会化的作用，初级相互性逐渐发展为"与社会角色相连的行为期待的相互性"，继而表现为"与规范相连的权利和义务的相互性"，❸最终上升为主体中心正义论所要求的人与人之间的彼此尊重的相互性。在完成这一最终转变之前，相互性主要表现为等利害交换愿望，与休谟正义观中的理性利己主义冲动颇为相似，但与哈贝马斯所设想的"理想的设身处地之能力"（ideal role-taking）相距甚远。

从历时性（diachronic）角度看，哈贝马斯的正义观包容了两个不同层次的正义客观条件论（休谟的正义客观条件论和他自己的正义客观条件论）以及与此相应的两个不同层次的正义观（互利性正义观和主体中心正义观）。在这两者之间，我们不必做共时性（synchronic）选择，因为它们不必是相互排斥的。相反，我们可以把这两类正义观作为道德发展的两个不同阶段：在初级阶段，为了

---

❶ Habermas, *Justification and Application*, p. 114.
❷ Habermas, *Moral Consciousness and Communicative Action*, p. 163.
❸ Habermas, *Moral Consciousness and Communicative Action*, p. 163.

实现以休谟的正义客观条件论为基础的互利性正义观，我们只需要诉诸正义主观条件中现有的动机资源；在高级阶段，为了实现以哈贝马斯的正义客观条件论为基础的主体中心正义观，我们则必须依赖正义主观条件中尚不充分存在的动机资源。

与互利性正义观相比，主体中心正义观无疑属于一个更高的道德层次。但正因为如此，它也更难实现。因为缺乏相应的动机资源，主体中心正义观必须以互利性正义观的实现为前提才有可能实现。互利性正义观的实现有利于营造某种社会氛围，在这种氛围中，人们有可能逐渐发展相互信任和相互善意，并逐渐产生与利他主义相似的愿望。只有在这种情况下，正义的主观条件才能与哈贝马斯的正义客观条件论相吻合，从而使主体中心正义观的实现成为可能。与互利性正义观的主观条件不同，使主体中心正义观成为可能的主观条件不是人的天然品性，而是道德教化和适当社会化的结果。在这种主观条件成熟之前，主体中心正义观只是一个理想，尚缺乏现实可能性。但反过来说，一旦使正义成为可能的主观条件达到主体中心正义观所要求的标准，使正义成为**必要**的主观条件就会随之减少，因而正义本身的必要性也会随之降低。这一发展的观点我们将在后面详述。

第 4 章

叔本华论自愿正义

在前两章里,我们主要讨论了两个问题:第一,根据正义的客观条件,我们需要什么样的正义;第二,根据正义的主观条件,我们需要有什么样的动机才能实现这种正义。在考虑正义动机时,这两个问题为我们提供了一个必要的角度。我在前面说过,正义是一种介于纯粹利他主义和纯粹利己主义之间的品德。既然如此,在界说正义动机时,我们就需要把正义区别于纯粹利他主义和纯粹利己主义两个极端,否则,我们就会因为给正义秉性定位过高而使其混同于纯粹利他主义,或者因为给正义秉性定位过低而使其混同于纯粹利己主义。在这两种情形下,正义的概念都会失去其独特意义。我在本章讨论如何避免第一种偏向,把第二种偏向留待下一章讨论。

第一种倾向的典型代表可以说是持"自愿正义"(freie Gerechtigkeit;voluntary justice)概念的叔本华。因此,我们将从"自愿正义"概念入手,澄清正义和纯粹利他主义的区别。不消说,自愿正义不是一个孤立的概念,而是叔本华哲学体系的一部分。这一体系的主要伦理学范畴是恻隐之心;主要形而上学范畴是表象(Vorstellung;representation)和意志(Wille;will)两个相互联系的概念。需要指出的是,虽然叔本华的方法论在西方哲学中影响不大,他的形而上学范畴也没有被广为接受,但是,作为叔本华哲学体系的一部分,志愿正义却是一个颇具普遍性的概念,它的意义也在一定程度上独立于表象和意志等形而上学范畴。鉴于此,我们不妨悬置叔本华的形而上学范畴,独立地讨论自愿正义概念本身。

1. 积极正义与消极正义

休谟把正义理解为谨慎的、带有嫉妒性的品德,从而使正义区别于纯粹的利他主义。与休谟不同,叔本华更关心的是如何区别正义和伪装成道德的利己主义。他认为,人们常常滥用正义的概念,以至于混淆了出自正义动机的行为和仅仅具有正义效果的行为。对他来说,"正义"指的是正义愿望,是道德品格,而不是一般意义上的遵纪守法。为了强调这一属性,他提出了"自愿正义"的概念。根据这一概念,一个人是否正义不取决于行为,而取决于动机。如果一个人缺乏正义的动机,那么,即使其行为符合正义的要求,他也不能算是一个正义的人。与此相反,一个"正义"的人必须是"自愿承认并接受对与错之间的纯粹道德界限的人,不论这一界限是否受到国家或其他权威的保护,而且,按照我们的解释,这个人在肯定自我意志的同时,绝不会否定另一个人的自我意志的存在"。❶这里,叔本华坚持的是这样一种观

---

❶ Arthur Schopenhauer, *The World as Will and Representation*, trans. E. F. J.Payne (New York: Dover, 1969), vol. 1, p.370.

点：对与错之间的界限是**纯粹**道德的界限，不同于合法与非法之间的界限；即使这两对范畴由于巧合而重叠，它们之间的区别也仍然存在。

从表面上看，自愿正义概念与康德的内在立法概念或伦理立法概念不无相似之处，因为对康德来说"义务的观念自身就是足够的动力"。[1]其实，两者大不相同。我们在第1章提到，康德并未把正义动机视为一个单独的德行，而只是把自觉履行正义义务的意愿作为德行的一部分。[2]我们在第1章还提到，与康德不同，哈贝马斯和罗尔斯把正义视为一个独立的道德范畴，但他们用来界说这一范畴的不是康德意义上的道德义务概念，而是带有他律特征的相互性概念。在这一背景下，如果我们一方面对照叔本华和康德，另一方面对照叔本华和哈贝马斯、罗尔斯，叔本华的自愿正义概念就显出其独特之处了：他所说的自愿正义**既**是一个独立的道德范畴，**又**是一个完全以德性为内涵的概念。叔本华这样看待正义，是因为他认为，道德意愿是一种与利己主义毫不相干的意愿，因此，只有在完全不包含利己主义的情况下，人的意愿才可能是正义的，否则，就只能是变相的利己主义。

为了解释这一区别，叔本华创造了另外一对概念："积极的正义"和"消极的正义"。他写道："在决定值得普遍遵守的规范时，我不仅必须把自己看成是积极一方，还必须把自己看成是**接受者**和有时的**消极一方**。"[3]如果"出于利己主义的原因，我赞成正义和慈

---

[1] Immanuel Kant, *The Metaphysics of Morals*, trans. Mary Gregor（Cambridge：Cambridge University Press, 1991）, p. 47（220）.

[2] Kant, *The Metaphysics of Morals*, p. 210（410）.

[3] Schopenhauer, *On the Basis of Morality*, trans. E. F. J. Payne（Indianapolis, Lndiana：Bobbs-Merrill, 1965）, p. 89.

善的目的不是为了**实践**这些品德，而是为了从中**受益**",❶我所追求的就是"消极的正义"。"消极的正义"的特征是，我只愿意**接受**别人的正义行为给我带来的好处。很明显，消极正义的动机实际上是私利而不是正义。当我从消极角度出发时，即使我的行为符合正义规范，我的动机也不过是用自己的正义行为来换取他人的正义行为，因此无非是以理性的方式来满足我个人的私利。"积极的正义"则相反。当我从积极角度出发时，我关心的是如何不伤害他人，而不仅仅是如何避免受他人的伤害。❷

不难看出，积极正义和自愿正义实为同一概念：只有当我们从积极的角度遵守正义的要求时，我们的正义行为才是真正自愿的。其实，积极角度与消极角度的区别，自愿正义与非自愿正义的区别，也等同于他向动机和自向动机的区别，亦即道德和利己主义的区别。所以，毫不奇怪，叔本华认为，除仁爱之外，自愿正义是惟一具有道德价值的动机；❸它"排除了驱动人的行为的惟一的其他动机，即最广义的利己动机"。❹这里，"最广义"一词很重要，因为它扩大了"利己主义"的定义，把所有不属于自愿正义（及仁爱）的行为都划入了利己主义的范围。

具体而言，通过"最广义"的利己主义，叔本华指的是"所有着眼于换取回报或避免惩罚的行为"。诚然，这种行为可能会产生

---

❶ Schopenhauer, *On the Basis of Morality*, p. 89. 另见 Schopenhauer, *The World as Will and Representation*, pp. 345-346.

❷ 见 Schopenhauer, *The World as Will and Representation*, pp. 345-346.

❸ 叔本华本人用的是"慈善"概念，与仁爱基本上同义。对我们来说，重要的是这些概念的共同含义，而不是它们之间的微妙差别。这也是某些叔本华研究者的做法，比如，D. W. Hamlyn 就把慈善和仁爱用为同义语。见 Hamlyn, *Schopenhauer*（London: Routledge & Kegal Paul, 1980）, pp. 134-135.

❹ Schopenhauer, *On the Basis of Morality*, p. 139.

有益的社会效果，但就动机而言，它缺乏道德价值，无异于"自私的交易"。❶根据这一标准，许多貌似正义甚至仁爱的行为都是理性利己主义的表现。❷"例如，假如某人确信，他的每个道德行为都能使他在来生得到百倍的回报，那么，这一信念之功效就无异于远期交换票据。他可以出于利己主义施与，正如他会出于利己主义索取一样。"❸通过这类例子，叔本华想要说明，使施与具有道德价值的并非施与行为本身，而是施与的动机。因此，如果施与行为不是出于正义动机或仁爱动机，那么，在道德的意义上，它就无异于索取。这一乍看酷似悖论的观点把道德学家分为两类：视其为真理的是道德上的理想主义者；视其为悖论的是道德上的现实主义者。对前者来说，叔本华正确地缩小了严格意义上的道德的范围；对后者来说，叔本华对道德的界说过于严格，但同时却为非严格意义上的"道德"和相应的道德教育提供了一个秘诀。

在叔本华眼中，运用这一秘诀最成功的莫过于基督教。与未经升华的利己主义相比，基督教显然更富远见、更具隐蔽性：通过宣扬"来世"回报，基督教把现世生活变成了一个漫长的交易过程，在这一过程中，人们甘愿奉行利他主义，以换取来世的幸福。但是，既然这种利他主义只是谋求个人利益的一种手段，它就不具有任何道德价值："无论是向穷人施舍以便在来世得到十倍的回报，还是用同样的金额去改善家产以便在将来获利"，从道德角度看，这两者并"不存在实质性的差别……因为这些人关心的只是他们自己，只是他们的利己主义"。❹

---

❶ Schopenhauer, *On the Basis of Morality*, p. 56.
❷ 见 Schopenhauer, *On the Basis of Morality*, pp. 122, 125, 152。
❸ Schopenhauer, *The World as Will and Representation*, p. 295.
❹ Schopenhauer, *The World as Will and Representation*, pp. 368-369.

显然，叔本华的观点代表了一种日趋罕见的道德观，这种道德观认为，具有道德价值的不是行为本身，而是行为背后的动机。正如叔本华本人所说："就其本身来讲，所有的行为都是空洞的形式，惟有导致这些行为的愿望才赋予它们道德的意义。"[1]或者，用他的另一句话来说："**只有意图**才决定一个行为是否具有道德价值，因此，根据其意图，同一行为既可能值得谴责也可能值得赞扬。"[2]以这一道德观为标准，叔本华不仅区分了自愿正义和徒有正义表象的利己主义，还在一个更抽象的层次上区分了人的三种最基本行为动机："总体来说，人的行为只有**三种基本动力**，所有的动机都是通过其中之一被启动而发生作用的。"这三种动力分别是自私、恶意、恻隐之心：自私"渴望自己幸福"，恶意"渴望他人不幸"，恻隐之心"渴望他人幸福"。[3]

通过区分这三种动机，叔本华意在解释正义和非正义的根源：非正义源于恶意，表面上的正义源于自私，自愿正义源于恻隐之心。这里，我们暂且不论非正义与恶意的关系，也不论表面上的正义与自私的关系，而只关注自愿正义和恻隐之心的关系。既然叔本华已经排除了利己主义和义务概念对正义动机的作用，他就只能用纯粹的"恻隐之心"来界说"自愿正义"的动机了。所以，他写道："恻隐之心的作用在于，它使我不至于因为自己天生的反道德倾向而给别人带来痛苦……由此产生了……'不伤害他人'（Neminem laede）这一最基本的正义原则。只有在恻隐之心之中，正义这一美德才有了它真正的、纯粹道德的、不掺杂质的源头，否

---

[1] Schopenhauer, *The World as Will and Representation*, p. 369.
[2] Schopenhauer, *On the Basis of Morality*, pp. 66–67.
[3] Schopenhauer, *On the Basis of Morality*, p. 145.

则它就只能以利己主义为基础。"❶

2. 正义与仁爱的区别：恻隐之心的不同程度？

然而，事情远非如此简单。首先，恻隐之心不仅是叔本华用来解释自愿正义的概念，也是他用来解释仁爱的概念。他明确提出，就道德心理而言，正义与仁爱皆源于恻隐之心。这两者的惟一区别是，正义所包含的恻隐之心在程度上低于仁爱。用他自己的话说："他人的痛苦可以直接成为我的动机，可以使我行为或不为。这包含了两个泾渭分明的程度。在初级程度上，恻隐之心可以通过抵消利己的和恶意的动机来阻止我给他人带来痛苦，使我不至于成为他人痛苦的根源，从而造出尚不存在的状况来。在第二级程度上，更高层次的恻隐之心发挥积极的作用，促使我主动帮助他人。"❷

不必否认，人的恻隐之心有强有弱，不过，把强弱不同的恻隐之心分成两个泾渭分明的程度，并以此来解释正义与仁爱的差异，未免有些牵强。一方面，叔本华希望保持自愿正义和仁爱的区别，另一方面，他又认为，就道德动机而言，自愿正义与仁爱皆不同于利己主义，皆源于利他主义的动机。为了避免这两个观点之间的冲突，使自愿正义既有别于利己主义，又有别于仁爱，他只好想象，恻隐之心有程度之分，自愿正义与仁爱的惟一区别在于，它所包含的恻隐之心在程度上低于仁爱。这等于说，某些人的恻隐之心

---

❶ Schopenhauer, *On the Basis of Morality*, p. 149.
❷ Schopenhauer, *On the Basis of Morality*, p.148.

在程度上正好符合正义的要求,所以,他们的行为既不高于正义的标准,也不低于正义的标准。❶的确,有些人严格按照正义的准则做人,既不做不义之举,也不做分外善行,但是,这种现象很难用恻隐之心的固定程度来解释。反过来,某一固定程度的恻隐之心并非不可能,然而,如果认为这一程度的恻隐之心恰好与正义愿望等量,那就缺少根据,不能不说是纯粹从理论出发的哲学虚构了。

亦不必否认,对某些人来说,正义愿望确实完全源于恻隐之心。不过,在这种情况下,恻隐之心的作用就不会仅限于提醒人们按照正义的要求不去伤害他人,而且会在必要的时候促使人们超越正义的范围去做仁爱之事。甚至可以说,假如道德行为的惟一源泉是恻隐之心,那么,"不伤害他人"(叔本华的正义原则)和"尽可能帮助他人"(叔本华的仁爱原则)就没有本质上的区别。❷换言之,如果一个人的行为动机是纯粹的恻隐之心,那么,在采取任何行为之前,他都会首先考虑自己的行为对他人的影响,但是,这种考虑究竟是仅仅表现为"不伤害他人",还是进一步表现为"尽可能帮助他人",他无法事先预知,而只能按当时的情况、根据他人的需要才能决定。只有当一个人只考虑自己的良心,而不真正关心别人的需要时,他才能把"不伤害他人"和"尽可能帮助他人"截然分开,严格遵守正义原则而对仁爱原则无动于衷。

这并不是说,不应区分正义和仁爱。实际上,出于政治乃至道德的原因,这一区分很有必要。我要证明的只是,构成这一区分的不是恻隐之心的不同程度,或者说,在恻隐之心的范围内,无法区分何为正义,何为仁爱。因此,如果有人根据这一区别来决定如何

---

❶ 见 Schopenhauer, *On the Basis of Morality*, p.149。

❷ 见 Schopenhauer, *On the Basis of Morality*, p.69。

待人，那么，他的行为动机就不会是纯粹的恻隐之心。反之，如果一个人的行为动机是纯粹的恻隐之心，他就不会根据这一区分来决定如何待人，并仅仅满足于正义的行为。这说明，叔本华的自愿正义并不像他所说的那样，是一种完全排除了利己之心的愿望。同时，还可以看出，自愿正义并非源于纯粹的恻隐之心，而是源于恻隐之心与利己之心的混合。只有当恻隐之心尚未完全抵消"利己的和恶意的动机"时，一个人的行为目标才会止于正义。❶反之，一旦恻隐之心完全抵消了"利己和恶意的动机"，一个人的行为就会超越正义的目标，向仁爱的方向发展。

可见，自愿正义不具备叔本华所赋予它的独特道德属性。如果认为构成自愿正义的惟一动机是恻隐之心，就等于承认自愿正义无异于仁爱；既然恻隐之心没有与正义和仁爱对应的两个程度，以恻隐之心为源头的自愿正义就无法区别于仁爱，从而具有独特的道德属性。反之，如果认为，自愿正义不同于仁爱，具有其独特的道德属性，就必须为这一概念提出新的定义，不再把纯粹的恻隐之心看作自愿正义的惟一源头。不过，这样一来，我们就无法再像叔本华那样区别自愿正义和表面上的正义。对叔本华来说，这两者的惟一区别在于，前者源于纯粹的恻隐之心，而后者至少在一定程度上源于理性的利己之心。一旦我们认定，纯粹的恻隐之心不可能构成自愿正义的惟一源头，自愿正义和表面正义的界限就随之消失，让位于一个更宽泛的、有可能包含某种程度的利己之心的正义概念。

两者之中，不论我们放弃哪一个，自愿正义的概念都无法成立。正义或则高于自愿正义，或则低于自愿正义。一方面，出于纯粹恻隐之心的行为无异于仁爱，因而不会止于自愿正义。另一

---

❶ Schopenhauer, *On the Basis of Morality*, p. 148.

方面，非出于纯粹恻隐之心的行为算不上是自愿正义。证明这一点并不意味着，无法区分正义的愿望与利己主义的愿望，但这确实说明，正义与利己主义的区别并不在于前者是完全出于恻隐之心的动机，或者说是完全他向的动机。有鉴于此，为了恰当地界说正义的动机，我们必须放弃把正义和纯粹利他主义等同起来的作法，进而考虑纯粹利他主义范围之外的动机。❶

---

❶ 叔本华本人也暗示了类似的观点。见 *On the Basis of Morality*，p. 143；*The World as Will and Representation*，p. 371。

第 5 章

理性利己主义的道德限度

鉴于正义是一种介于纯粹利他主义和纯粹利己主义之间的品德，我们必须一方面避免给正义秉性定位过高而使其混同于纯粹利他主义，另一方面避免给正义秉性定位过低而使其混同于纯粹利己主义。在上一章，我们以叔本华的自愿正义概念为例讨论了第一种偏向。在本章，我们将讨论第二种偏向，着重分析如何避免混淆正义和"理性利己主义"。我试图说明的是，不管利己主义是否具有理性的特征，它都有着与正义不同的动机和效果。

在使用"理性利己主义"这一概念时，我的意思不是说，所有的理性行为都是利己的，或者所有的利己行为都是理性的。理性利己主义是利己目的和理性手段之结合：利己主义者以理性的手段追求既定的利己主义目的，由此产生了独特的利己主义形式。由于理性利己主义给理性派了特定的用场，所以"理性利己主义"的含义窄于"理性"。以此为前提，我们要回答的问题是：理性利己主义中的理性因素是否能使人产生持久而稳定的正义愿望。

1. 理性利己主义与正义的距离

总体来说，人们会在两种情况下对正义持某种勉强态度，因而难以持久而稳定地遵守正义的要求。一种情况是，我们愿意尽可能遵守正义要求，但考虑到这样做有可能牺牲个人利益，甚至十分重要的个人利益，我们又不无犹豫甚至心理斗争。此时，我们遵守正义要求的愿望是真实的，但这一愿望尚未彻底压倒我们的利己主义倾向。尽管如此，我们的努力仍具有道德价值，相应，我们的正义愿望也不因我们的勉强态度而改变性质。[1]另一种情况则完全不同：我们把"理性利己主义"视为行为准则，因而在根本上缺乏遵守正义要求的愿望。这里，"利己主义"指的是目标的性质和范围，"理性"则是指达到这一目标的手段。因为"理性"是"利己主义"的工具，所以它可被称为"工具理性"。工具理性旨在实现既定目的，不管该目的是什么，也不管该目的本身是否合理。[2]比如说，在理性利己主义的范围内，我们不会问及"人是否应该利己"、"利己主义是否符合理性"等问题。当然，一个理性利己主义者有时也会怀疑他所追求的某一具体目的是否合理，但是，只要他还是一个理性利己主义者，这一怀疑本身就是工具性的，其作用只是在利己主义的范围之内决定某一既定目的是否确实利己。

---

[1] 关于正义愿望的勉强一面，见 J. R. Lucas, *On Justice* (Oxford: Clarendon Press, 1980), pp. 3-4; David Hume, *An Enquiry Concerning the Principles of Morals*, ed.J. B. Schneewind (Indianapolis, Indiana: Hackett, 1983), p. 21。

[2] 见 John C. Harsanyi, *Rational Behavior and Bargaining Equilibrium in Games and Social Situations* (Cambridge: Cambridge University Press, 1977), p. 8。

上述两个特征构成了理性利己主义的限度。只有在这一限度之内,理性利己主义中的理性因素才能发挥作用,从而使理性利己主义者区别于一般的、非理性的利己主义者。鉴于这一限度,我们无法通过对其属性的分析而预知,理性利己主义究竟会建议什么行为。既然理性利己主义的理性只是工具理性,它只能服务于某一特定理性利己主义者的既定目标。

在两个意义上,理性利己主义中的利己主义因素是既定的。首先,在逻辑意义上,理性利己主义中的理性手段没有外在于利己主义目的的阿基米德支点,因此,即使它对某一具体的利己主义目的提出质疑,这种质疑也只能以一个更高抽象层次上的利己主义目的为参照系。其次,在经验意义上,一个人的自我利益,以及他对这些利益的理解,难免要受特定的社会历史条件的影响与限制。一个理性利己主义者也许会质疑他的某一既定目的是否对自己有利,但在进行这种质疑时,他不会也不可能用批评的眼光来看待他在同一社会历史条件下形成的其他既定目的,相反,他必须以这些不受质疑的既定目的为出发点和归宿。这就使人难以预知,他将对哪些自我利益提出质疑,而把哪些自我利益看成不必或不可质疑的,并以此作为质疑其他利益的基础。

当然,人的所有利益,包括他向利益,都受社会历史条件的限制,都有一定程度的既定性。即使通过道德反思,我们也无法完全摆脱这种既定性,在既定的利益之外找到一个阿基米德支点。尽管如此,道德反思的作用仍然是对既定利益提出质疑,以求形成更合理的目的,而不是以最合理的手段追求既有的、未经质疑的目的。相形之下,理性利己主义者从来不对既定的自我利益进行**道德**反省,或者对既定的自我利益的**目的合理性**提出质疑。由于这一原因,理性利己主义中的理性手段与利己主义既定目的之结合不能不具有很大的偶然性。

对理性利己主义和正义的关系来说,这一点极为重要。作为利己目的和理性手段的偶然结合,理性利己主义必须通过偶然因素的作用,才能使人产生符合正义要求的行为。正义秉性之所以能够使人持久而稳定地遵守正义规范,是因为它包含了一定程度的他向关注。由于缺乏这一关注,并且,由于其目的部分带有很大的偶然性,理性利己主义无法使人产生持久而稳定的遵守正义规范的愿望。换言之,我们无法建构一个带有普遍性的、先验的、纯粹逻辑的理性利己主义模式,进而从中推导出一个符合正义要求的利己主义行为准则。要建构这样一个模式,我们必须排除偶然因素,为理性利己主义预设一个或一套特定的目的。然而,这一模式显然无法具有普遍性。即使能适用于某些理性利己主义者,它也不能适用于其他理性利己主义者。

大体来说,理性利己主义的行为准则与正义要求之间的偶然吻合可能受到两种情形的阻碍。一种情形是,为了追求某一既定利己目的,一个理性利己主义者所采取的最有效、最理性的手段超出了正义规范所允许的行为范围。另一种情形是,最有效、最理性地追求某一既定利己目的的手段不一定超出正义规范所允许的行为范围,但一个理性利己主义者可能缺乏足够的工具理性,因而无法在正义规范所允许的范围之内运用这些手段。在第一种情形下,理性利己主义暴露了它的缺陷,也就是说,理性利己主义不可能在理性利己行为与正义行为之间产生**持久而稳定的一致**。这一点需要强调,因为它排除了如下一种可能性,即理性利己主义与正义的矛盾只见于第二种情形,因而只是一种经验性的矛盾,而不是逻辑性的矛盾。与这种可能性相反,我们要证明的是:即使在逻辑层次上,理性利己主义的行为准则也不可能与正义的要求保持具有普遍性的、持久而稳定的一致。正因为如此，两者在经验层次上的一致才是偶然的现象。

据此，持久而稳定的正义行为就只能产生于正义愿望本身，而不能产生于理性利己主义中的理性部分。当然，在偶然因素的作用下，理性利己主义的行为有可能与正义规范所要求的行为在经验层次上发生某些吻合，但是，这种吻合并不能消除理性利己主义和正义之间的逻辑距离。只要工具理性仍然服务于利己主义的目标，这一距离就无法消除。

这说明，作为理性利己主义者，我们有可能出于"原则"（即理性利己主义的行为准则）而不愿遵守正义的要求。与我们在前面所说的第一种勉强态度不同，这是一种"基于原则"的勉强态度：如果一个理性利己主义者未能遵守正义的要求，那不是因为他力不从心，而是因为他本来就没有遵守正义要求的愿望。一旦我们的利己主义目的与正义的要求发生冲突，这种"基于原则"的勉强态度就会产生。鉴于理性利己主义和正义之间的逻辑距离，一个理性利己主义者难免要问：我为什么要有道德？我为什么要按照正义的要求来决定我的行为？同时，他也难免得出结论：既然遵守正义规范常常妨碍人以最有效的方式追求私利，那么持之以恒地遵守正义规范就是一种不合逻辑（即理性利己主义的逻辑）的做法。所以，如果一个人遵守正义要求的动机不是正义愿望本身，这一作法就只能是偶然的，而不可能是持久不变的。

然而，正义之为正义，正是因为它具有逻辑层次上和经验层次上的双重稳定性。作为建制，正义必须具有不以个人意志为转移的恒定约束力；同时，作为个人秉性，正义必须包含某些愿望，使人能够自觉地接受正义建制的约束。鉴于这两个条件，理性利己主义与正义之间（尤其是理性利己主义的偶然性与正义的恒定约束力之间）显然存在着本质的、无法消除的距离。不言而喻，这一距离常见于正义与一般的利己主义之间。我们在此论证的是，这一距离也存在于正义与理性利己主义之间。

2. 理性利己主义的悖论

我在上一节想要说明，理性利己主义无法向理性利己主义者本人建议任何符合正义要求的行为准则。一个理性利己主义者可能会出于偶然的、功利性的原因而做出符合正义要求的行为，但因为他缺乏道德动机，这种行为难免是偶然的、无规律的。这并不是说，理性利己主义与一般利己主义相比不是一个进步。出于私利的考虑，一个理性利己主义者完全有可能拥护正义的建制。虽然他不愿为正义建制付出任何代价，但他却希望受益于这一建制；同理，虽然他自己不愿遵守正义要求，但他却希望别人这样做。作为**理性利己主义者**，他不仅能看到正义对他不利的一面，也能看到正义对他有利的一面。他甚至能意识到，在某些情况下，正义对他有利的一面远远超过对他不利的一面。然而，作为理性**利己主义者**，他会尽量利用正义对他有利的一面，避免正义对他不利的一面，同时清醒地意识到，他所拒绝付出的代价难免会被转嫁到别人身上。

和非理性的利己主义者相比，理性利己主义者的"长处"在于他们能够理解正义的必要性。工具理性告诉他们，只有依靠正义建制，社会不同成员才能达到互利的目的，而维持正义建制的前提是，每一个社会成员都必须牺牲一部分个人利益。这种纯属工具理性的考虑足以使人明白，为了维持正义建制，必须付出什么代价，同时又能获得什么好处。虽然这并不能使理性利己主义者乐于为正义付出代价，但仅就道理而言，我们从道德角度获得的所有认知，理性利己主义者都能从工具理性的角度获得。

在此意义上，理性利己主义与正义之间的鸿沟并非完全不可逾越。既然一个理性利己主义者能够理解正义的必要性，他也就能理解，为了实施正义，社会必须诉诸法律的强制手段。他理应认为，社会大多数成员都是不同程度的利己主义者，都和他一样只愿受益于正义建制而不愿为它付出代价。根据这一推理，他会继而认为，社会必须诉诸法律的强制手段，否则，人们就会普遍逃避正义的义务，从而导致正义建制的彻底瓦解。作为这一推理的一部分，他还会承认，他本人也在法律约束的范围之内。因此，虽然一个理性利己主义者会尽量逃避法律的约束，但他却缺乏捍卫自己这种行为的理由。就此，叔本华曾评价说："这种利己主义很了解自己，它有条理地从个人的角度推及整个社会的角度，并通过加合而推及所有人共同的利己主义。"[1]既然社会不能期待"以道德为基础的正当行为"，[2]国家就有必要通过强制手段来实施"所有人共同的利己主义"，使每一个人的利己行为服务于他人乃至整个社会。

不难看出，理性利己主义者处于自相矛盾之中：作为**理性利己主义者**，他缺乏恒定的正义愿望，但同时，作为**理性**利己主义者，他又不能不赞成社会以法律手段实施正义。在经验层次上，这意味着，当一个理性利己主义者赞成社会以法律手段实施正义时，他实际上是在赞成一个对自己部分不利的措施。如果说理性利己主义与正义有某种相通之处，那么，造成这一相通之处的正是这一自我矛盾。在理论上讲，一个理性利己主义者既是潜在的

---

[1] Arthur Schopenhauer, *The World as Will and Representation*, trans.E.F.J. Payne (New York: Dover, 1969), vol.1, p. 345.

[2] Schopenhauer, *The World as Will and Representation*, p.345.

立法者，又是法律的约束对象。作为前者，他并非没有能力制定有利于整个社会而不仅仅是他本人的法律；作为后者，他理应支持并拥护这一法律的普遍性实施。如果他本人触犯了法律，他也能明白，自己为什么要接受相应的制裁。他甚至应该意识到，他本人是法律约束的理想对象：出于道德原因而自愿遵守正义要求的人无须法律的约束，而非理性的利己主义者则没有能力对正义及其法律产生认同。

理性利己主义和正义之间的距离甚至还可以进一步缩小，因为一个理性利己主义者不仅能从理性的、普遍性的角度来认识社会诉诸法律手段的必要性，还能从这一角度来认识社会推行道德教育的重要性，尽管他本人并不为之所动。他明白，一旦道德教育产生了预期的效果，人们遵守正义要求的自觉性就会增加，法律惩罚的必要性及其物质代价和心理代价也就随之减轻。借用尼采的话说，一个理性利己主义者完全有能力"出于实用目的而提倡利他主义"。[1]虽然这一倡议的角度是利己主义的，但作为一个普遍性的倡议，它的实施不仅会有益于理性利己主义者本人，同样也会有益于所有的社会成员。同理，既然一个理性利己主义者会从理性的、普遍性的角度来提倡社会的道德教育，他本人就没有理由在原则上反对接受这一教育。无论他心里是否接受这一教育，他都必须使其行为在表面上符合这一教育提出的要求。可见，在道德层次上，就像在法律层次上一样，一个理性利己主义者也完全有能力提倡对人们普遍有利的措施，即正义的措施，尽管他本人难免从利己主义角度出发试图从中获益而免付代价。

---

[1] Friedrich Nietzsche, *The Gay Science*, trans. *Walter Kaufmann* (New York: Random House, 1974), 21.

由此，我们可以看出理性利己主义与正义相符合的有限可能性，抑或可能性之有限。出于利己主义的考虑，一个理性利己主义者可能会赞成正义的法律手段和道德措施，从而把自己和他人一样置于法律和道德的约束之下。但除非有利可图或迫不得已，他本人不会遵守正义的要求，更不会为了遵守正义的要求而改变自己的动机。就动机而言，理性利己主义与正义之间的鸿沟永远无法弥合。

3. 休谟论正义的两个阶段

休谟曾说过以下一段耐人寻味的话："**自我利益**是**建立正义的原初动机**，然而，对**公共利益**的同情却是对正义美德的**道德**认可之根源。这后一个原则，即同情心原则，无法控制我们的欲望，但它足以影响我们的趣味，使我们产生赞同或责备的情感。"❶

和前面讨论过的理性利己主义相比，休谟笔下的情形显然更为复杂。一方面，休谟认为，从理性利己主义的角度出发，人们完全能够想象正义建制的好处，从而产生建立正义建制的愿望。但另一方面，他又说，人们珍视正义，不是出于利己主义的考虑，而是出于对公共利益的关切；正义成为道德意义上的美德，正是由于这个缘故。显然，休谟在这里描述的不是两个不同的群体，而是同一群体，以及该群体中的每一个人。他的意思似乎是，在描述同一群体时，我们不仅可以说，正义建制的创立有赖于人们的利己主义动

---

❶ David Hume, *A Treatise of Human Nature*, ed. L.A. Selby-Bigge, 2nd edn., ed. P. H. Nidditch（Oxford: Clarendon Press, 1978）, p. 670.

机,我们还可以说,正义之所以发展为一个在道德上备受珍视的概念,是因为人们普遍对公共利益怀有同情之心。这就引出了一个问题:如果第一个论点适用于理性利己主义者,第二个论点是否也适用?如否,这两个论点是否相互矛盾?

表面看来,两个论点确实相互矛盾,这就促使我们透过表面,从历时性(diachronic)的角度重新检视休谟这两个论点之间的关系。从这一角度看,正义建制的创立和正义美德的产生是同一历史进程的两个阶段。在第一阶段,正义建制起源于人的利己动机;在第二阶段,正义逐渐演变为包含他向关注的品德。造成这一转变的主要原因是,随着正义建制的完善和道德教育的成功,正义的原初动机逐渐得以退出人们的意识。❶用休谟本人的话说:一旦人们建立起正义的规则,并发现这些规则有利于公益,"遵循规则的道德感就会自然产生,无需凭借外力"。❷

这一解释完全符合休谟对正义主观条件的描述。既然使正义成为必要的是同情心(不论是对个人的同情心还是对公益的同情心)的缺乏,同情心就不可能成为正义的原初动机。正是基于这一考虑,休谟才区分了正义建制赖以创立的利己主义动机和随后发展出来的、出于同情心的正义感,并排除了同情心作为正义原初动机的可能性。这并不意味着,在该进程的第二阶段,正义的动机仍然源于人们的利己主义欲望。恰恰相反,通过区分这两个不同的阶段,休谟强调的是正义动机的发展,特别是它如何从功利动机转变为以同情心为基础的道德情感。这一点,我们在以后章节还要详细讨论。

---

❶ 见 Nietzsche, *Human, All Too Human*, trans. R. J. Hollingdale (Cambridge: Cambridge Universtiy Press, 1986), I, 92。

❷ Hume, *A Treatise of Human Nature*, p. 533.

其实，历时性诠释并不是解读休谟上述两个观点的惟一方式。我们也可以从共时性（synchronic）角度出发，不考虑正义动机的发展过程，而只注意这一过程的终点。从这一角度看，人们赞同并珍视正义必须有道德上的原因，因为只有当人们对公共利益具有一定程度的同情心时，正义才会成为具有道德吸引力的概念。然而，正如休谟本人所言，作为道德情感，同情心虽然有助于人们理解并赞同正义，但它却不足以促使人们实践正义。就实践而言，不论是从共时角度看，还是从历时角度看，正义都有赖于人们的利己主义动机。

这种共时性诠释与休谟对正义主观条件的认识并不冲突。在讨论同情心对正义的贡献时，休谟关注的不是其意动作用，而是其认知作用。从共时性的角度看，即使在正义建制创立之后，人们的正义行为仍有赖于利己主义的动机。人们不仅在创立正义建制时受利己主义欲望的驱动，在实践正义的过程中也是如此。然而，这并不排除，人们可以从道德的、非利己主义的角度来**理解**正义的概念。事实上，正是因为人们在认知层次上具有这一能力，他们才能在道德意义上赞同并珍视正义。

在《道德原理探究》中，休谟更进了一步，认为同情不仅是人们理解并赞同正义的原因，也是人们实践正义的原因。这一新的观点并非不合逻辑：既然人们能从道德角度出发来理解并赞同正义，这一理解和赞成的态度就能在**一定程度**上导致人们主动实践正义的愿望。尽管受正义主观条件的限制，这一愿望不可能足够强烈，但它毕竟为人们的自觉正义行为提供了某种可能性。休谟的失误在于，他没有修正《人性论》中的原有观点，于是，他的两个不同论点之间的矛盾显得更为突出：一方面，他认为，人们之所以创立正义建制，完全是因为他们有利己主义的打算，但另一方面，他又认为，人们之所以对正义表示欣赏和赞同，完全是因为他们对公共利益怀有同情。

麦金泰尔对休谟的批评正是针对这一矛盾。在论及《道德原理探究》时，麦金泰尔指出："休谟起用的同情概念是一个臆造，目的是弥补两组原因之间的鸿沟，一组原因主张无条件地遵守普遍的、绝对的规则，另一组原因则产生于我们特殊的、变动的、因时而易的欲望、感情、利益……然而，这一鸿沟是逻辑上无法弥补的，故休谟所谓的'同情'……指的只是一个哲学上的虚构。"[1]换用本章的说法：鸿沟的一边是正义，即人们出于道德原因而无条件地遵守正义要求的愿望，另一边是理性利己主义，即个人的既有目的和理性手段的偶然性结合。当麦金泰尔指出，这两者之间存在着逻辑上无法消除的距离时，他似乎是说，同一个人不可能既是理性利己主义者，又是无条件遵守正义原则的人。只要一个人尚未放弃理性利己主义，他就不可能拥有正义的动机。理性利己主义者虽然可以做出符合正义规范的行为，但促成这种行为的不是同情心，而是法律的威慑力。

麦金泰尔把休谟的同情概念称为哲学虚构，原因即在于此。但是，这并不等于说，休谟所指的"同情心"根本不存在。因为，同情心不仅无法弥合上述两种不同动机之间的距离，其实也不必用来弥合这一距离。如果一个人能够出于同情心给正义赋予道德价值，从而产生道德意义上的正义愿望，哪怕不是足够强烈的正义愿望，他就不是一个理性利己主义者。更进一步说，既然他不是一个理性利己主义者，那么，对他来说，正义与理性利己主义之间的鸿沟就

---

[1] Alasdair MacIntyre, *After Virtue* (Notre Dame, Indiana: University of Notre Dame Press, 2nd edn., 1984), p. 49.

是一个根本不存在的问题。他的行为和愿望之间可能会有距离，但既然他是一个具有正义愿望的人，而不是一个理性利己主义者，这一距离就不是在逻辑上无法弥合的。

据此，我们有必要修正关于正义的共时性诠释。在正义的共时性局面中，既然行为主体不是理性利己主义者，而是在道德意义上具有正义愿望的人，那么，在这一局面中出现的利己主义问题就具有一种不同的含义。对一个具有正义愿望的人来说，利己主义并不表现为人们对自我利益的执意追求，而是表现为人们在主动克服私欲时所遇到的困难。在这种情况下，如果一个人未能遵守正义要求，原因并不是他缺乏正义的愿望，而是他尚未完全克服利己主义的倾向。在他的愿望和行为之间不存在正义和理性利己主义之间那种不可逾越的鸿沟，而只存在着一个人的正义愿望与他实践该愿望的能力之间的差距。这种差距不仅见于正义，也见于人的其他道德愿望，实为一种司空见惯的现象。

可见，与理性利己主义者不同，能从道德角度理解并赞同正义的人在实践正义时不会出于休谟所说的最初建立正义的利己主义动机。因此，实践正义的障碍不再是理性利己主义，而是人们力图克服但却无法完全克服的利己主义之余。因此，对那些已经达到（历时性诠释中）正义第二阶段的人来说，正义情感不是正义在两个阶段的不同动机之结合，而仅含或主要包含第二阶段特有的动机，也就是说，正义的原初动机已经被新的道德动机所取代。这样，我们就能避免陷入麦金泰尔所批评的自我矛盾，也就无须面对正义与理性利己主义之间无法消弭的逻辑鸿沟。

由此，可以得出结论，理性利己主义不能为正义提供动机资源。既然理性利己主义中的理性因素不能产生持久而稳定的正义愿望，我们就必须从人的其他情感和愿望中寻找正义的**动机**资源。同时，如上一章所论，既然恻隐之心、以至于广义的他向动机也不可能构成正义的动机。至少不能构成正义的惟一动机，我们就只能把目光转向自向动机和他向动机的交汇处。在这一交汇处有两种可能性，即公道和相互性。我们在下一章先讨论公道。

第6章

公道与证成

前几章可能会造成一个错觉，似乎尽管正义秉性有关注他人的一面，因而具有道德属性，但它的主要倾向仍是自向的而不是他向的。这并非我的判断。在讨论正义秉性时，必要的不是辨别正义秉性究竟是自向的还是他向的，而是分析两者如何结合而形成一种独特的道德愿望。由于这一结合，正义秉性中的自向关注一面不再等于纯粹的利己主义，他向关注一面也不再等于纯粹的利他主义；两者都不再以原有的形式独立存在。尽管如此，我确实认为，正义秉性的自向一面需要强调，因为在界说正义秉性进而估价正义的可能性和局限性时，人们往往更注重正义和利己主义的区别，而忽视了正义和利他主义的区别。有鉴于此，从下一章起，我会更侧重分析正义的自向关注一面，揭示这一侧面如何区别于正义的他向关注一面，但又与后者密切相关。在本章，我主要分析正义的他向关注一面。旨在说明，正义的他向目标对人有什么要求，需要人付出什么代价，在达到这一目标时，人又达到了什么样的道德境界。

为此，我将集中探讨公道（impartiality）的概念。公道无疑体现了正义的他向侧面,是一个颇具吸引力的正义理想。然而,在界说这一概念时,人们往往从证成(justification)的概念出发,或者把公道理解为抽象的(亦即理想的)公道可证成性(impartial justifiability),或者把它理解为实然的公道证成(impartial justification)过程及其结果。在我看来,此种构想产生于一种错误的道德心理学,有悖于公道的理念。在分析这一错误的基础上,我将提出以下三个论点:第一,不论作为抽象的公道可证成性,还是作为实然的公道证成过程,公道证成都有其局限性。第二,在使用公道概念时,如果我们把主要精力放在如何向别人证成自己行为的正当性上,证成的过程就难免因为过于自向而不能产生公道的结果。第三,从道德心理学的角度看,个人必须具有很高程度的利他主义才能做到公道,尽管作为建制或社会规范,公道的目的仅在于维持社会不同成员之间的平等互利关系。

1. 公道的证成与公道的动机

在一些颇有影响的著述中,公道被解释为某种意义上的证成:或者是抽象的公道可证成性,或者是实然的公道证成过程及其结果。比如,托马斯·斯坎伦(Thomas Scanlon)就认为,作为动机,公道可以被概括为这样一种愿望,即"以别人无法合理拒绝的理由向别人证成自己行为的正当性。"[1]以斯坎伦的观点为基础,布莱恩·拜瑞(Brian Barry)提出了一个相当系统的以公道为核心概念

---

[1] Thomas Scanlon, "Contractualism and Utilitarianism," in *Utilitarianism and Beyond*, ed. Amartya Sen and Bernard Williams(Cambridge: Cambridge University Press, 1982), p. 116.

的正义理论。❶

于是，我们面临的第一个问题是：抽象的公道可证成性与实然的证成过程是否有任何关系，如有，又应该是怎样一种关系。这实为一个两难选择。与斯坎伦相比，拜瑞提出的构想更为复杂，更具两面性，因而也更能体现这一选择的两难性。一方面，拜瑞认为："已通过的法律（包括广义的正义规范——引者）不仅应该能够被证成为正当，而且，其正当性应该通过认真而非敷衍地考虑反对者的意见而得到**实际的证成**。"❷与斯坎伦不同，❸拜瑞没有诉诸抽象的公道可证成性，而是把抽象的公道可证成性建立在实然的公道证成过程之上。不仅如此，他提出的实然公道证成不同于罗尔斯所谓的"原初状态"（original position），不是一个假想的过程，而是实实在在的证成活动。❹这是拜瑞理论的一大优点，但又不能不说是一个薄弱环节。一旦把抽象的公道可证成性和实然的公道证成过程联系起来，我们就必须论证，人们在现实生活中确实有一定程度的公道愿望，而这一愿望足以促使他们在实际证成过程中追求公道的目

---

❶ 见 Brian Barry, *Theories of Justice* (Berkeley: University of California Press, 1989); *Justice as Impartiality* (Oxford: Clarendon Press, 1995)。在 *Justice as Impartiality* 中，拜瑞区分了一阶公道和二阶公道："以公道为正义的理论需要的是这样一些准则和规则，它们能够成为寻求在合理条件下取得一致的人们自由地达成一致的基础。我们称这种公道为二阶公道，以区别于一阶公道，即要求人们不偏不倚地行为这一戒律。"（p. 11）拜瑞强调说，以公道为定义的正义只要求二阶公道："作为公道的正义不仅不要求普遍性的一阶公道规则，甚至也与之不符。"（pp. 213, 245）这显然是一个很重要的区分。但是，如下所见，二阶公道所需的条件远比拜瑞设想的多，尤其，某种程度的一阶公道是必不可少的。
❷ Barry, *Justice as Impartiality*, p. 103, 着重标志为引者加。
❸ 见 Scanlon, "Contractualism and Utilitarianism," p. 116。
❹ 尽管拜瑞更重视证成过程，他的总体模式来自于斯坎伦。关于拜瑞在这方面对罗尔斯和斯坎伦的评论，见 *Justice as Impartiality*, ch. 3。

标。❶拜瑞意识到，参与实然的公道证成的人们往往做不到这一点。所以，另一方面，他又指出，正义者的动机应该是"公正行事的愿望，即希望自己的行为是能够被公道地证成为正当的"，也就是说：**能够**被证成，而不是实际被证成。❷不难看出，拜瑞反对把抽象的公道可证成性和实然的公道证成过程完全等同起来，即反对把证成视为一个纯粹的程序。

拜瑞在这一问题上的模棱两可态度反映了公道的经验层面和理念层面之间的紧张：前者是一个难免具有缺陷的实际证成过程，后者则独立于实际证成过程，几乎是"正当"理念的同义词。前一个意义上的公道经常在实际证成过程中被扭曲甚至滥用；❸后一种意义上的公道虽无此缺陷，但却因独立于实际证成过程而容易流于空洞甚至变得神秘莫测。

与拜瑞相比，斯坎伦更重视抽象的公道可证成性："哪怕别人**实际上**并不接受我们的理由（也许因为他们无意寻找人们无法合理地拒绝接受的原则），只要我们**知道**我们的行为具有足够的合理性，我们希望用别人无法合理拒绝的理由证成自己行为的正当性的愿望就能得到满足。"❹但是，斯坎伦没有解释，离开了他人的认同，我们如何确知自己的行为的合理性。人们往往偏向自己，容易把有利于自己的人和事认为是公道的。正是因为这一倾向，人们才需要通过实然的公道证成过程来相互纠正。这说明，我们

---

❶ 见 Barry, *Justice as Impartiality*, p. 10。

❷ Barry, *Theories of Justice*, p. 363.

❸ 拜瑞对此并非毫无觉察。见 *Justice as Impartiality*, pp. 168–173。

❹ Scanlon, "Contractualism and Utilitarianism," p. 116, 着重标志为引者加。斯坎伦随即指出了问题的另一面："同样，有此愿望的人不会满足于别人已接收了他对自己行为的证成，如果他自己认为这一证成是虚假的。"我将在本章第四、五节讨论这一说法的利弊。

不能抛开实然的公道证成,仅仅抽象地诉诸公道的可证成性,而需要设法把抽象的公道可证成性建立在某种实然的公道证成过程之上。

那么,把抽象的公道可证成性建立在实然的公道证成之上,或者说用实然的公道证成来界说抽象的公道可证成性,究竟是什么意思?简言之,实然的公道证成指的是这样一个过程,在其中,人们不得通过诉诸个人私利来证成某一做法或某一原则,而必须使用具有公道形式的理由。根据这一定义,如果用实然的公道证成来界说公道,那么,判断人们是否公道实际上就是判断他们在证成活动中是否使用公道的理由。甚至可以说,公道指的首先是理由的一种属性,即理由的公道。

问题在于,这并不等于说,只要使用了公道的理由,就做到了公道。实际上,即使所有参与证成的人都使用了公道的理由,都表现出程序上的公道,该过程也不一定产生公道的结果。若要产生公道的结果,参与者就必须怀有公道的愿望,否则,公道的理由就只具有表面上的公道性,而表面上的公道性完全可以服务于非公道的目的。鉴于这种可能性,我们可以说,**严格而论**,即使某一作法或某一原则已经在实然的公道证成过程中得到支持,甚至被赋予法的效力,其合理性也只是经验意义上的,而非道德意义上的。

可见,公道的理由只是达到公道的必要条件而非充分条件。若要成为公道的充分条件,公道的理由就必须来自公道的愿望。只有在这一条件得到满足时,使用具有公道形式的理由才能称得上公道。换言之,某一实然的证成过程能否达到公道不仅取决于人们在该过程中是否使用具有公道形式的理由,还取决于人们是否具有达到公道的愿望。由此看来,公道的理由和公道的愿望实为同一概念的两个侧面,只有两者的结合才能使公道成为可能。

用"实然的公道证成"来界说"抽象的公道可证成性"大约就是这个意思。如果我们认为,实然的公道证成不仅意味着有关各方已经成功地完成了经验层面的证成过程,而且还意味着这一过程的结果具有抽象的公道可证成性的道德意义,我们就必须假设,公道的理由和公道的愿望是统一的。在真实生活中,我们一般很难做此假设。在使用公道的理由时,人们不一定出于公道的愿望,因此拜瑞的经验性论断(公道是所有人都具有的愿望)显然过于乐观。然而,如果这一论断不能成立,实然的公道证成就只具有经验层次上的意义,至多是合法性的意义,而不一定具有更高层次上的道德意义。

拜瑞写道:"正义的动机意味着希望自己的行为能够被证成是正当的,……这一证成不诉诸个人利益。"❶这种说法包含了一种模棱两可的指向,似乎公道既是一个抽象的道德概念,又是一个实际的操作过程。不过,既然我们已经看到,直接诉诸抽象的公道概念是一件无法做到的事情,况且拜瑞本人也强调,任何行为的正当性都需要得到实际的证成,他的上述说法就不妨被解释为:公道的最重要条件是,在实际证成过程中,所有的参与者都"不诉诸个人利益"。基于这一解释,"不诉诸个人利益"显然并不具有拜瑞所赋予它的道德意义。在实际证成过程中,不诉诸个人利益并不等于不追求个人利益,相反,为了成功地追求个人利益,不(公开)诉诸个人利益不仅是可能的,而且往往是必要的。❷人人都知道,在解决人际冲突时,纯粹的个人利益("这样做对我有利")是不能被用作理

---

❶ Barry, *Theories of Justice*, p. 361.
❷ 马克思和恩格斯在《德意志意识形态》中写道:"为了实现自己的目的,每一个接替旧有统治者的新阶级都不得不把自己的利益说成是社会所有成员的利益;用理想形式表达,就是说:使自己的理念具有普遍性的形式,成为惟一具有理性的、放之四海而皆准的理念。"见 Marx and Engels, *The German Ideology*, ed. C. J. Arthur (New York: International Publishers, 1981), pp.65–66。

由的。因此，即使我们的目的是为个人利益进行辩护，我们也必须使用貌似公道、具有公道形式的理由，即"不诉诸个人利益"。

上述情形在各种公共说理场合屡见不鲜。在很多时候，各方的理由听起来都很公道，但大家却很难达成共识。原因很简单：人们经常使用具有公道形式的理由来为个人利益或局部利益进行辩护。在这种情况下，公道的证成方式与其说表达了参与者的公道动机，毋宁说反映了各方在论证手段上所受的限制。一个人可以使用形式上公道的理由来为自己的利益进行辩护，但这并不意味着，他这样做是出于公道的动机。在证成过程中，尤其是在公开的利己理由不被接受的情况下，"不诉诸个人利益"完全不同于"不出于个人利益"，前者是策略性行为，后者才出自于公道的动机本身。

这并不意味着，作为一种建制或程序，实然的公道证成没有任何价值。如果我们的行为对他人有影响，我们当然需要向他们证成自己行为的正当性。这是一种值得称道的社会局面。只有在一个完全缺乏平等和正义观念的社会里，人们才无须向别人证成自己行为的正当性。❶一旦人们必须向他人证成自己行为的正当性，某些类型的私利，例如严重或明显损害他人的私利，就很难以合理的方式得到辩护。既然我们必须通过理性的手段向他人证成自己行为的正当性，我们就为他们提供了一个机会，使他们可以批评我们的理据，甚至可以否决我们的提议。在最理想的情形下，向别人证成自己行为之正当性的愿望本身就表达了我们对别人的利益和观点的尊重。当然，要真正做到这一点，仅仅依靠公道的程序是不够的，更需要的是公道的动机。

---

❶ 哈贝马斯把这一现代社会的现象视为"社会的理性化趋势"的一部分，见 Habermas, *The Theory of Communicative Action*, vol.1, trans.Thomas McCarthy（Boston：Beacon Press, 1984）, pp. 43-74。

在缺乏公道动机的情况下，**向别人证成自己行为之正当性**的愿望无异于**为自己进行辩护**、亦即为自己的个人利益进行辩护的愿望。我们之所以需要向别人证成自己行为的正当性，是因为我们知道，别人对我们的行为持有异议。在这种情况下，即使我们为自己进行辩护的愿望表现了对别人的尊重，这种尊重也很有限，充其量不过表明，我们认为别人的反对意见值得回应、值得反驳，而我们之所以这样认为，是因为在一个权利平等的社会里，我们必须考虑别人的反对意见，不管我们是否愿意这样做。可见，向他人证成自己行为的正当性实际上是一种自卫手段，而具有公道形式的理由乃是论辩各方在社会允许的范围内使用的武器。每个人都可以用形式上公道的理由来证成自己的行为的正当性，但每个人为之辩护的却都是未经挑明的个人利益。

这说明，实然的公道证成的建制化是一个相当有限的成就，它不能改善人们的动机，而只能改进或限制人们在论辩时使用的手段，防止论辩各方公开诉诸个人利益。尽管这一建制确定了公民对社会公正问题发表意见的权利，但这一权利随时可以被哈贝马斯所说的"被系统扭曲的沟通"所抵消。❶任何时候，只要公道的理由不是出于公道的动机，正义就有可能受到诡辩术的阻碍。❷

如此看来，作为建制，实然的公道证成并没有解决使正义成为

---

❶ 见 Jürgen Habermas, *Moral Consciousness and Communicative Action*, trans. Christian Lenhardt and Shierry Weber Nicholsen (Cambridge, Mass.: MIT Press, 1990), p.188。
❷ 我们亦不能低估社会和文化的作用。不同的社会环境和不同的文化背景会产生对证成的不同理解。究竟什么是证成在很大程度上取决于在社会中占优势的民德、风俗、体制等等。举例说，对奴隶社会的许多甚至大多数人而言，甚至连奴隶制这样的东西也可以被证成为正当的。实然的公道证成总是以现有的社会规范为背景的，无法完全脱离这一背景。良心在一定程度上也如此。名副其实的公道证成不仅要超越私利，还要超越社会现有的狭隘价值观，因而是极难做到的。

必要的一系列问题。拜瑞说："因为存在冲突所以才需要诉诸正义，但这一点并没有告诉我们，当我们确实诉诸正义时，它应该如何发挥作用。"[1]他的意思是说，使正义成为必要的条件不应该决定人们如何使用正义的概念。虽然实然公道证成的建立有赖于人们的利己主义动机，但是，一旦成为建制，它就会限制人们的说理方式，要求他们在为自己辩护时不直接诉诸个人利益。这固然不错，但不能由此得出结论，似乎实然公道证成的建制一经确立，使正义成为必要的利己主义动机就不复存在了。事实上，只要对实然的公道证成程序稍加观察，我们就会发现，这一动机仍然顽固存在。人们可以用貌似公道的理由来证成自己行为的正当性，但他们使用这些理由的方式却往往暴露出他们远非公道的动机。说到底，真正有助于正义局面的不是具有公道形式的理由，而是公道的动机本身。

2. 拜瑞论公道的经验性条件（Ⅰ）：或，公道的必要性

形式上公道的理由服务于个人利益的可能性有多大，我们可以从公道的经验性条件（即使形式上公道的理由成为必要或可能的人类生存状况）推论。为此，我们需要确定，这些经验性条件可能导致什么愿望：仅仅是使用公道的理由的愿望，还是公道的愿望本身。就此而言，拜瑞的论述很值得分析。他写道："用公道的方式来证成自身行为之正当性的愿望……是**在人类正常生存条件**下可望

---

[1] Barry, *Theories of Justice*, p. 155.

产生的结果。"❶这与拜瑞的另一观点不无关系：只有在参与者怀有公道的愿望时，实然的公道证成程序和结果才具有道德意义而不仅仅是经验性的合法意义。这也解释了，拜瑞为什么试图证明，人们在实然的公道证成中确实怀有公道的愿望。❷

在解释什么是"人类正常生存条件"时，拜瑞明确指出：证成自己行为之正当性的愿望"更有可能产生于力量大致平等而不是极不平等的条件下"。❸力量大致平等能够诱发这一愿望，是因为它更容易造成人与人之间的相互依存关系，而这一相互依存关系又有助于道德情感的形成。用拜瑞本人的话说："一个人若要养成从他人角度看问题的习惯，并随时问自己，什么行为是他人用理性方式所能接受的，那么最有利的条件莫过于，他频繁地发现他必须得到别人的合作才能达到自己的目的。"❹这无疑是一个准确的观察。不过，人们从他人角度看问题的原因很多，这些原因不一定都与公道有关，更不一定反映出对他人的利他主义关切。正如拜瑞本人所言，在有些情况下，我们之所以重视他人的意见，不是因为我们尊重或关心他人，而是因为我们必须考虑他人的力量对我们个人利益的影响。拜瑞所谓的"思辨道德心理学命题"充分反映了这一点："力量平等，或至少不是力量的极不平等，有助于**诱发和形成道德动机**。"❺这里，一个显而易见、但又被忽略了的问题是：在这种条件下形成的动机能否被称为**道德**动机。

如果一个人是在"力量大致平等"的条件下为了达到自己的目

---

❶ Barry, *Theories of Justice*, p. 364, 着重标志为引者加。
❷ 拜瑞对这个问题的论述大都见于 *Theories of Justice*；此问题亦与 *Justice as Impartiality* 的主题相关。
❸ Barry, *Theories of Justice*, pp. 289–290.
❹ Barry, *Theories of Justice*, p. 289.
❺ Barry, *Theories of Justice*, pp. 289–290.

的才去重视他人的存在，那么，即使他习惯于从别人的角度看问题，他的行为也不是真正的道德行为。他向别人让步不是因为他乐于满足别人的愿望，而是因为他意识到，别人有可能阻碍他实现自己的目标，因此他必须暂时让步，以换取别人的合作。在这种情况下，人与人之间的相互依存关系诱发的不是道德意义上的公道愿望，而是功利意义上的生存智慧。即使这种智慧有助于公道，那也只是因为它有利于形成实然的公道证成的建制，而不是因为它能培养人们的公道动机、诱发人们对抽象的公道可证成性的渴望。实际上，拜瑞称为"习惯"的公道行为乃是公道证成程序的建制性产物，而不是人们追求公道的结果。❶固然，从社会的角度看，人们在上述条件下形成的与他人合作的习惯具有不可否认的实用价值，但就个人动机而言，这一习惯并不具有道德价值。当一个人迫于客观条件的限制而不得不重视他人的愿望时，他不过是在做一件为了实现个人目的而不得不做的事情而已。

在此意义上，"力量大致平等"的惟一作用是，它能使人们意识到，不论情愿与否，为了更好地追求自我利益，他们都必须认可并满足他人的利益。这一认识使人们发展出一定程度的客观眼光，不至于一味关心自己的利益，执迷于自己的角度。如果我们称之为公道，它也只是认识层次上的公道，与道德意义上的公道有着本质的不同。

令人不解的是，在表述了前面所说的观点之后，拜瑞又提出了一个相反的观点："正义行为肯定有不能用追逐私利、哪怕是以聪明和间接的方式追逐私利来解释的原因。"❷这无异于说，正义行为

---

❶ 见 Barry, *Theories of Justice*, p. 289。
❷ Barry, *Theories of Justice*, p. 7.

不能用"力量大致平等"的条件来解释。与生存智慧或策略性考虑不同,公道之为公道恰恰在于它不是力量对比的产物,不因力量对比的变化而变化。❶如果公道是力量对比的产物,它就不再是公道。同理,如果一个人公道待人是出于力量对比的考虑,他尊重的就不是他人的人格,而是他人的力量。在力量关系的范围内,不论我们如何待人,都离不开"追逐私利"的考虑,哪怕我们采用的是"聪明和间接的形式"。

诚然,随着时间的推移,利己主义的精明有可能转化为视他人为目的的尊重态度。我们当然不排除这种可能性,但有必要强调,这是一个缓慢的过程,并且有赖于力量关系之外的因素。尼采曾论及这一过程,并用"遗忘"及社会教化来解释正义如何得出脱离它的原初利己主义动机,逐渐转变为道德愿望。❷这一过程之所以有必要,是因为正义的原初动机和正义的道德形态之间存在着时间上和逻辑上的巨大差距。这有助于我们说明,即使我们意识到别人有自己的观点和需要,并尊重别人的观点和需要,我们也不一定是在为别人考虑,相反,我们可能是为了更好地追求我们自己的利益,才不得不把他人的存在作为不可避免的现实来接受。换言之,对精明的利己主义者来说,他人的观点和需要是一个**必须**正视的**限制**,而不是一个**应该满足**的**目的**。

鉴于此,拜瑞有待说明,我们对他人的认知何以转变为道德性的关切。他坚持说,他的理论没有"从后门重新引进'正义的条

---

❶ 哈贝马斯在提出策略性行为与沟通性行为这一区分时,也强调了这一点。见 *The Theory of Communicative Action*, vol. 1, pp. 285-287; *Moral consciousness and Communicative Action*, p.58。

❷ 见 Friedrich Nietzsche, *Human, All Too Human*, trans. R. J. Hollingdale (Cambridge: Cambridge University Press, 1986), I, 92。

件",但这一申明缺乏说服力。当然,拜瑞做了如下澄清:"我并不是说,道德行为的**原因**是,既然各方力量大致平等,人们在追求自我利益时就必须根据他们共同认为合理的条件来相互合作",恰恰相反:"道德行为的动机仍如前所述:即能够证成自己的行为是正当的这一愿望。"然而,在做了这一说明之后,拜瑞又说:"我的观点很明确,这一愿望更有可能产生于力量大致平等而不是极不平等的条件下。"❶通过这一附加说明,拜瑞又重申了力量大致平等这一**经验性**条件和正义的**道德性**愿望之间的联系。把这段话作为一个整体来读,我们不难发现一个近乎悖论的命题:力量大致平等这一经验性条件有助于导致公道的道德愿望,然而,这一愿望又不是对相关的经验性条件的直接反应。

拜瑞之所以会陷入这一悖论,是因为他深信实然证成程序的有效性。他似乎认为,既然程序规定,参与辩论者只能诉诸(形式上)公道的理由,人们就必须按照程序的要求,放弃他们在正义的经验条件下产生的远非公道的动机。❷他没有考虑到的是,如果形式上公道的理由是人们谋求个人私利的手段,程序上的限制就起不到决定性的作用,相反,程序只能要求人们使用形式上公道的理由,而不能促使他们怀有公道的动机。拜瑞应该说明,但却没有说明的是,在实际证成过程中,人们如何摆脱正义的经验性条件的限制,在动机上达到公道的要求。在这一点得到澄清之前,我们没有理由认为,实然的公道证成程序能够促使人们放弃他们在正义的经验性条件下产生的私利动机,并发展出真正公道的动机。

---

❶ Barry, *Theories of Justice*, pp. 289–290.
❷ 见 Barry, *Theories of Justice*, p. 155。

3. 拜瑞论公道的经验性条件（Ⅱ）：或，公道的偶然性

这并不是说，人们不可能停止追逐私利。我们在前面看到，在各方力量基本平等的条件下，人们有时不得不采取某种策略性的客观态度，在一定程度上放弃自己的利益或观点。我们可以称这种态度为"策略性公道"，意思是说，这是当事人为满足私欲而采取的策略之举。除此之外，人们还可以在外界环境的作用下暂时悬置私利：比如说，作为旁观者，我有可能相对客观地判断当事人之间的是非；再比如说，法官一般都会受到休谟所谓的制度性制约，只能审理陌生人的案子，而不能审理涉及亲属的案子。❶在这类情况下，当事人并无私利可图，所以做到公道并不困难。我们可以把这类公道称为"偶然性公道"，以区别于"策略性公道"。虽然"偶然性公道"不是精明的利己主义的结果，它也是暂时的和有条件的。一旦涉及个人利益，当事人就难以继续维持这种公道态度。原因很简单：当事人之所以能秉公处事，不是因为他们已经克服了私欲，而是因为他们所处理的事情不涉及私欲。由此产生的公道行为是偶然现象，不是道德成就。

然而，在拜瑞看来，偶然性公道并非不能成为正义的基础。他认为："在决定应该采取什么建制这一阶段，正义感往往能够得到较为充分的表达。"这句话的意思似乎是，既然建制尚未确定，尚

---

❶ 见 David Hume, *A Treatise of Human Nature*, ed. L. A. Selby-Bigge, 2nd edn., ed. P. H. Nidditch (Oxford: Clarendon Press, 1978), p. 537。

未影响到人们的自我利益，人们从非个人角度看问题就容易一些。尽管拜瑞并没有说得这么明确，我们还是可以看出，他称为"正义感"的东西只是一种偶然现象，完全依赖于正义建制的确定和实施之间的时间差。拜瑞本人也承认："一旦人们处在需要决定是否遵守建制对自己的要求这一阶段"，正义感就不那么容易起作用了。❶改用更通俗的话说，提倡正义比实践正义来得容易。既然提倡正义暂时不妨碍私利，碍于目光短浅，人们就不会出于私利的考虑而不愿提倡正义。

对拜瑞来说，这似乎并不构成问题。他认为："一般来说，公道正义的实现，只需要得到那些自身利益不受直接影响的人的支持就够了。"如果"人们愿意投票设立一个公正的建制，以决定如何为某公共项目捐款，但同时又不愿为这一项目主动捐款"，那么，解决的办法很简单：我们可以"再投票设立一套制裁措施以确保人们服从"。❷这里，拜瑞似乎没有考虑到，现实生活往往比他想象的复杂许多。在事关私利时，人们常常很有远见，会从一开始就尽量提出对自己有利的建议，并极力证明自己的主张如何公道。即使缺少远见，人们也会借助意识形态信念来选择对自己有利的建议。鉴于这些因素，在现实生活中，休谟所说的"偏见无从发生作用"的情形很少发生。❸

退一步说，即使拜瑞的建议确实可行，由此产生的公道是否真是公道仍然是一个问题。如果我们必须诉诸"制裁"的手段才能迫使人们在第二阶段（即人们"决定是否要遵守建制对自己的

---

❶ Barry, *Theories of Justice*, p. 366.
❷ Barry, *Theories of Justice*, p. 366.
❸ Hume, *An Enquiry Concerning the Principles of Morals*, ed. J. B. Schneewind (Indianapolis, Indiana: Hackett, 1983), p. 49.

要求这一阶段")兑现他们在第一阶段(即人们"决定应该采取什么建制这一阶段")提出的公道正义的理念,那么,他们在第一阶段的动机就很值得怀疑,相应地,他们在这一阶段提出的公道理念也就失去了道德意义。实际上,拜瑞的建议无非是说,人们之所以有时表现出公道,是因为他们暂时没有意识到自己需要为此付出什么代价。一旦意识到这一点,他们就会为了逃避这一代价而不惜违背自己已经认可的公道标准,从而使社会不得不采取制裁手段。同理,社会的制裁手段之所以能被建制化,是因为在讨论制裁手段时,人们尚未预料到,自己有朝一日也有可能成为制裁的对象。依照我们先前的定义,这种公道无异于"偶然性公道",不具有任何道德价值。

4. 良心在公道证成中的作用

严格而言,只有一种办法能防止人们滥用形式上公道的理由,这就是在证成过程中把自己作为对话对象。[1]拜瑞指出,我们不仅需要向他人证成自己的行为是正当的,还需要"向自己证成"这一点。[2]斯坎伦也说:一个有正义愿望的人"不会满足于别人已接受了他对自己行为的证成,如果他自己认为这一证成是虚假的"。[3]

所谓向自己证成就是把证成变为内心活动。由于这一转变,为私利辩护可以变得更容易,也可以变得更困难。既然我们不再需要

---

[1] 对此,Hannah Arendt 有很具启发性的讨论,见"Thinking and Moral Considerations," *Social Research* 38, 1971。

[2] Barry, *Theories of Justice*, p. 361,着重标志为引者加。

[3] Scanlon, "Contractualism and Utilitarianism," p. 116.

考虑别人的意见，我们就可以放纵私欲，任意为自己辩解。但与此同时，既然听取证成的是本人，我们就将面对自己的良心，而不仅仅面对别人的异议。在这种情况下，公道的理由有可能不再是自我辩护的工具，反而成为自我批评的武器。要得到良心的认可，我们就不能一味取巧，只考虑如何驳回别人的反对意见。即使别人已经被说服，我们也还需要说服自己。如此看来，哈贝马斯倡导的对话模式不一定总比独白模式更为优越。❶

尽管如此，向自己证成，或向自己的良心证成，仍然是一种自我关切的行为。关于这一点，我们在稍后的章节还要详述，这里，我只想大略地摆出这样一个观点：在接受良心的审视时，我们最关心的不是自己的行为是否会给别人带来害处，而是自己的行为是否正当，而我们之所以关心自己的行为是否正当，是因为我们希望问心无愧，若有可能，还希望自我感觉良好，或者说希望取悦于已经内化了的社会权威。可见，良心并不一定意味着不愿伤害他人，更不一定意味对他人有深切的关怀。这并不是否认良心的价值，包括其道德价值，但如果一个人只有良心，而缺乏恻隐之心，他就不会在乎自己的行为究竟是利人还是损人，而只在乎自己是否做到了问心无愧，但问心无愧的行为并不一定是有利于他人的行为。在这一意义上，如果公道意味着对己对人的同等关切，良心显然就不足以实现公道。

这也说明了，我们为什么不仅需要向自己证成，还需要向别人证成，因为只有后者才能对前者的自向性有所矫正。尽管如此，自我证成仍不失为道德行为。在自我证成的过程中，一个人关心的毕竟是自己的行为是否正当，而不仅仅是别人能否承认自己行为的正

---

❶ 见 Habermas, *Moral Consciousness and Communicative Action*, pp. 66–68。

当性。此时,他追求的目标是抽象的正当性,而不是实然的合法性。不论听众是别人还是自己,**纯粹的**实然证成都只有经验意义,而没有道德意义。具有道德意义的实然证成必须出于公道的动机,而一个人是否出于公道的动机,只有他自己的良心知道。这就是良心的重要性所在。不过,虽然在良心的驱使下,我们要证成的是自己行为的抽象正当性,而不是自己行为在社会上的实然可接受性,但这一过程只能发生于经验范畴,因而难免受到各种偏见的影响。鉴于此,如果我们不企图超过公道,我们可能就很难达到公道。

5. 以他人为中心的公道概念

造成上述困难的主要原因是,为自己的行为进行正当性求证的愿望本身就是一个过于自向的愿望,因此,不论如何诚恳,它都难以达到公道的目标。在此意义上,以公道证成为定义的公道概念实际上是一种"以自我为中心的公道概念",它使人过于强调"证成"的重要性,过于注重如何向别人证成自己行为的正当性。这并不意味着,任何为自己的行为寻求正当性理据的愿望都是自私的愿望。但至少可以说,既然我们要求证的是自己的行为是否正当,而不是别人是否受到了伤害,我们关注的焦点就是自己而不是别人。

为了更准确起见,我们不妨从公道与利他主义、利己主义的区别入手。和正义本身一样,公道既不同于积极正义,亦不同于消极正义,既有别于纯粹利他主义,亦有别于纯粹利己主义。这里,"纯粹"一词很重要,因为我们不能排除,公道可能产生于某种程度的利他主义和某种程度的利己主义的结合。在谈到公道究竟偏向哪一边时,拜瑞认为:公道"微妙地居于两个极点之间,其存在取决于它能否保持这一中间位置。不论过于靠近哪一极，它都会变成另外一种东西"。❶换言之，公道之为公道，在于它与利他主义和利己主义保持了均等的距离。

但这只是粗略而言。细究起来，我们似乎可以把公道的居中位置理解为，公道是利他主义和利己主义的结合，在这一结合体中，利他主义和利己主义不仅保留了原先的动机特征，还产生了新的分工。利他主义管辖正义的他向一面（不伤害他人），利己主义则管辖正义的自向一面（使自己不受伤害）。这一观点强调利他主义和利己主义的结合，因此可称为公道动机的**结合说**。它的问题在于，既然我们认为，公道兼有利他主义和利己主义两种动机，我们就不能说，公道既区别于利他主义、又区别于利己主义，而只能说，公道是利他主义和利己主义相互冲突的地带。

要使这两种动机相互协调，并产生公道的结果，我们就必须诉诸一个额外的概念，比如平等概念。根据这一概念，所有人都具有同等的内在价值，或者说，所有人的利益都具有同等的重要性。然而，这样一来，利他主义和利己主义的概念就不再必要：公道不再产生于利他主义和利己主义的结合，而产生于一个既区别于利他主义、又区别于利己主义的平等概念。根据这种**一元说**，公道不再是两种相互冲突的动机的平衡，而是对己对人的同等关怀，亦即同一种关怀。

在这种一元说里，公道仍然处于利他主义和利己主义两极之间，但这一中间位置不再意味着公道与两极保持着均等的距离。既然使公道成为可能的不是为自己的行为寻求正当性理据的愿望，而是对己对人的同等关怀，公道就必须以相当高程度的利他主义为前

---

❶ Barry, *Theories of Justice*, p. 372.

提。克尔凯郭尔曾指出，懂得如何关怀他人会改变一个人的自我关怀的性质。❶他的意思可以理解为，一旦我们懂得如何关怀他人，我们的自我关怀的出发点就不再是个人私利，而是对人的内在价值的尊重。这一尊重可以构成对己对人同等关怀的基础，同时也可以构成公道的基础。由此推论，虽然就内容而言，构成公道的是对己对人的**同**等关怀，但就道德心理而言，使同等关怀成为可能的却是相当高程度的**他向**关怀。在此意义上，我们不妨说，上述公道概念是一种"以他人为中心的公道概念"。

按照这一公道概念，公道的前提必须是超越公道。一般来说，自向关怀和他向关怀往往处于不平衡状态，前者往往大大超过后者。在这种情况下，只有在**主观上**努力关怀他人，才能在**客观上**达到对他人和对自己不偏不倚的标准。从客观角度看，公道介于利己主义和利他主义之间，但从主观角度看，公道几乎无异于利他主义。公道之所以更接近利他主义而不是利己主义，正是由于这个缘故。

同理，因为人天生偏向自己，所以容易把公道的位置定在离自己的利益较近、而离他人的利益较远的地方，从而在远未达到公道时就认为自己已经是公道的了。我在前面说过，人在只求公道时势必做不到公道，就是这个意思。❷所以，为了达到公道，我们关注的焦点应该是如何照顾**他人的**合理利益，而不是如何确保**自己的**行为的正当性。这两种关注不仅在内涵上不一致，在外延上常常也不一致。

---

❶ 见 Søren Kierkegaard, *Works of Love*, trans. David F. Swenson and Lillian Marvin Swenson（Princeton: Princeton university Press, 1946）, pp. 19–20.

❷ 正是因为如此，所以 Lawrence C. Becker 认为，慷慨在相互性的关系中至关重要。见 *Reciprocity*（NewYork: Routledge & Kegan Paul, 1986）, p.154。

这也就解释了，为什么寻求正当性的愿望往往不能使人达到公道。既然寻求正当性的愿望本是偏于自向的愿望，那么，不论如何真诚，这一愿望都不足以克服自爱倾向，产生同等待己待人的公道。从这一角度看，斯坎伦的道德教育观过于强调如何培养人为自己的行为进行正当性求证的愿望，因此有失片面。❶诚然，出于良心去证成自己行为之正当性的愿望本身就包含克服自我中心倾向的努力，但是，如果我们刻意证成自己行为的正当性，而不直接关心别人的利益，我们的判断就难免过于自向，从而达不到公道的标准。在社会不同成员之间发生冲突时，哪怕各方都努力寻求公道，往往也很难找到满意的解决方法，这也许就是原因之一。

---

❶ 见 Scanlon,"Contractualism and Utilitarianism," p. 117。

第7章

相互性的演变

在第 4 章至第 6 章，我们分别讨论了正义的自向侧面和他向侧面。作为本章的中心议题，"相互性"可以说是这两个侧面汇合的产物。关于这一概念，我们曾在第 1 章做过界定和说明，并通过"最低限度的相互性"这一说法指出，不论构成某一正义观的具体规范是什么，我们对这些规范的承诺都以社会其他成员的同样承诺为先决条件，因此，道德主体与道德规范之间的关系同时也是道德主体之间的相互性关系。以这些观点为基础，我们将在本章进一步讨论相互性的概念，着重分析相互性动机的演变及其机制。

在这方面，艾伦·吉巴德（Allan Gibbard）和罗尔斯的有关论述提供了合适的切入点。吉巴德和罗尔斯认为，相互性关系最初表现为社会成员之间的利害交换，然后逐渐发展为超越利害交换的道德情感。在这一过程中，利害交换的顺利进行是相互性由低级向高级发展的基本前提。这一观点大体正确，不过，在阐述道德主体之间的相互性关系时，吉巴德和罗尔斯基本上假设，上述前提已经满足，也就是说，社会成员之间的利害交换关系已经得到了保障。由于这一假设，吉巴德和罗尔斯笔下的相互性模式更切合于熟人之间的关系，而不切合于陌生人之间的关系。在较为理想的情况下，熟人之间存在着一种不言而喻的道德默契和友好感情，无须借助明确的规定来协调各方的合作与交换。相形之下，陌生人之间不仅缺乏这种默契，而且交换规模较大，必须依赖明确的正义规范以及相应的正义感才能维持合作。这说明，在稳定的正义建制确立之前，陌生人之间不存在自发性合作的前提。

吉巴德和罗尔斯没有说明这一前提如何产生，因此，我们有必要对其观点做较大的修正和补充。在做这项工作时，我将着重阐明，相互性由低级向高级的发展不是一个只需以保障利害交换为前提的单向的因果关系过程，而必须具备另外一些条件，其中包括一定程度的相互善意或正义感，亦即相互性的高级形式。

1. 以相互善意为特征的相互性关系

正义常被理解为相互性的产物，而相互性又常被理解为开明利己主义的结果。例如，尼采认为，"**交换是正义的原初特征**"，"正义显然源于开明的自我保存动机，故源于……利己主义"。[1]同样，叔本华也把相互性等同于开明利己主义。在论及康德的定言命令概念时，他写道："道德义务绝对地、完全地依赖于可期待的**相互性**，因此，它是纯粹利己的，并从利己主义中获得其意义。在**相互性**的条件下，利己主义狡猾地默认了一种妥协。"[2]

---

[1] Friedrich Nietzsche, *Human, All Too Human*, trans. R. J. Hollingdale (Cambridge: Cambridge University Press, 1986), I, 92.

[2] Arthur Schopenhauer, *On the Basis of Morality*, trans. E. F. J. Payne (Indianapolis, Indiana: Bobbs-Merrill, 1965), p. 91.

根据上述看法，相互性无异于相互利用或者相互制约。人们相互帮忙，或相互避免伤害对方，无非是为了使彼此都能达到趋利避害的目的。因此，相互行为并非出于友爱的自愿之举，而是社会成员在彼此势均力敌的情况下不得不采取的策略性手段。人们各有自己的目的，这些目的本身并不一定具有相互性，虽然服务于这些目的的手段在某些情况下不得不具有相互性。如此看来，相互性是利己主义与现实原则结合的产物，利己主义属于目的，相互性仅为手段。

这一看法貌似有理，但细究起来则不能成立。如果相互性等同于"相互利益"（mutual advantage），相互性就无异于理性利己主义。然而，既然我们在第5章已经说明，正义有别于理性利己主义，那么，用相互性来界定正义，然后再用理性利己主义来界定相互性，以相互性为（部分）定义的正义概念就会陷入自相矛盾。这说明，除"相互利益"之外，相互性还应该有别的内容。

毋庸置疑，"相互利益"是一种相互性关系，但这并不意味着，相互性关系只能是互利关系。除了"相互利益"之外，相互性显然还包括其他形式。举例说，友谊是相互性的，因为一方的友情总会以对方的友情为前提，但友谊关系并不因此而成为我们通常所理解的相互利用关系。如果一个人期待自己的友情得到相应的友情回报，我们不会认为他怀有一般意义上的利己动机，也不会认为他期待利益的回报。与利害交换关系不同，友谊的相互性不是手段而是目的，是友谊之为友谊的内在属性。友谊双方都不会从利害交换的角度来理解相互性，否则，友谊就成了纯粹的手段，因而不复为友谊。这种非功利的相互性可统称为"相互善意"（mutual good will），以区别于"相互利益"。

诚然，正义调节的不是友谊关系，而是一般人际关系。甚至可以说，正义之所以必要，正是因为一般社会成员之间缺乏友谊关系。然而，这不等于说，常见于朋友之间的"相互善意"不会以某种形式存在于一般人际关系中。譬如，吉巴德就举过这样的例子："我可能会因为别人善待过我而善待别人。在别人对我好之后，我可能也愿意对他好，即使他已经没有力量再影响我。"❶在这个例子中，"他已经没有力量再影响我"很重要。这一事实说明，在回报他人时，我考虑的是如何感谢他曾对我表达过的善意，而不是如何从他那里获取更多的好处。对我来说，重要的是公平而不是利益：我考虑的是过去（"他曾善待过我"），而不是将来（"他不再有能力影响我"）。这一着眼点是以"相互善意"为定义的相互性在时间维度上的内在要求。只有当我着眼于过去而不是将来时，我才满足了这一要求。所以，吉巴德写道："相互性的动机并不纯粹是利己的……公平相互性的动机不能被归结为利益之精打细算的动机。作为公平相互性的正义（Justice as Fair Reciprocity）并不是作为相互利益的正义（Justice as Mutual Advantage）的翻版。"❷吉巴德之所以能区分这两种正义概念，正是因为以"相互善意"为定义的相互性在时间维度上具有"回顾性"（retrospective）的特征。

这一回顾性特征的重要性在于，它取消了相互性关系中的互利因素。诚然，不论我考虑的是过去还是将来，我的回报对象都是有利于我的人和事，我用来回报的行为或物品也都有利于别人。在这个意义上，具有回顾性特征的相互性关系仍然是利益交换关系。然而，既然我是事后回报，我考虑的就不仅是利益得失。同理，既然我考虑的不仅是利益得失，我也不会仅用利益得失的眼光来看待我所回报的人。相反，我意欲回报的不是（至少不仅仅是）他人曾给

---

❶ Allan Gibbard, "Constructing Justice," *Philosophy and Public Affairs* 20, 1991, p.266.
❷ Gibbard, "Constructing Justice," p. 267.

我带来的利益,而是他人曾对我表示过的善意。所谓"我可能会因为别人善待过我而善待别人"就是这一意思。当我以过去为着眼点回报他人时,我回报的是他人对我的善意,我向他人表达的自然也是善意。

这种相互性可用"内在"一词来形容:以善意回报善意,本身就是目的,而不是手段。❶这种回报表明,对我来说,他人的存在是目的,而不是手段。与利害交换关系不同,在以相互善意为特征的相互性关系中,我们不把他人视为利益竞争对手,而是和我们同样具有内在价值的人,因此,不论他们能否影响我们的个人利益,我们都会善待他们。说到底,这是我们做人的选择,而不是我们追求个人利益的策略。当然,这种内在的相互性并不排斥互利,而只是拒绝把互利作为目的。我们相互怀有善意并不是为了促进彼此的利益,恰恰相反,我们之所以促进彼此的利益,是因为我们相互怀有善意。从这一角度看,人们促进彼此的利益是一件理所当然的事,是相互善意的自然表现。

当一个人以善意回报善意时,我们可以说,他表现了叔本华所谓"积极的"正义感。❷对他来说,重要的是别人为他做过的事情,这些事情代表了别人对他的善意,而不是别人预付给他的好处。相应地,他所关心的是如何回报别人的善意,而不是如何从别人那里换取更多的好处。在采取具体行动时,他的目的是以善意回报善意,而不仅仅是为对方提供实际的便利。这里,善意具有独立于实用的内在价值,因此,与利害交换关系不同,以相互善意为特征的相互性关系是无法量化的。这种关系不啻为一种总体氛围,弥漫于

---

❶ Lawrence C. Becker 指出,"相互性的交换(以善报善)往往本身就是快感的丰富源泉。"见 Becker, *Reciprocity* (New York: Routledge & Kegan Paul), 1986, pp. 89-90。

❷ 关于叔本华的积极正义与消极正义概念,见本书第 4 章。

双方的言语、仪态、甚至面部表情之中。在这种氛围中，人们会主动地、尽量多而不是尽量少地满足彼此的需要，而不必诉诸等利害交换的规范。

相反，如果双方交换的不是善意，而是实际利益，那么，这一交换的角度就是叔本华所谓"消极的"角度。从这一角度出发，交换双方都会念念不忘自己付出了多少，并斤斤计较自己是否得到了等量的实际利益回报。就动机而言，这种相互性与正义的愿望相距甚远："如果我只考虑邻居和我的价值关系，那就无正义可言……而只有恩怨相待的交换性。"❶在这种情况下，利害交换关系本身都要靠互利愿望之外的力量来维持。既然双方都斤斤计较利益得失，动辄就认为自己比对方付出得多，那么，人们就必须诉诸公开的市场交换，才能算清双方各应回报对方多少。

由此可见，只有积极的、以相互善意为内容的相互性才体现出正义的精神。虽然积极的相互性也是有条件的，但它超越了利害交换的限制。❷在积极的相互性关系中，我们把他人为我们做的好事视为善意的表示，并愿意以善意来回报他人。与此相应，我们的愿望首先是不辜负他人的好意，不伤害他人的感情。虽然这一愿望难免以对方的同样愿望为前提，但它仍不失为正义的情感。

2. 相互性的条件

我在上面强调了相互性与互利性的区别。但相互性还有另外一

---

❶ H. Richard Niebuhr, *Christ and Culture*（New York: Harper and Row, 1956）, p. 240. 这句话有宗教背景，但对非宗教问题亦有参考价值。

❷ 见 Becker, *Reciprocity*, p. 154。

面：相互性一方面有别于互利性，是构成正义的一个重要特征，但另一方面又有别于仁爱，仍然具有交换的属性。如果一个人的善意不以他人的相同善意为条件，这种善意就超越了正义的局限而具有仁爱的性质。与此不同，如果一个人的善意以他人的相同善意为条件，这种善意就只具有正义的性质而不具有仁爱的性质。由此看来，作为正义的特征之一，相互善意一方面是非工具性的，另一方面又是有条件的：非工具性的意思是说，它有别于简单的利害交换关系，而有条件的意思是说，它必须以他人的相同善意为前提。正义之所以既区别于仁爱，又区别于理性利己主义，正因为它一方面是有条件的，另一方面又是非工具性的。

这一双重性使正义愿望看起来有些费解。既然利害交换关系只能是有条件的关系，那么，如果我们与他人的关系不是利害交换关系而是以正义为基础的相互善意关系，这种关系似乎就不应该是有条件的关系。换言之，有待解释的是，一个正义者为什么能够放弃以利害交换为表现形式的条件性，但却不能放弃条件性本身，以无条件的善意对待所有的人。要对此做出解释，似乎必须承认，不论正义愿望在正义者本人的道德意识中如何独立于利益考量，这一愿望终归还是以**间接的、无意识的**形式依赖于利益考量。

这正是吉巴德用来解释"相互善意"的思路。对他来说，我们甚至可以同样地解释仁爱。[1]如前所述，吉巴德认为，正义的相互性是"内在的"，因为它具有"回顾性"的基本特征。但在解释这一特征时，吉巴德又指出，"内在性"只是表面现象，因为使"内在性"成为可能的"回顾性"只是表面现象。吉巴德选用感激作为例子。与奉承不同，通过感激，我们表达的是对别人过去行为的

---

[1] 见 Allan Gibbard, *Wise Choices*, *Apt Feelings* (Oxford: Clarendon Press, 1990)。

欣赏，而不是对他们未来行为的期待。但吉巴德认为，如果深入分析"感激"的生成过程，而不是仅仅考虑感激者本人的表层意识，就不难看出，感激的着眼点实际上并不是过去，而是未来。我们之所以回报他人过去的行为，是因为这样做有助于我们在将来趋利避害。他写道："我们的许多主要道德情感都具有公开的相互性：公平交易感，感激之情，报复的冲动。对达尔文主义者来说，这不足为奇：公平交易感鼓励人们与他人合作，而这又促使他人与自己合作；感激能让人做出合适的举动从而换来更多的好处；报复则有威慑的作用。"❶

由此看来，所有相互性都无法避免利益交换的考量。在利益交换中，我们的着眼点自然是将来而不是过去。即使我们对他人过去的行为有所考虑，那也只是因为，过去的经验有助于我们估量交往对手的能力和可靠性，以便于我们为将来做打算。于是，吉巴德写道："一般来说，这些情感（指以相互性为特征的情感——引者）是**合算的**。至少在最典型的情况下，即在人们与他人的持续交往中，我们可以这样说。"❷这里，吉巴德并不是偶然使用了"合算"这一字眼。在讨论正义感的功能时，他也采用了类似的说法："相互性需要**交易条款**，关于公平的判断有助于确定并稳定这些条款。"❸当然，吉巴德补充说，交易并不一定是有意的或公开的，或者说"社会上的各种做法当然并不总是公开交易的结果"，但他紧接着又强调，"它们**在结构上无异于交易**。"❹在他看来，这一结构甚至也存在于貌似无条件的仁爱美德之中："我们之所以发展出无

---

❶ Gibbard, *Wise Choices, Apt Feelings*, p. 261.
❷ Gibbard, *Wise Choices, Apt Feelings*, p. 261, 着重标志为引者加。
❸ Gibbard, *Wise Choices, Apt Feelings*, p. 261, 着重标志为引者加。
❹ Gibbard, *Wise Choices, Apt Feelings*, p. 262, 着重标志为引者加。

条件的内心原则,大概是因为各种迹象表明公平待人毕竟是合算的。"❶ 这就解释了,为什么"朋友远比陌生人或一般认识的人更容易唤起我们的仁爱之心和仁爱之举"。❷

然而,吉巴德又暗示说,仁爱之所以有别于一般意义上的相互性,从而具有无条件的表象,是因为仁爱所包含的交换是下意识的。他一方面指出,仁爱的无条件性在于,仁爱者"没有期待回报的**念头**",❸ 另一方面又强调,人之所以产生仁爱之心,是因为仁爱之举毕竟能带来好处。按照这一逻辑,仁爱似乎包含了两种相反的意向:在意识层面,仁爱之举固然是仁爱之心的产物,但在无意识层面,仁爱之举不啻为谋求私利的手段。

这一逻辑同样适用于吉巴德所谓的"内在相互性"。关于内在相互性,我们曾引用过吉巴德这样一段话:"我可能会因为别人善待过我而善待别人。在别人对我好之后,我可能也愿意对他好,即使他已经没有力量再影响我。"鉴于有意识动机和无意识动机的区别,我们现在可以把这段话解释为:如果我不期待别人回报,或对自己的期待缺乏意识,那么,我和他人的相互性关系就是内在的、回顾性的。这里,"没有期待回报的念头"是构成内在的、回顾性的相互性关系的关键因素。正因为我缺乏这一念头,不期待别人在将来给我带来好处,所以我才能在与别人的交往中只着眼于过去。不过,我们不禁要问,我为什么会缺乏这一念头?

对此,吉巴德的回答似乎是,期待回报的念头并不是在任何时候都有必要。在某些情况下,回报是以默契的、自然而然的方式发生的。因此,即使人们缺乏有意识地期待回报的念头,他们之间的

---

❶ Gibbard, *Wise Choices, Apt Feelings*, p. 258.

❷ Gibbard, *Wise Choices, Apt Feelings*, p. 259.

❸ Gibbard, *Wise Choices, Apt Feelings*, p. 259,着重标志为引者加。

关系也不一定是纯粹回顾性的。一旦利害交换的相互性受到了有效的保障，人们就不必再担心自己的行为能否得到回报。久而久之，他们对回报的有意识期待就会淡化，于是，他们就会把目光转向过去，更多地考虑如何用善意来回报别人曾给予自己的善意。在这种情况下，人们不但无须考虑回报的问题，反而会对这类问题产生情感上的抵制，以便在心里维护一种默契的、带有人情味的合作关系。只有在这种默契遭到破坏、互利不再是人际关系的常态时，人们才会有意识地寻求回报，以默契方式维持的互利合作也才会成为公开的利害之争。正如吉巴德所说："人们做事时可能会不考虑回报，但他们的仁爱冲动却可能因为没有回报的暗示而消失。"❶作为同一逻辑的反面，在互利关系得到保障的情况下，人们往往会遗忘回报的念头，相互性也会在人们的道德意识中逐渐超越"相互利益"的局限，转变为"相互善意"。这一转变能否发生，在很大程度上取决于一个社会是否具有稳定的互利机制，取决于人们是否需要通过公开的互相监督才能完成等利害交换。鉴于"内在"相互性的这一建制性条件，我们不妨推论，"内在"相互性不是个人的道德成就，而是良好的社会环境的产物。

用于熟人之间的、小规模的交换关系，吉巴德的思路显然十分贴切。彼埃尔·布迪厄（Pierre Bourdieu）曾以礼物交换为例说明，在熟人关系中，缺乏交换意识不仅有助于双方维持互利关系，而且还会使这一互利关系具有某种独特的意义。既然双方都下意识地预知交换的结果，双方都可以不计较眼前得失，对彼此表现出自发的慷慨和由衷的善意。然而，这一"自发性"的前提恰恰是交换结果的可预知性。反过来，双方的行为愈具有"自发性"，交换结果的可预知性就愈大。

---

❶ Gibbard, *Wise Choices, Apt Feelings*, p. 259.

所以，公开的交换意识不仅不必要，而且只会适得其反。❶

然而，这种形式的交换只见于小规模的、熟人之间的合作关系。与熟人关系不同，陌生人之间的互利行为规模庞大，涉及整个社会，其稳定性远非默契所能保证。要调节这种关系，相互性不仅必须是一个有意识的道德要求，还必须具有法律形式，落实为明确而具体的社会合作机制。这种合作关系缺乏自发性或内在善意，其意义也与小规模的、熟人之间的合作关系完全不同。只有当整个社会的交换关系变得和熟人之间的合作关系一样，具有高度的稳定性和可预知性时，貌似自发的相互性关系才有可能。罗尔斯设想的良序社会大致上就是这样一种社会。

3. 罗尔斯理论中的相互性

按照罗尔斯的观点，良序社会的基础之一是个人道德的发展，而个人道德的发展遵循三条心理法则。❷这些法则涉及个人正义感发展过程中的不同阶段，首先是对父母的爱，然后是对朋友和熟人的信任，最终是对社会建制的原则性认同，亦即正义感。

这些法则的前提涉及的主要是建制对个人的影响，而不是个

---

❶ 见 Pierre Bourdieu, *The Logic of Practice* (Stanford, Calif.: Stanford University Press, 1990), ch. 6, "The Work of Time"。
❷ 这些法则以及作为其基础的相互性概念显然属于罗尔斯所理解的实际人类社会和实际人类心理，而不属于他所说的原初状态。当然。原初状态与实际人类社会之间的关系是一个诸家争论不休的问题，在这一问题上，我倾向于同意 Michael Sandel 的观点，而不是 Brian Barry 的观点。见 Michael Sandel, *Liberalism and the limits of Justice* (Cambridge: Cambridge University Press, 1982), pp. 48, 61; Brian Barry, *Justice as Impartiality* (Oxford: Clarendon Press, 1995), pp. 56–57。

人的自然秉性。第一条法则是关于孩子如何形成对父母的爱,其前提是:"家庭结构是公正的,父母对孩子怀有爱心,并通过照顾孩子的利益明确表达这一爱心。"❶在下一阶段,对父母的爱发展为社会关系中的友谊和信任纽带。根据第二条法则,这一纽带形成的前提是:"人们已经在按照第一条法则产生的感情纽带的基础上发展了同情的能力,同时,社会关系是公正的,并且众所周知是公正的。"❷最后,在第三阶段,人们逐渐形成对社会建制的理解和认同,并因此而产生正义感。依照第三条法则,这一发展的前提是:"人们已经在按照前两条法则产生的感情纽带的基础上发展了同情的能力",而且,"社会的各种建制是公正的,并且众所周知是公正的。"❸

在罗尔斯的简短说明中,最凸显的是建制正义相对于个人正义感的优先性,而建制正义与相互性的联系则不那么明显。然而,通过罗尔斯对三条法则的详细阐述,我们可以看出,建制正义的优先性实际上派生于相互性的重要性。按照罗尔斯的说法,正义感"发端于别人为我们的利益着想的明确意图。由于我们意识到他们对我们的好意,所以我们反过来也关心他们的福利。这样,我们对他人和社会建制的认同,取决于我们如何看待这两者对我们的利益的影响。此处的主导概念是相互性,即等利害交换的倾向"。❹

由此看来,作为个人道德发展的基础,"社会的各种建制是公

---

❶ John Rawls, *A Theory of Justice* (Cambridge, Mass.: Harvard University Press, 1971), p. 490.
❷ Rawls, *A Theory of Justice*, p. 490.
❸ Rawls, *A Theory of Justice*, p. 491.
❹ Rawls, *A Theory of Justice*, p.494.

正的，并且众所周知是公正的"这一前提还包含了另外一层意思，即：构成社会建制的基本原则不仅是公正的（且众所周知是公正的），而且得到了普遍的实施（且众所周知得到了普遍的实施）。诚然，在一个理性的社会里，只有被公认为公正的原则才能得到普遍的实施，因此，正义论的首要任务是确定正义的原则。但是，既然正义感是以"等利害交换的方式培养起来的"，[1]发展个人正义感的前提就不仅是所有人都认为他们所在社会的建制是正义的，更重要的是，所有人都遵守被公认为正义的建制，而且这一现象已成为众所周知的事实。只有这样一种局面才能提供个人道德发展的充分条件。

倘若如此，我们就需要修正罗尔斯的第二和第三法则，以强调相互性在正义感形成过程中的关键作用。如前所述，第二法则明确提到了两个前提，第一，"人们已经在按照第一条法则产生的感情纽带的基础上发展了同情的能力"，第二，"社会关系是公正的，并且众所周知是公正的"。显然，人们产生对他人的信任和善意不仅需要这两个前提，还需要另一个前提，即：别人"以明显的意向**履行**他们的责任和义务，并努力**实践**与其身份相应的理想"。[2]当然，我们并不一定要把这一条件当作一个独立的前提，但是，我们至少需要重新解释罗尔斯的原有前提。也就是说，"社会关系是公正的，并且众所周知是公正的"必须被解释为，在一个被公认为公正的建制里，所有人都遵守构成该建制的原则，而且这一现象已成为众所周知的事实。这一解释亦适用于第三法则：一个人对社会建制产生认同的前提不仅是该建制在概念上被公认

---

[1] Rawls, *A Theory of Justice*, p.495.
[2] Rawls, *A Theory of Justice*, p.490, 着重标志为引者加。

为符合正义，更重要的是，"他认识到，他本人和他所关心的人是这一建制的受益者。"❶

可见，在罗尔斯的理论中，建制正义相对于个人正义感的优先性实际上派生于相互性的关键作用，而相互性的关键作用又在很大程度上可以归因于人们在等利害交换关系中的功利动机。

然而，罗尔斯并未区分"相互利益"和"相互善意"这两个不同的概念。乍看起来，罗尔斯的相互性概念似乎很宽，足以包括这两个概念。但是，基于我们在讨论吉巴德时提到的原因，我们不能不问：罗尔斯的相互性概念究竟是回顾性的（retrospective），还是前瞻性的（prospective）？虽然罗尔斯没有直接回答这一问题，但他和吉巴德一样，也从进化论的角度来解释相互性。他写道："一个理性的人当然不会对显著影响自己利益的事物无动于衷。倘若他对这类事物产生某种态度，这种态度要么是新的认同，要么是新的反感。如果我们以怨报恩，或者变得不喜欢对我们公平的人，或者厌恶有利于我们的利益的行为，那么，社会就将迅速瓦解。在进化过程中，具有相反心理的人要么从未存在过，要么早已灭绝。通过等利害交换培养起来的正义感似乎是人之社会性的先决条件。"❷

这一解释显然有一定道理，不过，它的进化论逻辑不能不对罗尔斯的相互性概念产生限定的作用。罗尔斯认为，相互性具有进化论意义上的功能，这本身就说明，相互性对他来说是一个前瞻性的、而不是回顾性的概念。从进化论的角度看，只有当人们着眼于未来而考虑个人利益得失时，相互性才有意义，因此，纯粹回顾性的相互性毫无用处。可见，罗尔斯的相互性概念属于"相互利益"

---

❶ Rawls, *A Theory of Justice* p. 491.
❷ Rawls, *A Theory of Justice*, p.495.

的范畴,其基本内涵是个人之间的等利害交换。当然,罗尔斯有时也使用类似"相互善意"的概念,比如他说:"爱和友谊这些积极情操,甚至正义感,都发端于别人为我们的利益着想的明确意图。由于我们意识到他们对我们的好意,所以我们反过来也关心他们的福利。"❶这里,相互性似乎包含了"相互善意"的意思,但在紧接着的下一段话里,相互性又被赋予了"相互利益"的含义:"我们对他人和社会建制的认同,取决于我们如何看待这两者对我们的利益的影响。此处的主导概念是相互性,即等利害交换的倾向。"❷总体看来,后一段话更能代表罗尔斯的主导思想。用他自己的话说,相互性就是"相互**有利**"(reciprocal advantage)。❸

4. 从相互利益到相互善意

尽管罗尔斯的相互性概念以相互利益为主旨,但它并不排除相互善意。实际上,在罗尔斯的理论中,相互性有某种内在逻辑,促使它从相互利益向相互善意转化。我之所以强调罗尔斯的相互性概念主要是相互利益概念,是为了毫不含糊地说明,对罗尔斯来说,相互善意不是正义社会赖以建立的原初假定。这并不排斥罗尔斯的

---

❶ Rawls, *A Theory of Justice*, p.494.

❷ Rawls, *A Theory of Justice*, p.494.

❸ Rawls, *A Theory of Justice*, p.178,着重标志为引者加。从表面上看,罗尔斯是就原初状态来讨论这一概念的,但既然他把相互利益视为比功利主义倡导的同情心"更为现实的设计社会秩序的观念",这在他看来显然也是现实生活的一个特征。休谟也用过"reciprocal advantage"的字眼,而这并非巧合;见 David Hume, *A Treatise of Human Nature*, ed. L. A. Selby-Bigge, 2nd edn., ed. P. H. Nidditch(Oxford:Clarendon Press, 1978), p. 519。

另一基本观点,即:正义社会一旦启动,相互性就有可能超越相互利益的局限,并逐渐转变为相互善意。

罗尔斯相信,我们"与他人利益的认同感……可能会很强",但这种认同感只能产生于"一个由作为公平的正义所调节的社会建制"当中。❶这是因为,只有在这样的社会里,相互利益才能得到充分的保障。正义的社会建制一旦确立,就会导致"我们终极目的体系的变化",使其向利他主义的方向发展,而造成这种变化的主要原因是,"我们意识到建制和别人的行为是如何促进我们利益的"。❷照此看来,在罗尔斯的理论中,相互善意不是正义社会赖以存在的基础或原初假定,而是正义社会的最终产物。❸换言之,(有保障的、稳定的)相互利益是相互善意的基础,而相互善意是(有保障的、稳定的)相互利益的结果和进一步发展。借用休谟的表达方式,我们可以把这一过程描述为"情感的进步"(progress of sentiments)。❹

值得一提的是,一旦我们把关注的焦点从旨在建构良序社会的思想实验(即罗尔斯所谓的"原初状态")转移到良序社会本身,我们所使用的相互性概念就会发生相应的变化。在讨论原初状态时,罗尔斯一般不直接使用以相互利益为定义的相互性概念,但是,鉴于"原初状态"预设了休谟的正义条件说,这一概念显然难以避免。无论从假想出发,还是从社会实际情况出发,在构

---

❶ Rawls, *A Theory of Justice*, p. 501.

❷ Rawls, *A Theory of Justice*, p. 494.

❸ Jon Elster 和 Karl OveMoene 亦表达过相似的观点:"一个好的经济制度也许会附带产生信任(从而使该制度变得更好),但是如果我们把信任、团结和利他主义视为改革的先决条件,那就犯了本末倒置的错误。"见 *Alternatives to Capitalism*, ed. Jon Elster and Karl Ove Moene(Cambridge: Cambridge University Press, 1989), p. 5。

❹ Hume, *A Treatise of Human Nature*, p. 550.

想良序社会的运作时,罗尔斯诉诸的动机资源都是人们的利益交换愿望而不是他们之间的相互善意。在比较他本人的道德心理学和功利主义的道德心理学时,他曾这样写道:"利他主义的意愿无疑存在,但与三条心理法则作为相互性原则所产生的意愿相比,这类意愿可能会弱一些;而且,能设身处地与他人认同的能力似乎也相对罕见。因此,这类情感为社会基本结构提供支撑的可能性小一些。"[1]

这就是说,只有在良序社会之内,作为良序社会的结果,相互性才能从"相互利益"发展为"相互善意"。在讨论正义的三个心理法则时,罗尔斯使用的相互性是一个颇为宽泛的概念,足以包括相互善意。这就容易造成一个错觉,好像对罗尔斯来说,相互性不仅包括相互利益,还包括相互善意。然而,罗尔斯就此说得很清楚:"我们对他人和社会建制的认同,取决于我们如何看待这两者对我们的利益的影响";如果我们能长期与他人的利益认同,原因只能是"隐含于正义原则之中的相互性"。[2]这里的相互性显然不是在原初状态所做的假设,而是良序社会的产物。

可以想象,在一个良序社会里,等利害交换关系得到了如此充分的保障,以至于人们不再需要有意识地追求等利害交换的目标,更不再需要把等利害交换的顺利进行预设为相互善意的前提条件。而且,既然人们不再意识到相互善意的前提条件,他们就有可能淡忘善意的相互性基础,以为彼此之间的善意纯属自发的、无条件的。这种想象很符合罗尔斯和吉巴德对相互性的进化论理解。实际上,如果我们放大布迪厄笔下的礼品交换场面,就可以格外清晰地

---

[1] Rawls, *A Theory of Justice*, p. 500. 另见 Rawls, *Political Liberalism* (New York: Columbia University Press, 1993), p. 87。

[2] Rawls, *A Theory of Justice*, pp. 494, 501。

看到罗尔斯心目中的良序社会：一旦相互性（包括相互利益和相互善意）由刻意变成习惯，再由习惯发展为自然，它就会逐渐退出人们的意识。久而久之，人们就不再会察觉到，相互利益是相互善意的先决条件，且相互善意本身亦具有相互性，而这种"错觉"又会反过来维持和巩固貌似自发的相互善意。

可以说，功利主义置于正义社会发展起点的情感，在罗尔斯看来应该置于其终点。对功利主义来说，同情心的普遍存在是建立正义社会的必要心理条件。罗尔斯则认为，正义社会的心理基础不是同情心，而是在道德层次上低于同情心、但比同情心更为普遍的互利愿望。只有在业已建立的正义社会的基础上，同情心才有可能逐渐发展。功利主义的错误是"在缺乏相互性的情况下直接诉诸同情的能力，视其为正义行为的基础"，❶从而把正义行为建立在一个比互利动机"弱且鲜见的意愿"之上。❷正因为如此，相互善意（或相互同情）只能是正义社会的产物，而不像功利主义所认为的那样，可以作为正义社会的起点。

不过，正如罗尔斯注意到的，功利主义把同情心视为正义的基础有其内在原因："不能从他人的更好境遇中受益的人必须与更高的（平均）满足水准认同，否则，他们就不愿意遵循功利主义的标准。"❸这意味着，对功利主义来说，充足的同情心是正义之无条件性的必要心理条件。只有通过同情心的作用，个人才有可能把社会的最大幸福总量视为自己的无条件目标，无论自己在这一总量中拥有多少比例。

罗尔斯与功利主义的分歧不仅涉及同情心是否能够成为正义

---

❶ Rawls, *A Theory of Justice*, p. 501.
❷ Rawls, *A Theory of Justice*, p. 501.
❸ Rawls, *A Theory of Justice*, p. 500，另见 p. 178.

的基础，还涉及同情心是否应当成为正义的基础。在这两方面，罗尔斯都反对把同情心视为正义的基础。这是后果深远的一步：既然正义的无条件因素来自于同情心，那么，一旦我们不把同情心视为正义的基础，正义就不再具有无条件的因素，不论该因素的作用是什么。在评价密尔关于正义是利己主义和利他主义之平衡的观点时，罗尔斯指出："契约论也可取得同样的结果，但它靠的不是就事论事地平衡两种对立的倾向，而是一个能够导致适当的相互性原则的理论建构。"❶值得注意的是，在罗尔斯的"理论建构"中，同情心与私欲这"两种对立的倾向"并不具有同等重要的作用。同情心基本上没有作用；起作用的主要是互利愿望。这样一来，与密尔不同，对罗尔斯来说，正义不再具有同情心和私欲之"双重起源"，而只有私欲（或者说相互利益）这一单独起源。

5. 相互利益与正义的条件性

这样，我们又回到了以相互利益为定义的相互性。如前所述，更高层次的相互性，即相互善意，须待良序社会高度发展后才能产生。在此之前，相互性具有公开的前瞻性，或者说公开的利益交换性质。由这种相互性构成的正义动机具有明显的条件性：每一个人是否愿意遵守正义要求完全取决于他人是否遵守正义要求。对罗尔斯来说，只要人们愿意并且能够进入以相互利益和相互制约为特点

---

❶ Rawls, *A Theory of Justice*, p. 502.

的有条件关系，他们便具有"合理的道德心理"。❶他写道："如果，在彼此平等的条件下，人们愿意提出公平合作的原则和标准，并愿意遵守它们，**只要有别人也这样做的保证**，他们在这一基本方面就是通情达理的。"❷在这一点上，至关重要的不仅是"每个人接受"，而是每个人"知道别人也接受完全相同的正义原则"。❸

这种有条件的愿望之所以是合理的道德心理，是因为它既包括了回报他人的愿望，也包括了他人回报的要求。如果说，回报他人的愿望使正义感高于理性利己主义，❹那么，期待回报的愿望就使正义感低于无条件的仁爱和善意。可见，正义是一种居中之德，在道德上是合理的，在实践上是可行的。不过，这也说明，正义感遵循的不是无条件命令或曰定言命令，而是有条件命令或曰假言命令。甚至可以说，给自己的正义愿望附加条件本身就是正义感的一部分。❺这一点并不因为罗尔斯在《政治自由主义》一书中提出的一些新概念而有根本改变。

在《政治自由主义》中，罗尔斯区分了"基于观念的愿望"和"基于物的愿望"。由于"以作为公平的正义为特点的公民理想"属于前一范畴，❻这一区分似乎把正义由假言命令变成了定言命令：在基于观念或原则之愿望的指导下，正义者"虽不为纯粹公益所动"，却"**以其为目的**渴望这样一个社会，在其中，他们能以自由、平等的身份，以大家都能接受的方式与他人合作"。❼罗尔斯在这里采取

---

❶ Rawls, *Political Liberalism*, p. 86.
❷ Rawls, *Political Liberalism*, p. 49, 着重标志为引者加。
❸ Rawls, *Political Liberalism*, p. 35.
❹ 关于理性利己主义与正义的区别，见本书第 5 章。
❺ 关于这一点，本书第 1 章有更全面的讨论。
❻ Rawls, *Political Liberalism*, pp. 82–84.
❼ Rawls, *Political Liberalism*, p. 50.

了一个与休谟不同的构想。对休谟来说，正义的愿望是基于物的愿望，罗尔斯则认为，正义的愿望不仅包含基于物的愿望，还包含基于原则和观念的愿望。与休谟相比，罗尔斯的构想显然更为贴切，更具有解释力，然而，他忽略了一个问题，即"基于观念的愿望"和"基于物的愿望"是怎样一种关系。

实际上，虽然罗尔斯提出了"基于观念的愿望"这一新概念，从而修正或发展了休谟的动机说，❶但他并没有从根本上摒弃休谟的正义客观条件观。对他来说，使正义成为必要的客观条件仍然是物质缺乏情形下的利益冲突。❷由此推论，正义的关键问题仍旧是基于物的愿望之间的冲突，尽管这种冲突往往表现为不同善观念之间的冲突，也就是基于观念的愿望之间的冲突。诚然，基于观念的愿望一旦形成，就会反作用于基于物的愿望，甚至重新塑造这类愿望。正因为如此，基于物的愿望之间的冲突才经常表现为不同善观念之间的冲突。但是，只要基于物的愿望尚未完全受控于基于原则和观念的愿望，❸我们就无法通过诉诸后一种愿望，把正义命令变为无条件命令，把正义愿望变为不受条件制约的美德。

因此，从道德心理学的角度讲，正义命令仍然是有条件命令；只有在其假言条件得到满足时，它才能呈现出无条件命令或定言命令的表象。这就引出了一系列问题：这些假言条件怎样才能得到满足？动机上有条件的命令怎样才能变成实践上无条件的命令？人们怎样才能确信，社会每一个成员都会在全社会范

---

❶ 见 Rawls, *Political Liberalism*, p. 84。

❷ 见 Rawls, *A Theory of Justice*, pp. 126–127。

❸ 这并不是说，我们应该采取斯多噶主义的态度。见 Martha Nussbaum, *Therapy of Desire:Theory and Practice in Hellenistic Ethics*（Princeton：Princeton University Press, 1995）, pp. 505–506。

围的合作中尽到一己之责？正义感到底是单向地以此为条件，还是同时也有助于这一条件的满足？它怎样才能有助于这一条件的满足？当这一条件得到满足，因而正义感不再有"承诺的负担"（strain of commitment）时，由此产生的无条件命令及无条件德行之表象具有什么道德意义，又会导致什么道德后果？最后，根据我们对上述问题的回答，我们应当如何估价正义作为一种德行和一种建制的可能性及其限度？

罗尔斯基本上回避了这些问题。因为他的正义论是针对理想的情况提出的，所以他可以假定，人们"一般来说遵守社会的基本建制，如果他们认为这些建制是正义的"。[1]然而，为了揭示正义的心理基础，我们不应该做此假定，因为这一假定无异于取消了熟人关系和陌生人关系的区别。熟人之间的合作是自发的、非强制的，而陌生人之间的合作则有赖于明确的正义规则和相应的强制。在前一种关系里，人们之间的合作行为有很大的可预知性，而在后一种关系里，哪怕借助强制手段，这种可预知性也难以制造和维持。正是由于这一原因，陌生人之间的关系才更需要借助正义感（即非个人化、非感情化的遵守合作规则的愿望），而这一正义感往往不同于熟人之间的公平意识。

关于这种公平意识的性质，我们在前面引用过布迪厄的描述：在小规模的熟人范围内，人们往往表现出一种貌似自发的相互善意，而这种**主观上的**相互善意之所以成为可能，恰恰是因为在有限的熟人圈子里，人们之间的等利害交换及其后果具有**客观上的**可预知性。诚然，我们可以"举一反三"，尽可能地把这种小规模的相互性作为全社会范围内的合作关系的范本，但是，这其中难度最

---

[1] Rawls, *A Theory of Justice*, p.8; *Political Liberalism*, p.35.

大，因而最不可想当然地就是如何制造和维持大规模社会合作的可预知性。

这一难度表明，社会范围的合作虽然有其规则，但人们普遍遵守这些规则的局面并非既成事实，而是有待变成事实的理想。因此，在解释正义秉性的性质与运作时，我们切不能假定人们已经普遍遵守合作规则，而应该探究人们怎样才会普遍遵守合作规则。为此，我们必须强调正义秉性的有条件性，以便讨论在什么情况下，这种条件性可以通过人为的、而不是自发的方式得到满足，从而使正义秉性产生无条件性的表象。

第 8 章

无条件正义的两条途径

在讨论正义的条件性时,我们需要区分,一方面,作为动机或品德,正义的性质是什么,另一方面,作为社会实践或社会建制,正义如何运作。我们在上一章试图说明,作为动机,正义是有条件的,或者说,人们遵守正义规范的前提是,社会其他成员也这样做。但这只是问题的一面。作为建制,正义对人的要求不可能是有条件的,恰恰相反,正义的一个重要功能正是通过无条件规范的作用消除人际关系中的偶然性和不稳定性,以防止非正义行为的恶性循环。[1]可以说,作为动机,正义愈是有条件,作为建制,正义就愈需要克服这种条件性,以使人们能够无条件地遵守正义的要求。否则,部分人的非正义行为就有可能导致更多人乃至所有人的非正义行为,最终导致整个建制的崩溃。

解决这一问题的方式基本上有两种。第一,社会垄断对非正义

---

[1] 正如休谟所说:"你和我一样容易受别人影响而采取不正义的行为。你的榜样促使我效仿,同时还为我提供了违背公平的新理由,它向我表明,我如果在别人恣意放纵的时候对自己严加管束,我就会因为自己的诚实而成为傻瓜。"见 David Hume, *A Treatise of Human Nature*, ed. L. A. Selby-Bigge, 2nd edn., ed. P. H. Nidditch (Oxford: Clarendon Prees, 1978), p. 535。

行为的惩罚权，从而使自己成为维护正义之条件性的惟一合法力量。既然社会已经承担起维护正义之条件性的责任，个人就不必也无权坚持正义的条件性，而必须无条件地遵守正义规范。第二，鉴于社会维护正义之条件性的努力不可能完全成功，为了稳定人们遵守正义规范的愿望，法律义务就必须在人们的意识中升华为（无条件的）道德义务，从而使正义的动机（而不仅仅是正义的行为）转变为无条件的。我们将看到，有神论是完成这一转变的有利甚至必要条件。但是，以有神论为背景的无条件动机只是一种表象，尽管它有助于导致无条件的正义行为。

1. 由社会维持的相互性

既然正义的动机在本质上是有条件的，正义建制的无条件性，以及正义行为的无条件性，就只能以正义动机的条件性为基础。在力图克服正义的条件性时，社会必须采用诱导或妥协的方式，通过建制的形式变相地表达、实现、尊重这一条件性。只有这样，正义建制的无条件性才能与正义动机的有条件性相反相成。否则，如果正义动机的条件性，尤其是人的报复欲，得不到适当的表达，人们就不可能愿意（而且不应有义务）无条件地遵守社会的正义规范。

于是，社会独自承担起维护正义之条件性的责任，并通过法律的强制手段来防止和惩罚非正义行为，至少在涉及人身安全和社会稳定等方面如此。作为交换，个人必须无条件地遵守社会的正义规范，把正义理解为无条件的命令和德行。一如社会契约论所描述的，随着这一变化，个人之间的相互性关系变成了个人与社会之间的相互性关系,❶相互性概念所表达的也不再是个人之间的交换关系,而是个人与国家之间的交换关系。惟独国家有权维护正义的相互性,惩罚违反相互性的行为,而任何个人都无权这样做。正如黑格尔所言:"出面的是受侵害的共相(即理念——引者),而不是受侵害者本人。"❷一旦失去了报复的权力乃至欲望,个人就只能无条件地遵守正义规范,把督促别人的权力交给国家。❸

就个人心理而言,相互性的含义也会随之发生相应的变化。在使用相互性概念时,我们指的首先是个人之间的关系,其表现形式是等利害交换,也就是以德报德,以怨还怨。一旦国家介入这一直接的、赤裸裸的交换关系,个人之间的关系就被个人与国家或社会之间的关系所取代。在后一关系中,个人是否愿意服从社会的正义规范取决于他是否认为自己在总体上是这些规范的受益者。既然我的正义愿望在本质上是有条件的,再者,既然这种条件性已不再表现为我和其他社会成员之间的交换关系,而是表现为我和社会之间的交换关系,那么,我在多大程度上愿意遵守社会的正义规范就自然地取决于我在多大程度上认为自己是社会的受益者。我愈是认为自己是社会的受益者,就愈会愿意遵守社

---

❶ 这基本上也是罗尔斯的构想。Allan Gibbard 对此做了很好的说明:"正义乃是大规模交换中的公平:即统驭全社会相互性体制的原则的公平。……在良序社会中,公民们愿意在受益后公平地回报,这种一般性的愿望表现为服从社会结构之规则的愿望,只要他们认为该社会结构是公平的话。"见 Gibbard, "Constructing Justice," *Philosophy and Public Affairs* 20,1991,p. 266,着重标志为引者加。

❷ Hegel,*Hegel's Philosophy of Right*, trans. T. M. Knox(Oxford:Clarendon Press,1952),paragraph 220,p. 141.

❸ 只有在此意义上,Judith Shklar 对报复的论述才是正确的,即报复"在所有方面都与正义相反,且与正义不容"。见 Shlkar,*The Faces of Injustice*(New Haven:Yale University Press,1990),p. 93。 另见 Immanuel Kant,*The Metaphysics of Morals*,trans. Mary Gregor(Cambridge:Cambridge University Press,1991),p. 252(460)。

第 8 章 无条件正义的两条途径 *155*

会的正义规范。❶

在很大程度上，我认为自己是社会的受益者有一个必要条件，那就是大多数社会成员在大多数情况下都遵守社会的正义规范。但是，我既没有权利要求人们遵守社会的正义规范，也缺乏相应的监督能力来确知人们是否遵守社会的正义规范。惟独国家拥有这一权力并具备这一能力。因此，我只能通过我和国家的相互性关系来维持我和其他社会成员的相互性关系。确保每一个人都受益于正义的相互性乃是国家的责任。作为个人，我只能判断，我究竟是国家成功履行其责任的受益者，还是国家未能履行其责任的受害者。换言之，只有通过我和国家的交换关系，我才能判断我和其他社会成员的交换关系。如果我得益于我和国家的交换关系，那就说明，我也得益于我和其他社会成员的交换关系。与此同理，如果我们假设，一个社会结构基本上是公正的，那么，人们拒绝无条件地遵守正义规范的原因往往不是某些个人违反了正义规范，而是国家未能有效地履行其监督乃至强制所有人遵守正义规范的责任。

由此可见，个人正义行为的无条件性仅为表象。至少就其动机而言，个人的正义行为仍然是有条件的，虽然这一条件性已经改变了形式：国家代替个人维护了正义的相互性，并确保个人从中受益。随着这一变化，个人遵守正义规范的愿望不再直接取决于他人是否具有同样的愿望，而取决于国家能否有效地履行它所垄断的维护正义之相互性的责任。国家愈能满足个人正义动机的条件性，个人的正义行为就愈有可能是无条件的。换言之，正义命令之所以具

---

❶ 见 Arthur Schopenhauer, *On the Basis of Morality*, trans. E. F. J. Payne (Indianapolis, Indiana: Bobbs-Merrill, 1965), p. 124。

有无条件命令的表象,是因为它的条件已经得到了满足。久而久之,人们甚至有可能习惯于这一状态,以至于不再意识到正义的条件性。如果这种良性循环不能形成或维持,国家就只好诉诸法律手段,通过惩罚来维护正义的相互性。

2. 相互性与惩罚

惩罚并非外在于正义、为了解决正义无法应付的问题才被引入正义范畴的做法。相反,作为报复的建制化形式,惩罚是正义的有机组成部分,是正义的条件性和相互性的逻辑产物。既然我的正义愿望以相互性为基础,那么,如果我对别人公正而别人对我不公正,我就会觉得吃亏,甚至感到受了侮辱。这一涉及利益和尊严的双重损失会让我产生报复的愿望,而社会对违法者的惩罚正是这一愿望的建制化表达形式。从表面上看,由社会实施的惩罚旨在使违法者痛苦,但它的真正目的却在于恢复正义的相互性:"惩罚意味着让罪犯偿还他迄今为止所享受的所有好处。"❶对个人来说,违法者破坏的不仅是物质利益和人身安全,还是人与人之间的平等关系。如果违法者不受惩罚,这一平等关系就无法得到恢复。❷我们或许可以说,惩罚是相互性的消极形式,是社会

---

❶ Friedrich Nietzsche, *On the Genealogy of Morals*, trans. Walter Kaufmann and R. J. Hollingdale (New York: Random House, 1967), II, 13.
❷ 黑格尔就此说过这样一段话:"罪行应被取缔,这并非因为它制造了恶果,而是因为它是对法权作为法权的侵犯。"关于黑格尔在这方面的观点,见 David E. Cooper, "Hegel's Theory of Punishment," in *Hegel's Political Philosophy: Problems and Perspectives*, ed. Z. A. Pelczynski (Cambridge: Cambridge University Press, 1971), pp. 159, 163–165。

对正义的相互性之破坏者的反应。任何人破坏了正义的相互性,社会都应采取相应的措施,不再对其提供以他对相互性关系的承诺为条件的保护和善意。这种作法不是基于任何外在原则,而是基于相互性原则本身。因其固有的相互性,正义本身就包含暴力,而且只能用暴力来惩治正义之相互性的违反者。❶可见,正义的目的不是取消暴力,而是把暴力建制化,用法律的惩罚来代替个人的报复,从而一方面维护正义动机的条件性,另一方面保障正义行为的无条件性。

惩罚建制的形成说明,正义概念已经离开了个人关系的领域,进入了个人与国家之关系的领域。❷相应地,个人之间的相互性关系以及其中包含的潜在暴力关系也必须通过国家的媒介来调节。这并不是说,个人之间不再存有相互性关系,但这确实意味着,随着惩罚建制的形成,这一相互性关系已经在很大程度上变成了个人与国家之间的关系。正是由于这个原因,尼采才会说,违法者破坏的是"他与**全体**的契约和他对全体的诺言"。❸既然违反正义的相互性原则意味着侵犯全体的利益,违法者理应受到全体的惩罚,哪怕狭义的受害者只是个人。这也解释了,为什么惩罚非正义行为的权力属于社会。

与此相应,在坚持正义的相互性,有条件地对待社会的每一个成员时,国家亦郑重宣布,个人的正义行为不得具有条件性。个人

---

❶ 关于康德在这方面的观点,见 Hans Saner, *Kant's Political Thought*, trans. E.B. Ashton (Chicago: University of Chicago Press, 1973), p. 32. 另见 Jeffrie G.Murphy, *Kant: The Philosophy of Right* (New York: Macmillan, 1970), pp. 141—142。

❷ 人们一般认为,这一转移能够导致动机的升华,使其从情感性的动机转变为道德的或理性的动机。见 Susan Meld Shell, *The Rights of Reason: A Study of Kant's Philosophy and Politics* (Toronto: University of Toronto Press, 1980), p.162。

❸ Nietzsche, *On the Genealogy of Morals*, II, 9.

不得在任何情况下坚持正义的条件性,并以此为理由来报复他人违反正义规范的行为。正义虽然是有条件的,但该条件性只存在于国家和个人的关系之中,因而惟独国家有权根据个人是否遵守正义规范而对其实施保护或惩罚。既然社会坚持正义的条件性,并以建制化的形式维护这一条件性,个人就无权、也不必同样办理。换言之,恰恰因为正义对国家来说是有条件命令,所以它对个人来说才是无条件命令。国家禁止私刑,道理就在于此。根据这一道理,惟独社会有权惩罚非正义行为,表达并维护正义在本质上(包括在个人动机上)的相互性。只要社会尚能有效地履行其责任,个人就必须放弃坚持正义之条件性的权利。

在发挥这一作用时,惩罚毫不违反正义动机的有条件性。事实上,惩罚之所以能够使正义规范成为无条件命令,正是因为它在国家和个人的关系中维持了正义的相互性。一方面,对有可能违反相互性的社会成员来说,惩罚的作用在于威慑;另一方面,对无意违反相互性、但又不能容忍违法者逍遥法外的社会成员来说,惩罚具有"安抚"功能。就正义自身的逻辑来说,遵纪守法者对违法者耿耿于怀是合理的、自然的现象。只有通过惩罚违法者,国家才能减轻乃至消除遵纪守法者对违法者的愤恨,从而降低乃至消除他们因愤恨而产生的痛苦。如果国家执法不利,未能有效地惩罚违法者,遵纪守法者就有可能(并且有理由)对**国家**产生愤恨,从而失去无条件地遵守正义规范的愿望。

可见,通过惩罚的建制化,国家垄断了维护正义之相互性的权力与责任,迫使违法者偿还他们从别人的正义行为中获得的好处,从而使其他人不仅在法律上必须遵守正义规范,而且在心理上也愿意这样做。

第 8 章 无条件正义的两条途径

3. 正义的升华

不论国家如何垄断并行使惩罚权，它都无法彻底满足正义的条件性。惩罚毕竟是事后的，这就使国家在行使惩罚权时不仅显示了它的力量，也暴露了这一力量的有限性。并且，从受害者的角度看，国家对违法者的惩处很容易显得过轻。因此，无论国家如何依法惩处违法者，它都无法彻底恢复已经受到破坏的相互性，从而完全维持人们无条件地遵守正义规范的愿望。

国家愈无法满足正义的相互性，它就愈需要诉诸道德的力量，促使人们相信正义动机（而不仅仅是正义行为）的无条件性。道理很简单：既然正义动机的条件性不可能完全满足，国家就有必要试图改变正义动机本身，使其有条件性转变为无条件性。换句话说，国家未能履行其责任之处，个人须以美德、以无条件地遵守正义规范的愿望来弥补。于是，维持正义行为之无条件性的责任就又从国家部分地转回到了个人。为了促使个人接受这一无条件性，国家不仅必须诉诸惩罚的威慑力，还需要创造一种道德意识形态，在社会秩序尚不足以使人忘记正义的条件性时，人为地促成这一忘却，从而导致人们无条件地遵守正义规范的愿望以及与这一愿望相应的行为。❶如果这种意识形态成功，人们就会在正义的条件性未得到充分满足的情况下无条件地遵守正义规范，因为他们的正义动机本身已

---

❶ 在有些情况下，违背相互性并不触犯法律，不涉及法律意义上的正义。在这种情况下，相互性，或者说以眼还眼、以牙还牙的报复行为，是个人权限之内的事。但即使在此种情况下，为社会稳定与合作起见，无条件的正义行为亦是大有益处的。显然，当法律无权迫使人们不行报复时，这只能靠人们的无条件动机。

不再具有（有意识的）条件性。

如我在前面几章所述，正义动机之所以具有条件性，是因为正义在很大程度上是手段而不是目的。在力量大致平等的情形中，人们往往以正义为手段追求个人或局部的利益。鉴于此，要创造无条件的正义动机，正义概念就必须脱离利益领域，而这意味着，在保留正义概念的同时，国家必须改变其原初动机。一旦脱离其原初动机，正义就变成了目的，一种为义务而履行的义务。既然我是为了正义而正义，我的正义愿望就不再以他人的同样愿望为前提，而是转变为一种无条件的愿望。

然而，为正义而正义不能不是一个自相矛盾的概念。它意味着，在具有正义愿望的同时，我们必须忘记使这一愿望成为必要的条件，或者说忘记正义的目的，即：在资源缺乏但力量大致平等的情况下，正义是我们与他人进行等利害交换的手段。换言之，为了达到为正义而正义的目的，我们必须超脱正义的经验性条件，进入某种超验的境界，因为只有超验境界才能提供相应的动机或"服从形式"（mode d'assujettissement），❶从而使无条件的义务概念成为可能。我稍后会说明，以超验境界为基础的无条件性本身亦有其条件，虽然其条件的表现形式更为隐蔽。这里，我们不妨先看看这种无条件性是怎样形成的。顺便提一下，在如下讨论中，我们的着眼点不是神学，而是道德心理学。❷

超验境界提供了构想无条件关系的可能性，或者，用理查德·尼布尔（H. Richard Niebuhr）的话说，提供了仅由人构成的

---

❶ 见 Michel Foucault, "On the Genealogy of Ethics: An Overview of Work in Progress," in *The Foucault Reader*, ed. Paul Rabinow（New York: Pantheon, 1984）, p. 353。

❷ 鉴于此，我所引用的往往是对基督教具有心理学解释力的观点，不论这些观点在神学上是否被认为成立。

社会中不存在的"绝对关系"。一旦我与"上帝"(或其他形式的神)形成"绝对关系",亦即无条件关系,我和"凡人"之间的关系就会发生变化,世俗环境中的有条件关系就有可能被超验环境中的无条件关系所取代。相应地,我在世俗环境中的有条件的正义动机就有可能变成无条件的动机。这一转变可被称为正义的**超验性转变**。对此,尼布尔有如下描述:"如果我只着眼于邻舍和我本人的价值关系,那就无正义可言……,而只有恩怨相待的交换性。但是,如果我着眼于他和所有其他邻舍、乃至他和上帝的价值关系,那么,不仅相对的正义有可能产生,而且相对的判断还有可能以绝对关系为参照系而形成和改进。"❶

在超验境界中,我所意识到的不再是正义的原初动机(即在资源缺乏但力量大致平等情形中的等利害交换),而是(我认为或想象的)正义命令的源头,即上帝。这一源头足以赋予我新的正义动机。因为我与这一源头的关系是无条件的,所以我由此获得的正义动机也是无条件的。只有通过这一超验关系,我才能理解我在世俗环境中无法理解的道理:正义是定言命令而不是假言命令。在这一理解的基础上,我便能够无条件地遵守正义的要求,视之为高于利益的理念,不论别人是否也这样做。

这就解释了,为什么康德在为责任概念寻找依据时不得不变相地诉诸有神论的前提,或者说,他为什么无法为无条件性提供一个不依赖神的基础。❷在这一点上,叔本华对康德的批评可谓一针见血。他写道:责任的概念,"连同法律、命令、义务等接近概念,

---

❶ H. Richard Niebuhr, *Christ and Culture* (New York: Harper and Row, 1951), p. 240.

❷ 见 Immanuel Kant, *Critique of Practical Reason*, in *Critique of Practical Reason and Other Writings in Moral Philosophy*, trans. and ed. Lewis White Beck (Chicago: University of Chicago Press, 1949), p. 229。

如果带有无条件的含义，皆源于神学道德"。❶叔本华的意思不是说，这些概念在经验意义上恰巧源自于有神论的语境，而是说，在逻辑意义上，这些概念只有在有神论的语境中才能产生、才可以理解、才有其感召力。康德的失败说明，有神论语境是使无条件关系成为可能的惟一语境；只有在该语境中，正义的动机才有可能是无条件的。当然，对我们来说，正义的动机也许不必要、甚至不应该是无条件的。但是，假如我们像康德那样，认为包括正义在内的道德动机都是无条件的，我们就必须放弃无神论，接受上帝的概念。如此看来，当保罗·蒂利希（Paul Tillich）把道德命令的无条件性归因于道德的宗教元素时，他并非言过其实。❷孟德斯鸠甚至认为，"宗教，哪怕是谬误的宗教，乃是人品的最好担保。"❸此话虽有夸张，但如果我们把它理解为，只有宗教信仰才能为**无条件的**道德提供基础，那么，它显然不失中肯。

4. 无条件性的幻觉

细究起来，我们就会发现，以有神论为背景的正义动机并不真是无条件的。从一个角度看，我和上帝的关系是无条件的，但从另一个角度看，这一关系又可以说是有条件的。所谓我和上帝的关系是无条件的，是说我相信上帝的力量是无限的。然而，不管上帝的

---

❶ Arthur Schopenhauer, *On the Basis of Morality*, p. 54. 另见 G. E. M. Anscombe, "Modem Moral Philosophy," *Philosophy* xxxiii, 1958, pp. 6, 8, 19。

❷ 见 Paul Tillich, *Morality and Beyond* (New York: Harper and Row, 1963), p. 22。

❸ Montesquieu, *The Spirit of the Laws*, trans. and ed. Anne Cohler, Basia Miller, and Harold Stone (Cambridge: Cambridge University Press, 1989), p. 465.

力量如何无限，就其实质（而不是程度）而言，它都和世俗权威的力量一样，是对人施加奖惩的能力。鉴于此，如果我因为上帝的奖惩而服从上帝，那么，我与上帝的关系就和我与世俗权威的关系没有本质的区别，都是有条件的关系。如果我和上帝的关系同时又是无条件的，那只是说，我相信上述条件可以得到无条件的满足，或者说，我毫不怀疑上帝的无限奖惩能力。总之，我和上帝的关系之所以是无条件的，是因为我相信，上帝有无限的力量；而我和上帝的关系之所以又是有条件的，是因为我知道，上帝的力量和世俗权威的力量一样，都是以奖惩为内容的。

事实上，在以"来世"为中心的宗教中，上帝的力量之所以是无限的，是因为上帝的奖惩到来世才能充分实现。在现世中，人们既无法证实、亦无法证伪上帝的力量。由于这个缘故，本来有条件的也就变成了无条件的。既然上帝的奖惩到来世才能实现，那么，**在现世中**，我与上帝的有条件关系就变成了无条件关系。上帝的力量之所以无限，原因正在于此。然而，这丝毫也没有改变我和上帝关系的实质内容。我与上帝的关系仍然是交换关系，所不同的只是交换的时间和地点，因为来世的概念为交换提供了一个独特的时间和地点。可见，任何以奖惩为基础的关系都是交换关系，不论其方式如何间接，或其手段如何隐秘。在此意义上，有神论并没有真正改变正义动机的条件性，而只是改变了这一条件性的表现形式，用表面上的无条件性掩盖了实质上的条件性。既然我和上帝的关系只是从实用角度来说是无条件的，那么，在这一关系的制约下，我的正义动机的无条件性也只具有实用的意义。

当正义概念从此岸移往彼岸时，这一概念所包含的交换关系也随之移往彼岸。例如，基督教并没有根除交换本身，而只是以一种交换取代了另一种交换，以天堂和地狱取代了尘世的快乐和痛苦。这一变化与其说超越了尘世的交易,不如说把交易偷运进了天国。❶伴随着交换或报偿,快乐主义也以新的形式进入基督徒的生活,使他们和上帝的关系与普通人和当权者的关系一样具有条件性。

人与上帝的关系之所以是一种交换关系,似乎是因为人所追求的目标难免含有快乐主义的成分。照此推理,一旦杜绝了快乐主义,人和上帝的关系就不再是有条件的关系。换言之,只有清除了快乐主义,人与上帝的关系才能具有道德和宗教的纯粹性。根据这一逻辑,蒂利希指出,任何有条件命令的条件性都源自于快乐主义的目标,因为有了这种目标,"无条件的命令无法存在,存在的只是有条件的劝诫,教人如何妙算须忍受多少痛苦才能获得最大限度的快乐。"❷

这一逻辑在克尔凯郭尔(或者严格说假名作者克利马科斯)那里被推到了极端。在克尔凯郭尔看来,快乐主义(或幸福论)无异于交换,两者追求的都是报偿的确定性和最大可能性。当基督教会以确定性为诱饵,换取人们对上帝的信仰时,它把基督教变成了"一个智性的交易,一桩有利可图的证券市场投机"。❸照此逻辑,真正的基督徒必须接受报偿的不确定性,因为只有当"时间将善行与报偿……如此彻底、如此永恒地分开,以至于任何精明都无法将其连接起来,于是幸福论者洗手作罢"时,真正的基督徒才显其本

---

❶ 见 Friedrich Nietzsche, *The Antichrist*, in *The Portable Nietzsche*, ed. and trans. Walter Kaufmann (New York: Viking Press, 1954), 45; *Thus Spoke Zarathustra*, in *The Portable Nietzsche*, pp. 205−206。

❷ Tillich, *Morality and Beyond*, p. 28.

❸ Søren Kierkegaard, *Concluding Unscientific Postscript to Philosophical Fragments*, trans. Howard V. Hong and Edna H. Hong (Princeton: Princeton University Press, 1992), pp.422−423.

色。❶说得更极端一些,报偿的客观可能性如此渺茫,以至于笃信者必须"逆理性而动"才能对其抱有希望。❷对克尔凯郭尔来说,这种客观不确定性恰恰是使真正的道德境界乃至宗教境界成为可能的前提。宗教境界尤其如此,因为它代表了笃信者在毫无客观依据情况下的极度主观坚定性,或克尔凯郭尔所谓的"无限内在激情"。❸因此,宗教意义上的幸福,或曰"永恒幸福","绝对善",完全取决于它的获取方式,而这一方式必须包括"大胆冒险","绝对困难",以及作为"宗教生活之要素"的痛苦,甚至"疯狂"。❹

通过这种方式,克尔凯郭尔确实清除了人与上帝关系中的快乐主义成分。然而,清除该关系中的快乐主义成分并不意味着清除条件性本身。只要这一关系还包含报偿的概念,它就仍然是有条件的、以交换为特征的关系。诚然,对克尔凯郭尔来说,报偿已不具有**确定性**,报偿的**内容**也从世俗的快乐变成了永恒的幸福。但是,报偿的概念仍然存在,❺人与上帝的关系也仍然是有条件的。因为,一个关系是否成为有条件的关系,并不取决于其中的交换是否服务于快乐主义的目的,而取决于它本身是否包含交换。一个人无论冒多大风险,经历多少磨难,拥有何等的激情和疯狂,只要他是为了获取报偿,他的动机就是有条件的。克尔凯郭尔煞费苦心让报偿成为不可及之物,唯独没有摒弃报偿观念本身,因而始终未能摆脱有条件关系和有条件道德的逻辑。

由此可见,不论其形式如何隐蔽,以奖惩为动力的道德都不能

---

❶ Kierkegaard, *Concluding Unscientific Postscript*, pp. 342–343.
❷ Kierkegaard, *Concluding Unscientific Postscript*, pp. 232–233.
❸ Kierkegaard, *Concluding Unscientific Postscript*, p. 611.
❹ Kierkegaard, *Concluding Unscientific Postscript*, pp. 426–427.
❺ 见 Kierkegaard, *Concluding Unscientific Postscript*, pp. 149, 183。

不包含某种变相的交换机制。在这类道德中间，没有任何一种在实质上高于另一种。如果它们之间有所不同，只是因为它们对报偿有不同的理解，或者以不同的方法掩盖其交换机制。叔本华说过：利己主义者偶尔也会做出利他主义的事情，因为"减轻别人的苦难可以间接地**给他自己带来好处**"，❶也就是说，只要报偿观念还在起作用，那么，一个人的意志只可以改变其方向，却不能改变其实质。

不过，虽然属于这一类型的道德就实质来讲不分高下，但就功用而言，其中某些道德却比另一些道德更容易诱发貌似无条件的正义动机，从而更容易导致无条件的正义行为。一般来说，比较有说服力的道德通常具有比较隐秘的交换机制，善恶与奖惩之间的时间距离也比较大。在克尔凯郭尔所想象的极限情况下，德行与报偿的距离如此之大，快乐主义的抽象化程度如此之高，以至于德行作为一种交换手段几乎完全丧失了它的功利作用。可见，以有神论为背景的交换在实践中很容易陷入两难境地，因为在现世不能兑现的交换往往也是最不具有吸引力的交换。

在现代社会，"来世"的可信性已经大打折扣。正如尼采所言，在相对安逸富足的现代世界，"'上帝'是一个过于极端的假设"。❷一旦"上帝死了"，道德行为的动力就无法再来自于"来世"的奖惩，而只能来自于现世的利益交换。以"上帝"为条件的无条件动机也只会变得既无必要，亦无可能。

---

❶ Schopenhauer, *On the Basis of Morality*, pp. 193, 194.
❷ Friedrich Nietzsche, *The Will to Power*, ed. Walter Kaufmann, trans. Walter Kaufmann and R. J. Hollingdale (New York: Random House, 1967), 114.

第 9 章
遗忘与愤恨

正义本是有条件的动机，但又可以在某些情况下转变为看似无条件的动机。值得注意的是，即使在这一转变之后，正义仍不可能完全脱离互利的原初动机。借用尼采的"遗忘"概念，可以说，人们在意识层面上超越了正义的原初动机，同时却在无意识层面上继续受制于这一动机。"愤恨"（resentment）在正义秉性中的作用便是最好的证明。这一道德情感足以表明，正义动机虽然已在意识层面上得到升华，但在无意识层面上，正义行为仍在很大程度上产生于等利害交换的动机。因此，惟一的变化是，公开的利益交换让位于道德地位的交换。这一变化既保存了正义的条件性，又给这一条件性赋予了无条件性的表象。不仅如此，作为一种经过升华的交换冲动，愤恨还构成了法律制裁的心理基础和道德基础。

1. 遗忘正义原初动机的两种方式

我们之所以需要使用"遗忘"的概念，是因为在（我们推知的）正义的原初动机和（我们实际了解的）正义的现在动机之间存在着质的区别。这是尼采的一个重要见解。按照尼采本人的说法，这一见解可以上溯至修昔底斯（除此之外，我们或许还可以加上柏拉图《理想国》中的格劳孔）。尼采写道："正义（公平）发源于力量大致相等的各方之间……：在任何一方都没有明显优势，抗争只会引起相互伤害、而不能产生决定性结果的情形下，人们彼此达成谅解、就相互的要求进行协商的念头就出现了：交换的特征乃是正义的原初特征。每一个人都获得了自己比对方更看重的东西，于是彼此都使对方满意。一个人给予另一个人后者想要的东西，使他从此据其为己有，作为回报，前者亦得到自己想要的东西。正义因此可以说是势力大致均衡假定下的报偿与交换：……正义很自然地发源于开明的自我保存的愿望，因此它亦发源于如下的利己主义反思：'我为什么要无益地伤害自己，甚至可能还达不到我的目标？'"❶

　　这一解释方法不是历史学的，而是"谱系学"的。根据这一方法，我们从既定的"思考和评价方式"出发，通过"反推"去发现这些方式的原初起因。❷具体到正义的问题，这就是说，我们可以从正义的现有特征推知使正义成为必要和可能的人类生存状况，从而发现谱系学意义上的正义的起源。人类生存的这种状况构成了正义的起源。是因为正义只有在这种状况下才有必要和可能，因此也才会产生。对尼采来说，这种状况包含的正是休谟在讨论"正义的条件"时提出的利己主义因素。除此之外，尼采还加上了"力量大

---

❶ Friedrich Nietzsche, *Human, All Too Human*, trans. R. J. Hollingdale (Cambridge: Cambridge University Press, 1986), I, 92.

❷ Friedrich Nietzsche, *Nietzsche Contra Wagner*, in *The Portable Nietzsche*, ed. and trans. Walter Kaufmann (New York: Viking Press, 1954), p.670.

致相等的假定",认为"力量大致相等"不仅使正义成为必要,还使它成为可能。由此出发,可以推论,促使正义观念产生的只能是"开明的自我保存的愿望"。用尼采的另一句话说,这只能是"如下的利己主义反思:'我为什么要无益地伤害自己,甚至可能还达不到我的目标?'"。于是,尼采总结道:"交换的特征是正义的原初特征。"

但是,如此推知的正义的原初动机与人们在当下社会中遵守正义规范的动机并不完全一样。这是尼采提出的又一重要见解。他写道:"因为人们自幼便受到训练去赞赏和模仿这种行为,所以,久而久之,正义的行为便被人们认为是非利己的行为:正义行为的崇高价值恰恰有赖于这一表面现象。不仅如此,和所有的价值一样,这一崇高价值与日俱增,因为,受到高度珍视的东西,人们必极力去做,争相模仿,不惜代价地扩充,于是,每个人为此付出的劳累与热忱都作为一种价值被附加于这一受珍视的东西,从而使它的价值不断增长。"❶这就是说,在正义建制创立之初,正义是有条件的承诺,但在正义建制完善之后,正义又可能成为无条件的承诺。一旦成为建制,并升华为个人美德,正义的现时动机就不再是正义的原初动机的简单延续,仅仅服务于利害交换的目的。

既然如此,我们就需要解释,正义的原初动机如何演变为正义的现时动机,即人们在当下社会中遵守正义规范的动机。对此,尼采的推理是,鉴于明智的利己主义是正义的原初动机,那么,要使正义成为一种包含利他主义的德行,人们就必须"遗忘"正义的原初动机。所以尼采说:"人们已经**遗忘**了正义和公平行为的

---

❶ Nietzsche, *Human, All Too Human*, I, 92. 休谟亦持类似观点;见 David Hume, *A Treatise of Human Nature*, ed. L. A. Selby-Bigge, 2nd edn., ed. P. H. Nidditch (Oxford: Clarendon Press, 1978), pp. 533–534。

原初目的。"❶ 和 "原初目的" 一样，"遗忘" 在这里不是实证意义上的，而是谱系学意义上的。如果我们认为，正义的原初动机已经让位于某种新的动机，那么，遗忘就显然在这一过程中发挥了作用。只有在正义的原初动机被遗忘的前提下，正义的新动机才有可能产生。

在谱系学意义上使用遗忘概念时，尼采没有说明，而且也不必说明，在经验层次上，遗忘究竟是个体发生（ontogenetic）现象还是种系发生（phylogenetic）现象，抑或是两者兼有的现象。实际上，在系谱学意义上使用遗忘概念本身就意味着，尼采把遗忘理解为种系发生现象。不过，我们还需要确定，（正义原初动机的）遗忘是否也贯穿于个体发生过程，是个人道德发展的必经之路。答案似乎是肯定的。借助于劳伦斯·科尔伯格（Lawrence Kohlberg）的概念，哈贝马斯指出："**前习俗的**（preconventional）**纽带与忠诚观念**的基础是命令与服从的互补性，或者说是报偿的对称性。这两种相互性体现了行为的结构所固有的、处于萌芽形态的正义构想。" 这里，哈贝马斯指的显然是正义的原初动机。这一动机的遗忘首先发生在 "习俗阶段"（conventional stage），在该阶段，"正义构想以其自身的面目出现"。随后，在 "后习俗阶段"（postconventional stage），"前习俗阶段的构想之真实性质被揭示，我们发现，正义的观念只能来自于使话语成为可能的相互性之理想形式"。❷

在描述这一过程时，哈贝马斯似乎低估了遗忘的意义和难度，而且，他所借用的科尔伯格的道德进化论是否恰当尚待商榷。尽管

---

❶ Nietzsche, *Human All Too Human*, 1. 92.

❷ Jürgen Habermas, *Moral Consciousness and Communicative Action*, trans.Christian Lenhardt and Shierry Weber Nicholsen (Cambridge, Mass.: MIT. Press, 1990), p. 165.

如此，他对个人道德观之成熟过程的描述基本上是正确的。就个人而言，正义感确实一方面发端于简单的或低级的相互性，另一方面又经由道德发展的若干步骤而逐渐超越这种相互性。这一描述有助于说明，尼采所说的遗忘不仅是种系发生现象，而且也是个体发生现象。作为个体发生现象，这种遗忘是每一个道德主体都必须经历的过程。因为这个缘故，作为种系发生现象，从正义的原初动机到正义的现时动机的演变过程不可能是一个一劳永逸的道德成就，相反，这一过程所特有的意义、难度以及后果必将重现于每一代人乃至每一个人身上。

因此，不论对于社会，还是对于个人，"遗忘"都标志着正义动机的变化程度，即正义的现时动机在多大程度上脱离了正义的原初动机，或者说，正义行为在多大程度上超越了纯粹的利害交换目的，不再表现出正义原初动机中那种赤裸裸的交换性、条件性、相互性。

在最佳情况下，这种遗忘有可能"自然"发生。假如人们普遍养成了遵守正义规范的习惯，从而保障了利益交换的顺利进行，那么，久而久之，正义的原初动机就会被自然而然地遗忘。一旦人们习惯于从彼此的正义行为中获得互利的好处，他们就不再有必要刻意追求互利的目标，正义的原初动机也就会逐渐退出他们的意识。然而，这种遗忘并没有改变正义的原初动机，也不能使人们的道德行为超出正义原初动机的限度。它仅仅说明了，当互利已经成为人们习以为常的现象时，明确的互利愿望就变得多余，没有必要再滞留于人的意识当中。任何时候，只要互利局面失去了保障或稳定性，被遗忘的正义原初动机就会再现于人的意识当中，而这说明，遗忘本身就有其条件性。

从表面上看，上述遗忘带有某种自发性，但这种自发性实际上有赖于良好有序的互利局面,而这一局面并不是自发形成的。相反,在一定程度上,良好有序的互利局面时常是一种非自发性遗忘的产物。在讨论正义的起源时,尼采指出,为了促使人们遗忘正义的原初动机,社会必须做出有意识的努力,培养一种新的、为正义而正义的动机。显然,如此产生的遗忘是强行性遗忘,也就是说,它是在自发性遗忘尚未发生的情况下通过意识形态的作用而产生的。这一过程并不是为了填补正义的原初动机自动消失后的空白,而是要用新的动机取代正义的原初动机,从而促成人们普遍遵守正义规范的局面,使等利害交换得以顺利进行。这种局面一旦出现,人际互利关系就会进入良性循环,以互利为目的的正义原初动机也就会自然而然地退出人们的意识。

然而,当社会要求人们无条件地遵守正义规范,而正义的条件性又没有被自然遗忘时,利益交换关系中的失利者就会感觉受到了不公平的待遇,并因此而产生愤恨。当然,愤恨本身就包含了某种形式的遗忘。对违法者的行为,遵纪守法者回敬的不是同等行为,而是愤恨的道德情感。这说明,赤裸裸的利害交换不仅已经被遗忘,而且已经让位于道德情感的交换。只不过,道德情感的交换毕竟也是交换。实际上,愤恨不仅能促使人们遗忘正义的原初动机,还能以变相的形式在道德层次上保留这一动机。结果是,人际关系不再表现为有意识的、赤裸裸的利益交换,而变成了下意识的、隐蔽的道德情感交换。用来描述这一过程,"遗忘"可以说是再贴切不过的概念。我们通常使用"遗忘"概念来表示某一事物从我们有意识的思维或动机中消失,但我们并不排除,该事物可能会在我们的下意识中继续滞留并发生作用。正义原初动机的遗忘过程正是如此。因此,我们不仅能用"遗忘"概念来描述正义动机由原初形态向现时形态的转变,还能用它来说明这一转变的限度。

2. 愤恨与交换

愤恨的产生说明，正义动机的转变有其限度。虽然正义的条件性已经退出了人们的意识，但它并没有消失，而是潜入了下意识。当这一条件性再现于人的意识时，它已经转变为道德情感，而不仅仅是在利益层次上对他人的非正义行为的反应。在心怀愤恨时，我会以为，我对别人不满，是因为别人做了错事，而不仅仅是因为别人损害了我的利益。虽然愤恨是我作为受害者的被动反应，但是，一旦被体验为道德情感，它就能给我带来某种心理上的"满足"，使我感到在道德上优于那些损害他人利益的人。

造成这一道德优越感的原因是，我充分意识到，自己宁愿承受物质损失，也不愿违反法律而寻求报复。这一充分意识化了的情愿态度构成了我的义务感，促使我出于自认为是无条件的动机来遵守正义规范。然而，我的义务感恰恰表明，我并不是完全情愿地服从义务的要求。因为，义务（感）的作用正是为了减轻或抵消勉强态度，培养康德所谓的对法律的道德尊重，从而使人"不论情愿与否都必须承受其枷锁"。❶ 虽然这种来自理性的枷锁是康德所称的"温和的枷锁"，承受它的人仍然要付出康德似乎没有意识到的代价。"义务"观念不仅能培养对法律的道德性尊重，也为报复欲创造了一种新的表达方式：如果我对伤害过自己的人怀

---

❶ 见 Immanuel Kant, *Critique of Practical Reason*, in *Critique of Practical Reason and other Writings in Moral Philosophy*, trans. and ed. Lewis White Beck（Chicago: University of Chicago Press, 1949）, p. 191。

有直接的报复欲,但我对法律的道德性尊重又阻止我实现这一欲望,我的报复欲就会潜入下意识,并以愤恨的道德形式再现于意识。不仅如此,有义务感的人往往意识不到自己的勉强心理。结果,我愈是出于义务感而意识不到自己的勉强心理,这一勉强心理就愈有可能转变为愤恨,从而愈能补偿我在相互性关系中所蒙受的利益损失。既然我意识不到自己的勉强心理,我就不会因为这一勉强心理而责备自己,相反,已经转变为愤恨的勉强心理会使我产生一种道德优越感,以为自己不仅是正义的,而且自己的动机也是无条件的。

愤恨的存在本身就说明,人们在自觉状态下愿意放弃的东西,在不自觉状态下其实并不愿意放弃。这种下意识的勉强心理表明,一个人正承受着来自于社会规范,抑或来自于良心(即内化了的社会规范)的压力。在此意义上,愤恨可以说是道德化了的愤怒。如果我在相互关系中蒙受了损失,社会又不允许我进行报复,那么,愤恨就成了我惟一的宣泄方式。这说明,造成愤恨的根本原因是社会给个人造成的无能状态。❶

对上述心理,人们可能毫无意识,但这并不意味着,"勉强"不是构成愤恨的必要因素。如果我可以对伤害我的人进行直接的报复,我就无从产生愤恨。如果我心怀仁爱,毫无报复的欲望,我也不可能产生愤恨。只有当我一方面期待他人以遵纪守法的行为来回报我自己遵纪守法的行为,但另一方面又不能对相互性的破坏者进行直接报复时,我才会产生愤恨的情感。我会对自己的状况感到无奈,并用道德观念来诠释这种无奈,好像自己不是无力报复,而是

---

❶ 关于愤恨与"无能"的关系,见 Max Scheler, *Ressentiment*, trans. Lewis B. Coser and William W. Holdheim(Milwaukee, Wisconsin: Marquette University Press, new edn., 1994), pp. 30-31, 49。

不想报复。经过这种诠释,无奈感就转化为愤恨的道德情感,从而给我带来某种程度的心理平衡,尽管这种平衡不能完全克服我的报复欲。

罗尔斯曾说,只有具备某些德行,才能体验某些道德情感,所以,"除非自欺,利己主义者就不可能感受愤恨"。❶不过,并不是所有的德行都有可能导致愤恨,因此与愤恨相吻合的德行必须和与愤恨不相吻合的德行区分开来。例如,当罗尔斯说,"这一倾向(愤恨的倾向——引者)是爱的代价"时,❷他显然假设,爱是有条件的爱。但爱有可能是无条件的,而无条件的爱不会因为爱的对象不回报而转变为愤恨。这说明,导致愤恨的不是德行本身,而是某些德行中所包含的相互性要求。并不是所有的德行都包含这一要求,而且不同的德行所包含的相互性要求之程度也不一样。

的确,相互性要求是正义德行和与正义德行相应的关系(比如信任关系)所固有的。所以,罗尔斯才会说:"如果人们的利益和志向各有不同,并在追求其目的和理想时坚持各自的权利,或者说,只要造成正义问题的情形存在于人际关系之中",❸愤恨的倾向就会产生。这显然是人际关系的常态,其中既包含相互信任,也包含利益之争。❹我们自然不会否认这一事实,更不会天真地认为,世界上普遍存在着独立于相互性的德行和基于这种德行的关系。正是

---

❶ John Rawls, *A Theory of Justice* (Cambridge, Mass.: Harvard University Press, 1971), p. 488.

❷ Rawls, *A Theory of Justice*, p. 489.

❸ Rawls, *A Theory of Justice*, p. 489.

❹ 如罗尔斯所说:"此论说的一个主要结论是,道德情感是人类生活的正常特征。我们无法除去这些情感而不同时失去人的某些自然态度。"见 *A Theory of Justice*, pp. 487–488. P. F. Strawson 亦持类似观点。见 Strawson, *Freedom and Resentment* (London:Methuen, 1974), ch. 1。

因为相互性关系和相互性德行的普遍存在，愤恨才随处可见。归根结底，相互性要求是人们产生愤恨的必要条件，不论这一要求在多大程度上被意识到。

如果这一要求得不到直接的满足，人们就会寻求间接的或变相的满足，也就是报复或物质补偿的心理对等物。正义的一个固有心理特征是，人不愿在相互性关系中承受单方面的损失。这一心理特征不仅使愤恨成为可能，也使之成为必要。因为不愿蒙受损失，所以我会寻求补偿。如果得不到物质补偿，我自然会接受心理补偿：愤恨。愤恨并不能解除人的交换冲动，而只是以道德手段满足了这一冲动，用道德情感的交换代替了物质利益的交换。也正因为如此，愤恨才能充当报复或物质补偿的替代物。

在一个相互性关系中，如果别人做了对不起我的事。而我又不能或不愿进行报复，我就只好通过愤恨来"惩罚"别人并"奖赏"自己。通过这种方式，我可以用道德形式来完成我无法用物质形式完成的利益交换。虽然我在相互性关系中蒙受了物质损失，但是，既然我没有为了报复别人而降低自己的道德水准，我就获得了道德上的优势，并通过这一优势换取了物质损失所不能完全抵消的满足。正是鉴于这一逻辑，所以伯纳德·威廉姆斯（Bernard Williams）说，如果某种德行本身就包含评判他人的倾向，那么，这一德行就是某种以正义为核心的道德观的一部分。[1]这一推论的道理是，愤恨离不开从道德角度批评他人的冲动，而以正义为核心的道德观又离不开愤恨。

愤恨之所以能给人带来满足，是因为正义所固有的交换性在形

---

[1] 见 Bernard Williams, *Ethics and the Limits of Philosophy*（Cambridge, Mass.：Harvard University Press, 1985）, p. 36。

式上极为灵活。正如尼采所说："对受害者所受损伤的补偿"可以"采取任何形式（包括能起补偿作用的情感）"。❶不过，话说回来，补偿的形式之所以能如此灵活，正是因为正义的根本目的在于维持等利害交换。只有在等利害交换关系中，愤恨的可能性和必要性才变得可以理解。在法律禁止报复的前提下，为了换取道德上的胜利，我可以接受物质利益的损失，这不仅没有超越正义的局限，反而回到了正义的起点：交换、相互性、条件性。

正是因为愤恨满足了正义**动机**的条件性，无条件的正义**行为**才成为人们能够承受的道德要求。在愤恨情感的作用下，他人对我的伤害不仅不会导致我的报复行为，反而会促使我放弃直接的、有意识的报复欲望，而满足于道德上的优越感。这种其实派生于利益交换的优越感以道德的形式防止了交换意识的产生，避免了"利己主义的悔悟"。❷恰恰因为我对正义条件性的要求在情感层次上得到了满足，所以我才能在实践层次上无条件地遵守正义规范。

不过，愤恨能够起到这一作用的前提是，道德主体不能对愤恨的交换机制产生意识，知道自己是在用道德的（间接）报复来代替物质的（直接）报复。一旦我意识到，我的愤恨情感和报复欲望一样，也是维持等利害交换的方式，也根植于交换心理，我就无法再产生道德优越感，更无法用道德优越感来抵消我的物质损失。为了

---

❶ Friedrich Nietzsche, *On the Genealogy of morals*, trans. Walter Kaufmann and R. J.Hollingdale（New York: Random House, 1967）, Ⅱ, 13.

❷ 这是叔本华的说法。他写道："即使从道德的角度看，一个过于高尚而不符合行为人的性格的行为，由于它出自一种概念、教条，而非出自纯粹的、直接的冲动，日后哪怕在行为者本人眼中也会由于利己主义的悔悟而丧失其价值。"当一个人如此做出的高尚行为未能带来任何报偿时，此类"利己主义的悔悟"就会发生。见 Arthur Schopenhauer, *The World as Will and Representation*, trans. E. F. J. Payne（New York: Dover, 1969）, vol. 1, p. 304, 另见 pp. 296–297。

抵消物质损失，从而消解我无处宣泄的报复欲望，愤恨必须有强烈的情感效应，而强烈的情感效应只有在我对愤恨之根源和运作缺乏自觉时才有可能。

强行性遗忘的作用恰在于此。强行性遗忘不仅会造成愤恨，还能掩盖愤恨的交换本质。作为强行性遗忘的产物，愤恨的存在表明，虽然正义的条件性已经退出了人们的意识，但它仍滞留于他们的下意识。由于直接的、公开的交换愿望不为意识所允许，正义的条件性只能通过道德方式得到间接的、变相的表达。这就解释了，为什么在相互性遭到破坏时，维护这一相互性的冲动往往在人的意识中表现为道德愤怒，而不是个人怨恨。我之所以感到愤恨，看上去主要不是因为某人损害了我的个人利益，而是因为某人违背了正义规范，犯了道德意义上的错误。换言之，愤恨的焦点不是某人损害了我的利益这一事实本身，而是某人违背了正义规范这一具有道德含义的事实。通过愤恨，我以道德方式表达自己的交换冲动，然而，恰恰因为这一交换冲动采取了道德形式，我就不会意识到它的交换实质。在我自己的意识中，我不仅放弃了报复的物质形式，也放弃了报复欲本身，彻底超越了人与人之间的等利害交换关系。

3. 愤恨与惩罚

尽管如此，道德优越感并不能完全抵消人们在相互性关系中遭受的物质损失。心理补偿毕竟不同于实实在在的报复，容易让人感到，正义的相互性并未得到彻底的恢复。尽管我通过道德优越感获得了一定的心理补偿，我仍然无法完全摆脱报复冲动所带来的痛

苦。对我来说，即使违法者不受到我个人的报复，他也应该受到法律的制裁。❶

在时间顺序上，愤恨几乎总是先于惩罚。与个人报复不同，法律惩罚往往需要经过较长时间的准备才能完成。在这段时间里，愤恨会因为得不到及时的宣泄而愈发膨胀：原有的个人报复欲望不仅没有消失，反而会发展成惩恶扬善的道德愿望，从而为惩罚提供进一步的动力。作为以（无意识的）交换为基础的情感，愤恨本身就包含着"扳平"的冲动。当愤恨自身所提供的道德和心理补偿不足以满足这一冲动时，人们就会产生对法律惩罚的需要。同时，以愤恨为基础的道德优越感还能为人的报复冲动提供正当性。一旦报复欲望转变为道德愿望，也就是伸张正义的愿望，那么，愤恨的能量，以及它所包含的"扳平"冲动，就会变得愈加强烈。❷

和愤恨一样，惩罚的作用在于恢复正义的条件性。但与愤恨相比，惩罚更接近于个人报复，更类似于个人在不受法律约束的情况下对违法者做出的直接反应。惩罚只改变了报复的地点，把施行报复的权力从个人手里转交到社会手里，而愤恨则改变了报复的**类型**，把物质报复变成了心理报复。❸虽然施加惩罚的主体是社会而不是受害者本人，但惩罚毕竟和个人报复一样，采取的是实际的、物质性的行为，所以它更直接地表达了正义的条件性，反映了正义与

---

❶ 见 Adam Smith, *The Theory of moral Sentinents* (Indianapolis, Indiana: Liberty Classics, 1982), pp. 79–80. Judith Shklar 指出，哪怕是惩罚"也不足以代替报复，它既不能消除亦不能满足复仇的欲望"。见 Shklar, *The Faces of Injustice* (New Haven: Yale University Press, 1990), p. 94, 另见 pp. 100, 101。

❷ 见 Annette Baier, "Hume on Resentment," *Hume Studies*, 6, 1980, pp. 138, 144。

❸ 在某种意义上，愤恨本身就构成了对犯错者的惩罚。如 P. S. Greenspan 所说："除非我愤怒的对象完全藐视我……我的愤怒本身对他就是一种惩罚，不管我能否公开惩罚他。"见 Greenspan, *Emotions and Reasons* (New York: Routledge, 1988), p. 68。

利益的关系。相形之下，愤恨虽是个人反应，但如尼采所说，它充其量只是人们"被剥夺了真正的反应，即以实际行动做出的反应"时发明的"一种想象中的报复"。❶

当然，严格而言，惩罚改变的不仅是报复的地点。既然惩罚是由社会实施的报复，具有法的正当性，那么，报复地点的变化也就同时带来了报复性质的变化。而使后一变化成为可能的恰恰是个人的愤恨，因为个人的愤恨为社会的惩罚提供了动力和合理性。虽然愤恨旨在以道德优势来弥补物质利益的损失，但是，这种弥补毕竟不同于实际的报复，不足以充分补偿物质利益的损失。因此，愤恨不仅没有使惩罚成为多余，反而使其成为必要。同时，通过道德概念的转化作用，愤恨还把受报复欲驱使的个人行为变成了受理性驱使的社会行为，从而为法律惩罚提供了道德上的理由。

诚然，通过降低违法者的道德地位，我已经在一定程度上讨回了自己的损失。然而，恰恰因为违法者的道德地位已经降低，我更有理由对他进行处罚，因此，除心理补偿之外，我还会要求法律惩罚。法律惩罚的一个重要作用在于，它为违法者在我心目中道德地位的降低提供了社会的认可：作为受害者，我最大的满足莫过于目睹这一认可，而惩罚即是这种认可的外化。法律惩罚是物质性的、行为性的，所以它比精神补偿更能弥补我的损失。同时，法律惩罚又是社会性的，由社会实施，并以社会的名义进行，所以它能够为我的报复欲提供合法性。只有在获得这种双重补偿后，我才会觉得正义得到了伸张，正义的条件性得到了充分的表达。只有此时，构成愤恨的两种情感才得以分离，报复欲不复存在，所剩的只有道德优越感和这一优越感所带来的满足。在此意义上，惩罚是惟一能够

---

❶ Nietzsche, *On the Genealogy of morals*, I, 10.

消除愤恨的手段,毕竟,愤恨和惩罚同出一源,都是正义动机之条件性的表现。

通过惩罚,社会既承认了愤恨的合理性,又给愤恨提供了宣泄的机会。这种宣泄无异于密尔所谓的惩罚之"快感":"让我们认为不正义的行为得到惩罚,这总会给我们快感,并与我们的公平感一拍即合。"❶在情感层次上,惩罚能够给受害者带来快感,是因为它有助于释放愤恨,使人恢复心理平衡。在道德层次上,惩罚的快感来自于密尔所谓的"我们的公平感"。它无非是这样一种感觉,即遭到破坏的正义的条件性终于受到了合法的、恰如其分的恢复。

---

❶ John Stuart Mill, *Utilitarianism*, in John Stuart Mill and Jeremy Bentham, *Utilitarianism and Other Essays*, ed. Alan Ryan (Harmondsworth: Penguin, 1987), p. 321.

第10章

个人的宽恕,社会的愤恨

如果愤恨得不到宣泄,人们便很难无条件地遵守正义的要求,因此,社会必须通过法律制裁帮助受害者乃至整个社会宣泄愤恨与义愤。也就是说,既然社会剥夺了个人报复的权力,它就必须把报复建制化,以合法惩罚的方式对正义的相互性表示建制性的尊重。然而,惩罚并不是解除愤恨的万应灵药。恰如朱迪丝·史克拉(Judith Shklar)所说,惩罚很难"将往事一笔勾销"。❶用法律形式来惩罚违法者并不能完全解除受害者的痛楚,更不可能清除人们在法律管辖之外因利益冲突而产生的日积月累的愤恨。不论是在法律管辖之内,还是在法律管辖之外,社会都面临一个难题:如何彻底消除愤恨,使人们能够无条件地遵守正义的要求而不必付出过高的心理代价。这之所以成为一个难题,是因为惩罚是社会在正义的逻辑范围之内可以诉诸的惟一办法。正如愤恨是人们对非正义行为的正常反应,惩罚是社会恢复正义之条件性的合法手段。从这一逻辑可以推论,当惩罚不足以、或不适用于解除愤恨时,我们就只能诉

---

❶ Judith Shklar, *The Faces of Injustice* (New Haven: Yale University Press, 1990), p. 94, 另见 p. 101。

之于正义的逻辑范围之外的办法,其中最重要的便是宽恕。

为了便于说明宽恕如何外在于正义的逻辑,同时又与正义形成某种互补关系,有必要区分两种不同类型的宽恕。其中一种表达了宽恕者和被宽恕者在道德上和权力上的优劣之差,在逻辑上与愤恨如出一辙,实为正义之条件性的变相表现。另一种宽恕则是无条件的,超越了善恶的界限,体现了与正义相反的逻辑。严格说,只有第二种宽恕才能弥补惩罚的不足,成为人们解除愤恨的另一种方式。不过,在诂价宽恕的功能时,我们需要区分宽恕对个人的心理效应和宽恕对正义建制的社会作用。从个人的角度看,宽恕能消解愤恨的消极情感,有助于人的心理健康,但从社会的角度看,如果超过了一定限度,宽恕就会导致愤恨在正义建制之外的自我宣泄,从而瓦解社会维护正义之条件性的心理和道德基础。

1. 宽恕的逻辑

汉娜·阿伦特(Hannah Arendt)曾说,允诺和宽恕是人维系社会交往的两种基本能力。尽管阿伦特没有在这一语境中直接讨论正义问题,但想必她会认为,允诺是使正义成为可能的要素之一。在阿伦特看来,宽恕独立于、外在于允诺,在人类活动中起着完全不同的作用。如果由此推论,允诺是正义的逻辑的一部分,而宽恕则与正义无关,这无疑是正确的。但是,如果认为,使宽恕在人类活动中成为必要的原因与使允诺在人类活动中成为必要的原因(包括使允诺在正义中成为必要的原因)毫无干系,那就不尽然了。

按照阿伦特的观点,宽恕之所以必要,是因为"侵犯他人的行为时有发生……这就需要宽恕和忘却,以原谅人们无意中犯下的错误，使生活得以继续。人们只有不断放弃对彼此过去行为的追究，才能持续作为自由的行为主体"。❶作为对阿伦特的补充，需要强调，宽恕的对象不仅包括"人们无意中所犯的错误"，也可以包括人们明知故犯的过错，譬如说违背允诺的行为。人的自我中心倾向不仅使允诺成为一个必不可少的社会规范，还使破坏允诺的行为成为一个难以避免的社会现象。

在正义的逻辑范围之内，防止违背允诺的最好办法是惩罚。允诺的一个固有特征是相互性：只有对能够做出允诺的人，我们才做出允诺。鉴于这种情况，当允诺的相互性受到破坏时，受害者自然会产生报复或惩罚的冲动。在这一点上，惩罚的作用与宽恕不无相似之处。用阿伦特的话说："两者都企图终止某种若不加干涉便会永无休止的过程。"❷不过，阿伦特似乎忽视了两者之间的一个根本区别。和允诺一样，惩罚遵循的是正义的逻辑，而宽恕则超越了正义的逻辑，是一个与允诺相反的行为。只有这一区别才能解释，人们为什么有时选择惩罚，有时又必须放弃惩罚而选择宽恕。

宽恕的必要性证明，正义的逻辑具有不可避免的局限性。我在前面说过，在许多情况下，我们都无法诉诸惩罚，况且，即使我们能够诉诸惩罚，这一手段也不一定能完全恢复正义的相互性，从根本上消除受害者的愤恨情感。在这些情况下，惟有宽恕或许能别有功效。当允诺被破坏，惩罚又无济于事时，只有宽恕才能提供一个安全阀，一种记忆清洗剂，一种排遣愤恨的不同方法。❸

---

❶ Hannah Arendt, *The Human Condition* (Chicago: University of Chicago Press, 1958), p. 240.

❷ Arendt, *The Human Condition*, p. 241.

❸ 有关"慷慨"在这方面的作用，见 Lawrence C. Becker, *Reciprocity* (New York: Routledge & Kegan Paul, 1986), p. 155。

与报复、惩罚、愤恨不同,宽恕不是反应性的行为。阿伦特指出,宽恕是"惟一以意外方式发生的反应(reaction),它虽然是反应,但却在一定程度上保留了主动行为(action)的特征。换言之,宽恕不仅仅是对另一行为的反馈,也是意料之外的一种新行为。因为不被触发它的行为所左右或限定,所以它能把宽恕者和被宽恕者都从前一个行为的后果中解脱出来"。❶更明确地说,宽恕者拒绝让一个已经发生的行为产生任何后果、任何反应、任何恶性循环的可能性,从而把一个本不该发生的行为从人际关系的因果链上摘除,为新的行为和人际关系的良性循环提供了可能性。

作为对非正义行为的反应,惩罚依据的是正义的逻辑,即正义的条件性或相互性。宽恕则相反,它超越了正义的逻辑,从而有助于防止愤恨的产生。如果我宽恕一个违反相互性的行为,我的行为就有悖于正义的逻辑,违反了等利害交换的原则。作为受害者,我给予自己的东西少于按照正义的逻辑我所应得的,同时,我给予相互性破坏者的东西则多于按照正义的逻辑他所应得的。这意味着,我的行为不受前一个行为的制约(因此,我不寻求报复,哪怕是合法的、社会化的报复),我的心理也不受前一个行为的影响(所以,我不感到愤恨)。对我来说,前一个行为似乎根本未曾发生。既然它根本未曾发生,我自然就无须反应,既无行为的反应(报复),亦无情感的反应(愤恨)。尽管法律可以替我伸张正义,我并不要求伸张正义;尽管我有理由感到愤恨,我并不感到愤恨。在此意义上,宽恕是一种无条件的、无反应的行为。它完全超越了正义的逻辑,不再是正义的行为。

既然宽恕超越了正义的逻辑,它就不属于国家的职权范围。国

---

❶ Arendt, *The Human Condition*, p. 241.

家的责任不是超越正义，而是保障正义。在强迫人们无条件地遵守正义规范的时候，国家已经承担起维护正义之条件性的责任。因此，一般来说，国家没有宽恕的权力，否则，正义的相互性就失去了保障。❶如果国家在未经公民普遍同意的情况下擅自宽恕违法者，国家与个人之间最根本的契约关系就遭到了破坏。这一关系的实质是，个人无条件地遵守正义的规范，同时，国家确保正义的条件性和相互性，包括用法律手段来惩罚严重破坏相互性的社会成员。个人不得私自报复并不意味着，个人单方面放弃了报复的权力，恰恰相反，在放弃私自报复的权力之时，个人与国家达成了某种交换关系，由国家代替个人惩罚违法者。鉴于此，国家擅自宽恕违法者不能不意味着，国家与个人之间的交换关系变成了个人单方面的自我牺牲。

既然宽恕的代价是**自我牺牲**，那么，只有个人才有权决定是否宽恕，而且，这一权力只存在于法律管辖范围之外。在法律管辖范围之内，违法者侵犯的不仅仅是个人，也是社会。社会是正义之相互性的惟一合法维护者，也是所有社会成员的惟一直接契约者。这就解释了，为什么在一般民事纠纷之外，只有国家才是原告。实际上，在惩罚违法者时，社会不仅是在替受害者伸张正义，恢复正义的相互性，更是在向违法者讨还社会迄今为止向他提供的保护及其代价。可见，受害者没有权力宽恕违法者，恰如国家没有权力放弃对违法者的惩罚一样。

这并不是说，个人不能对违法者表示宽恕。社会代表个人惩罚违法者并不意味着，个人必须在**内心**寻求并认同这种惩罚。恰恰相

---

❶ 实际上，正是因为国家有权惩罚，它才无权宽恕。见 Immanuel Kant, *The Metaphysics of Morals*, trans. Mary Gregor (Cambridge: Cambridge University Press, 1991), p. 145 (337)。

反，个人的内心反应完全可以独立于国家对违法者的处置。不论有无惩罚，不论惩罚轻重，个人都可以不怀愤恨，不欲报复。

2. 无条件的宽恕

宽恕涉及个人牺牲，所以容易给人一种印象，好像它是一种至高无上的道德行为。相形之下，法律管辖范围之外（即法律允许范围之内）的报复则显得不那么道德。事实并非如此。如果某人破坏了人际关系的相互性，但又没有触犯法律，不能用法律手段惩治，那么，受害者完全有权对违法者作出适度的、不违反法律的报复性反应。就道德性质而言，这种报复既不高于、亦不低于由社会实施的法律惩罚。两者的合理性或正当性皆源于正义的相互性。惟一的区别是，在法律惩罚中，维护正义相互性的是社会，在个人报复中，维护正义相互性的是个人。与惩罚不同，宽恕放弃了相互性，从而超越了正义的范围。如果受害者不要求相互性破坏者悔过，宽恕甚至超越了道德，成为一种不能用道德观念来度量的行为。某些道德体系或宗教体系把宽恕视为德行或义务，但实际上，我们根本无法从道德角度来理解宽恕的原因，因为它超越了善恶。

在尼采看来，宽恕的原因主要是"生理的"。宽恕使人超越善恶意识，而善恶意识是愤恨的必要条件。根据这一原理，在使人超越善恶意识时，宽恕也使人从愤恨中解脱出来。人生来就厌恶对自己不利的局面，而在道德意识的作用下，更是很容易把对不利局面的厌恶感转移到该局面的动因上，甚至进而视其为"邪恶"。我们称为愤恨的情感实际上是人对自己的不幸境遇所做出的道德性反应。这种反应虽然难以避免，但在道德意识的强化作用下，它有可能膨胀到与其原因不成比例的程度,以至于让人无法通过社会所认可的形式(包括法律惩罚)来释放自己的情绪。在这种情况下,愤恨就会深入人的内心世界,发展成一种消耗精力和情感的负面力量。恰如尼采所说:"没有任何东西能比愤恨的情感更快地耗尽一个人的精力。"[1]

对于愤恨的这种负面后果,宽恕具有尼采所说的"保健"作用。宽恕使人超越道德,从愤恨中解脱出来,不再用无法释放的情感来消耗自己。于是,道德的敏锐让位于生命的智慧。出于这个角度,尼采一改他在《论道德的谱系》中对佛教的否定态度,[2]转而认为佛陀是"深刻的生理学家",佛教是"战胜愤恨"的哲学。佛教的秘诀在于,它遵循这样一个信条:"敌意无法消除敌意,友善可以化解敌意。"尼采认为,这是"佛陀的教义的出发点",其中包含的不是道德洞见,而是生命智慧。所以,尼采称:"此乃生理之理,而非道德之理。"[3]

类似的观点也见于克尔凯郭尔对爱心和宽恕的解释。克尔凯郭尔写道:"嘲笑与侮辱实际上并不伤人,假如被辱者没有通过**发觉**它们,或通过产生愤恨而进行自我伤害。"[4]这里,克尔凯郭尔称颂的并不是温顺或驯服,而是一种罕见的智慧。最能体现这种智慧的莫过于"遭受恶意的孩子"身上的天真。因为不懂邪恶,所

---

[1] Friedrich Nietzsche, *Ecce Home*, trans. Walter Kaufmann and R. J. Hollingdale (New York: Random House, 1967), p. 230. 另见 Max Scheler, *Ressentiment*, trans. Lewis B. Coser and William W. Holdheim (Milwaukee, Wisconsin: Marquette University Press, 1994, new edn.), ch. 1。

[2] 见 Friedrich Nietzsche, *On the Genealogy of Morals*, trans. Walter Kaufmann and R. J. Hollingdale (New York: Random House, 1967), III, 17。

[3] Nietzsche, *Ecce Homo*, pp. 230–231.

[4] Søren Kierkegaard, *Works of Love*, trans. David F. Swenson and Lillian Marvin Swenson (Princeton: Princeton University Press, 1946), p. 233.

以孩子无法察觉邪恶的存在。同理，因为无法觉察邪恶的存在，所以孩子不会受其伤害。在此意义上，智慧意味着缺乏道德意识。当克尔凯郭尔说，"智慧本质上是对善的理解"时，❶他指的不是道德意义上的善，因为，要了解道德意义上的善，就必须了解道德意义上的恶。

对克尔凯郭尔来说，道德意识（或善恶意识）属于"精明"的范畴，与智慧正相对立。克尔凯郭尔认为，精明乃是"对恶的理解"。❷正是因为过于精明，人才会"自负地把自己与周围事物、与他人作比较"，❸并通过这一比较发现他人身上的"诸多罪恶"和自己身上的诸多德行。当他人的"诸多罪恶"伤及自己时，自负就转变为愤恨。

既然只有通过道德意识的作用，人才能产生愤恨，那么，一旦超越了道德意识，人就能从愤恨中解脱出来。对尼采和克尔凯郭尔来说，这一解脱象征着强者的健康，而不是弱者的自欺。强者无须"精明"的补偿，本身就有能力消化和忘却他人对自己的伤害，使新的行为（即不受先前行为制约的行为）成为可能。尼采把这种强者精神称之为"生理的"智慧；克尔凯郭尔则称之为"爱心"，故"爱心遮掩了诸多罪恶"。从表面上看，这一说法似乎混淆了宽恕（forgiveness）和放任（condonation）。不过，一旦超越了善恶，我们就无从构想这一区别。❹如果我们区分宽恕和放任，那么，宽恕的特点就在于它以有过者承认过失为前提，然而，由于"过失"本身是

---

❶ Kierkegaard, *Works of Love*, p. 231.
❷ Kierkegaard, *Works of Love*, p. 231.
❸ Kierkegaard, *Works of Love*, p. 230.
❹ 关于宽恕与放任之间的区别，见 Gabriele Taylor, *Pride, Shame, and Guilt* (Oxford: Clarendon Press, 1985), pp. 105–106。

一个善恶概念，宽恕就不再具有超越善恶的意义和功能。反过来，如果我们超越了善恶范畴，我们就不再能区分宽恕和放任。在善恶范畴之外，我们甚至无从意识到，自己的行为是否具有宽恕的意义。既然"爱心遮掩了诸多罪恶"，我们就无法发现恶，更无法对恶的行为表示宽恕。只有这种无意识的宽恕才能超越善恶，也才能超越以善恶为基础的愤恨。

3. 有条件的宽恕

显然，上述宽恕指的不是通常意义上的宽恕。在日常生活中，我们所说的宽恕（或原谅）往往是善恶范畴之内的有条件、有意识的行为。在宽恕他人时，我们通常都要求一个具有道德意味的条件：有过者必须以某种方式承认过错并表示歉意。只有在这一条件得到满足时，我们才能对有过者表示宽恕。这一过程犹如一场交易，只不过人们使用的不是商业货币，而是道德货币。双方就有过者的过错之性质和程度达成协议，然后，在有过者或明确、或含蓄地承诺不再重犯其过错的前提下，受害者以高姿态单方面决定终止对他的指责。❶

不难看出，通过道德概念的媒介，双方实际上进行的是权利交换。当有过者向受害者承认其过失时，他实际上是在向对方表示屈从，授予对方处置自己的权利。认错是屈从的表现，只有通过认错，有过者才能使受害者拥有对他表示宽恕（或不宽恕）的权利，而只有在拥有这一权利之后，受害者的宽恕行为才具有宽恕的意

---

❶ 见 P. S. Greenspan, *Pracitcal Guilt*（New York：Oxford University Press，1995），p. 153。

义。可见，如果我坚持，只有在有过者承认其过失之后，我才能对他表示宽恕，那么，我就是在奉劝有过者承认，作为受害者，我确实在道德上比他优越，从而拥有宽恕（或不宽恕）他的权力。实际上，宽恕权象征的正是以善恶或对错为基础的道德优越感。有过者之所以请求宽恕，是因为他承认，他确实有染邪恶或错误。而我之所以有权对他表示宽恕（或不宽恕），是因为我没有以恶报恶，从而在道德上处于优势。这说明，宽恕权象征的不是我的受害者身份，而是我作为受害者所占据的道德地位。这一地位使我有权宽恕，也有权不宽恕。

然而，善恶观念不仅使有条件的宽恕成为可能，也决定了这一宽恕的性质。和愤恨一样，有条件的宽恕是一种交换行为，所表达的是正义的条件性。这就解释了，宽恕为什么只能发生在认错之后，而不能发生在认错之前。作为受害者，我能够在有过者承认过失之后对他表示宽恕，是因为我已经通过道德的形式恢复了我以利益的形式丧失的权力。但是，既然我用来克服愤恨的不是超越善恶的大度，而是以善恶为基础的道德优越感，我就并未摆脱愤恨的控制。如果说，愤恨此时已不再导致我的报复欲望，那只是因为，有过者已经通过认错降低了自己的道德地位，从而使我转而成为强者，不再有报复的心理需求。

正是为了获得这一道德优势，受害者才坚持区分宽恕和放任，赞同宽恕而反对放任。一旦做了这一区分，宽恕就成了有（道德）意识的行为。然而，既然受害者意识到自己是在宽恕，他就不是在宽恕，而是在进行交易。他之所以产生为人大度的幻觉，是因为这一交易使用的不是商业货币，而是权力"货币"。这种有条件的、充分自我意识化了的"大度"说明，宽恕和愤恨、惩罚一样，都是等利害交换的行为，虽然其形式和功能有所不同。

作为受害者，构成我的权力感的必要条件是道德概念和道德范畴。有过者的认错态度只为我的权力感提供了有利条件，并没有为它提供必要条件。只要我认为，自己代表的是善，有过者代表的是恶，我就拥有了宽恕（或不宽恕）他的权力。使这一权力成为可能的是我的善恶观念，而不是有过者的认错态度；后者只不过确认了我的善恶观念而已。因此，即使有过者拒绝认错，我仍然拥有宽恕（或不宽恕）他的权力。只有当他的拒绝动摇了我的道德信念时，我才有可能失去这一权力。这说明，我对他人的宽恕是有意识的，但在某种意义上又是无条件的：我对他人的宽恕是以善恶观念为基础的，所以它是有意识的；同时，既然这一宽恕权不取决于有过者是否认错，它又是无条件的。

换言之，虽然有过者的悔过有助于确立我的权力感，从而有助于我的宽恕行为，但是，只要我认为，自己在道德上优于有过者，我的权力感就不依赖于有过者的悔过。在显示其宽宏大量时，自诩大度的人们常常夸口不和有过者"一般见识"，道理即在于此。我也可以通过抬高自己的道德地位来达到同一目的。最好的例子，也是最极端的例子，就是把自己置于一个凡人不可企及的道德位置上，仿佛自己具有上帝般的仁慈。因此，不论有过者是否认错，并通过认错赋予我宽恕他的权力，我都可以借助上帝的名义获得这一权力。难怪亚力山大·蒲柏说，宽恕是神圣的。

"权力"概念既能解释无意识的宽恕，也能解释有意识的宽恕。无意识的宽恕无疑是无条件的，而有意识的宽恕则既可以是有条件的，也可以是无条件的。无意识、无条件的宽恕意味着，宽恕者本人不用宽恕的概念来理解自己的行为。能以这种方式宽恕的人是真正的强者，无须通过与弱者的对比来显示自己的力量。反过来，在有意识（不论是否有条件）的宽恕中，一个人寻求的正是这种通过对比所显示的力量：不是独立自足的力量，而是控制他人的力量。

就动机而言，有意识的、有条件的宽恕与同情心正好相反。在同情别人时，我是处于一个比别人优越的位置上，力图弥补别人的不足，改变他们的无力或无助状态。与此相反，在有意识、有条件地宽恕别人时，我是暂时处于一个不如别人的位置上，力图借助宽恕的权力来弥补我的劣势。为了达到这一目的，我需要有过者向我表示悔过，而不需要他对我表示同情。有过者的悔过态度能使我获得道德上的优势，从而能够居高临下地对他表示宽恕，而他的同情则只能承认我受到伤害的事实，并不能使我产生道德上的优越感和与此相应的权力感，反而只能凸显他的力量和我的无力。由于这一缘故，在我受到伤害之后，我最不愿意接受的就是有过者对我表示的同情。

这并不是说，有过者不可能出于同情对我表示悔过。实际上，同情正是有过者应该采取的态度。直到他承认过错，有过者相对于我来说就是强者，就理应对我表示同情。同情会使他意识到，他不应该伤害我。然而，一旦有了这种意识，并承认了自己的过错，他就会失去强者的地位。因此，这一转变构成了我宽恕他的先决条件。我对他的宽恕表明，我已经讨回了我失去的力量。

只有此时，我才有可能反过来同情有过者：他为自己的行为产生了负罪感，失去了自尊和内心安宁。在此之前，我只能同情我自己。同情是强者对弱者的情感，其对象是受害者，而不是有过者。正如密尔所说，对受害者的同情，加上自卫的冲动，构成了人们惩罚有过者的愿望。[1]如果受害者恰好是我本人，我就会出于自我同

---

[1] 见 John Stuart Mill, *Utilitarianism*, in John Stuart Mill and Jeremy Bentham, *Utilitarianism and Other Essays*, ed. Alan Ryan (Harmondsworth: Penguin, 1987), p. 324。

情而产生惩罚有过者的冲动。造成这一冲动的是我作为受害者的劣势，即我在精神和物质上的损失。在不诉诸直接的惩罚手段时，惟一能够改变这一劣势的就是有过者的认错态度。这一认错态度表明，有过者已经放弃了他不该拥有的优势，不再用伤害他人的方式来显示他自己的力量（哪怕在深层是一种没有力量的力量）。只有此时，我才有可能对有过者感到同情。可见，从受害者的角度看，同情和宽恕源于同一心态，都说明受害者已经挽回了劣势。

4. 宽恕与正义的条件

有条件的宽恕用道德层次上的交换代替了物质利益的交换，因此对人有一定的道德要求。无条件的宽恕则完全超越了正义的范围，对人的要求无疑也更高。不过，这一超越的背景仍是正义的条件（the circumstances of justice），而这些条件不仅使正义成为必要，也使非正义屡见不鲜。既然如此，不论以何种形式出现，宽恕都不能消灭非正义，而只能以非正义的存在为前提。

如此看来，克尔凯郭尔犯了一个本末倒置的错误，把限制非正义行为的禁令误认为是非正义行为的起因。他写道："正是因为戒律、禁令想要抑制罪恶，所以它反而起到了诱惑的作用。如果说罪恶需要起因，它就会把禁令作为起因。……然而有一种环境绝对不会成为罪恶的起因，那就是爱。当一个人的罪恶被爱所围绕时，它便如鱼离水。"❶鉴于此，克尔凯郭尔感叹道："哦，多少罪行被制止，多少恶意被击溃，多少不理智的决定一生即灭，多少罪恶的念

---

❶ Kierkegaard, *Works of Love*, p. 241.

头在付诸实现之前被扼止,多少轻率之辞被及时压抑,只因爱不为它们提供机会!"在此意义上,"爱人者因为不给机会而遮掩了诸多罪恶。"❶

根据这一逻辑,克尔凯郭尔推论说,一旦消除禁令、诉诸宽恕,我们就可以从根本上消除非正义。这一推论显然不能成立。禁令虽为正义建制的一部分,起着界定何谓非正义行为的作用,但就因果关系而言,它显然后于非正义,是对非正义的反应。禁令没有造成非正义,恰恰相反,使禁令成为必要的是非正义行为本身。"禁令"之总和构成了正义,其目的在于解决在正义的条件中无法避免的社会冲突。只要正义的条件仍然存在,人与人之间的暴力行为和互相伤害行为就不可避免。虽然这些行为只有通过正义的概念才能被界定为"非正义"行为,但这些行为的存在无疑先于且独立于正义的概念。即使我们撤消所有的正义"禁令",这些行为也不会消失,尽管我们将无法称它们为"非正义"行为。

因此,只要正义的条件尚存,宽恕就不可能成为普遍的社会现象,而只能是分外或例外行为。实际上,人们有条件地遵守平等合作与互不伤害的原则已非易事,更何况宽恕。不过,与此同理,恰恰因为人们在正义的条件下难以普遍遵守平等合作与互不伤害的原则,宽恕才成为必要,也才有其对象。如果我们假设,正义的条件已经不复存在,我们就必须同时假设,非正义行为已经不复存在,宽恕亦不再必要。可见,宽恕的必要性和宽恕的非普遍性皆派生于正义的条件。甚至可以说,人对宽恕的需要与人的宽恕能力恰成反比。

就此,我们有必要重温阿伦特关于宽恕和允诺的论述。我在

---

❶ Kierkegaard, *Works of Love*, p. 242.

前面说过，阿伦特把宽恕与允诺等量齐观，认为两者都是人类能动行为（action）必不可少的基本特征。在她看来，宽恕和允诺不仅在逻辑上，而且在经验上也同样重要："道德高于风俗、习惯以及行为准则的总和，后三者由于传统而得到巩固，基于协议而变得合理，但传统与协议本身又都随时间而改变。倘若如此，至少在政治意义上说，道德赖以支持自身的就只有善意，即通过宽恕和被宽恕、许诺和守信的能力来克服主动行为的巨大风险的善意。惟有这些道德戒律不从能动行为之外寻找依据。恰恰相反，这些道德戒律直接产生于人以行为和语言的形式与他人共处的意愿，因此，它们就像是某种控制装置，构成了人启动新的、持续不断的过程的能力。"[1]

的确，人作出允诺并信守允诺的能力是人类能动行为得以存在和延续的条件。[2]但这一结论并不一定适用于宽恕。当阿伦特说，宽恕"构成了人启动新的、持续不断的过程的能力"时，她似乎是在假设，宽恕是人们普遍具有的能力。但经验证明，人们并不普遍具有这种能力。恰恰相反，愤恨愈深，愈需要通过宽恕的"生理智慧"来加以消解，人就愈缺乏宽恕的能力。与报复不同，宽恕不是一般人的本能。人们习惯于用道德范畴想事，从人际关系的相互性出发做事，因而时常陷入由非正义行为启动的连锁反应之中。即使我们能偶尔摆脱这一连锁反应，也不是因为我们具有宽恕的能力，而是因为我们比较幸运，没有遇到真正需要宽恕的事情。

一旦真正遇到足以引起连锁反应的非正义行为时，我们用以中止连锁反应的方式往往不是宽恕，而是惩罚。阿伦特把惩罚视为

---

[1] Arendt, *The Human Condition*, pp. 245–246.
[2] 见 Nietzsche, *On the Genealogy of Morals*, II, 1, 2.

"宽恕之外的另一种选择",正是由于这个缘故。不过,值得强调的是,惩罚和宽恕的原理及作用并不尽相同。惩罚依据的是正义的逻辑,属于常规选择,而宽恕超越了正义的逻辑,不可能成为惩罚的常规替代方式。可见,严格而言,宽恕并不像阿伦特所说的那样,是我们用以维持人类能动行为的必不可少的能力。

在此意义上,宽恕与其说是**惩罚**之外的另一选择,不如说是**正义**逻辑之外的另一选择。惩罚旨在维护正义的条件性,而宽恕则从根本上超越了这一条件性。鉴于这一区别,在一个尚未消除正义的条件、尚以正义为宗旨的社会里,宽恕只能是偶然现象,而不可能是普遍现象。甚至可以说,在这样的社会里,无条件的宽恕是一种令人费解的行为,因为它是个人在正义逻辑之外对正义范围之内的现象(即非正义)所做的反应。

5. 愤恨的正义性

不言而喻,维护正义的最有效手段莫过于按照正义自身的逻辑来惩治非正义。根据正义所固有的相互性特征,社会惩治非正义的方式必须反映并保障这一相互性。这意味着,社会不应该宽恕非正义的行为,而应该根据非正义行为的轻重予以惩罚。惩罚不是虽为正义所需但却令人遗憾的暴力行为,甚至也不是既为正义所需且具有正当性的暴力行为。确切而言,惩罚乃是正义本身的有机组成部分:它并非有利于正义但外在于正义的措施,而是正义所固有的相互性的产物。任何对惩罚持批评态度的人都应该首先批评正义概念本身。当然,我们或许有理由认为,正义秉性过于狭隘、过于吝啬,但只要我们尚未放弃正义的理念,我们就没有理由反对服务于并且内在于这一理念的惩罚建制。

当惩罚的主体是社会而不是个人时，这一行为往往不会冒犯我们的道德情感。不过，按照正义本身的逻辑，对个人的、以愤恨为表现形式的惩罚欲望，我们理应也采取同样的态度。正如莱恩霍德·尼布尔（Reinhold Niebuhr）所言，完全缺乏愤恨情绪"意味着缺乏**社会**智性和**道德**活力"。❶ 更确切地说，没有愤恨情感的人也缺乏正义感。实际上，正义的条件性不仅为社会的惩罚建制提供了道德基础，也为个人的愤恨情感提供了合理性。尽管愤恨是一种负面的情感，但它在道德上并不低下，而是人对非正义行为的正常反应。甚至可以说，在正义的逻辑范围之内，愤恨是个人对非正义行为的惟一合理反应。

作为这样一种反应，愤恨并不仅仅是实现正义的手段。尼布尔说："社会必须争取正义，**哪怕**为此而不得不使用自我伸张、抵抗、强迫，甚至愤恨等等无法得到最敏感的道德心灵的赞同的手段。"❷ 他的意思似乎是，尽管有助于促进正义，这些手段毕竟外在于正义，与正义本身的精神或性质有所不同，因此，只有在不得已的情况下，一个正义的人才会采用这些手段。确实，这类手段的直接作用是造成力量的大致平等，而力量的大致平等又有利于促进符合正义的合作关系。但这并不证明，这些手段与正义的精神格格不入。如果这些手段"无法得到最敏感的道德心灵的赞同"，原因并不是它们低于正义的精神，而是"最敏感的道德心灵"不满足于正义的精神。

尼布尔之所以会在道德上对愤恨持保留态度，是因为他认为，

---

❶ Reinhold Niebuhr, *Moral Man and Immoral Society*（New York: Charles Scribner's Sons, 1960），p.249，着重标志为引者加。

❷ Niebuhr, *Moral Man and Immoral Society*, p. 257，着重标志为引者加。

愤恨含有利己主义的因素。他写道："与一个对非正义待遇没有感情反应的黑人相比，一个因其种族所受的非正义待遇而感到愤恨的黑人能对其种族的最终解放作出更大的贡献。"但他紧接着又说："不过，愤恨中的利己主义因素清除得越彻底，它作为正义的手段就变得越纯粹。"❶不错，利己主义确是愤恨的因素之一，但正义之为正义，正是因为它含有利己主义的因素。然而，正如我们在讨论正义秉性时看到的，在愤恨情感中，利己主义的表现形式已经是人的相互性要求，而相互性不等于纯粹的利己主义。

当我对非正义行为感到愤恨时，造成这一愤恨的原因不仅仅是某个人损害了我的个人利益，而且还在于，当他损害我的利益时，他同时违反了正义的相互性原则。这里，愤恨的原因不是纯粹的利己主义，而是以相互性为特征的正义感，尽管相互性包含着个人为自己考虑的一面。鉴于此，"愤恨中的利己主义因素清除得越彻底，它作为正义的手段就变得越纯粹"的说法无法成立。一方面，虽然愤恨确实含有利己主义的因素，但这种利己主义是相互性的一部分，不能简单地等同于利己主义。另一方面，只要我遵守的是正义的原则，而不是高于正义的原则，我的动机就不可能超越相互性的要求，因而也就不可能超越其中的利己主义的因素。

只有从非个人的、社会的角度看待非正义，我的愤恨情感才能脱离利己主义的考虑，成为"更纯粹"的正义手段。不过，这并不意味着，我的义愤情感完全产生于一个第三人称的角度。即使我不是出于利己的考虑才对某人或某事感到不满，我仍然必须假设，我为之代言的人们有（合理的）利己要求。不论我为谁感到义愤，我产生义愤的能力都表明了我对正义的理解：正义具有相互性，因而

---

❶ Niebuhr, *Moral Man and Immoral Society*, pp. 249–250.

也具有利己主义的一面。

尼布尔并没有完全否认这一点。他主张,社会的最高道德理想应该是正义而不是无私(尽管**个人**可以要求自己无私)。根据这一主张,可以说,虽然从外在于正义的角度看,愤恨并不值得推崇,但从内在于正义的角度看,这一情感不仅合情合理,而且在道德上无可非议。如果愤恨在某些情况下不宜(或不必)提倡,这并不是因为这一情感不合理或不适宜,而是因为人们已经充满了这种情感。

在这种情况下,社会确实反倒有必要提倡高于正义的情感,譬如仁爱和宽恕。这种情感有助于矫正过于激烈的愤恨情绪,使人们对非正义行为有恰如其分的反应,不至于因为他人的非正义行为而丧失自己的正义愿望。当然,从理论上说,宽恕会导致愤恨在正义建制之外的自我宣泄,从而削弱惩罚建制的心理基础。但在现实生活中,这种情况很难发生,因为很难想象,在当今社会中,当非正义行为仍屡见不鲜时,人们的宽恕能力会发展到如此地步。假若人们如此缺乏报复欲,以至于社会的惩罚建制很难持续下去,那么,原因只能是,这个社会鲜有非正义的行为。在这样的(假想)社会里,我们无须正义的概念,亦无须宽恕的美德。

第11章

同情心的道德化

在前两章里,我们涉及正义在两个方面的问题及其克服办法:有神论能否产生无条件的道德愿望,从而克服正义动机的有条件性(第8章);宽恕能否在正义建制之外有效地排解愤恨(第9章)。我们看到,不论答案如何,这两个办法都没有改变正义秉性本身。这就引出了本章的议题:正义秉性能否改变,如何改变。对此,莱恩霍德·尼布尔(Reinhold Niebuhr)曾说:"任何只限于正义的正义都会迅速蜕变为低于正义的东西。只有高于正义的品德才能改变这种情况。"❶ 在"高于正义的品德"中,最有可能起到这种作用的莫过于同情心,而同情心本身又需要区分为前道德的同情(pfe-moral sympathy)和道德化的同情(moralized sympathy),以便我们弄清这两种同情对正义的不同作用。

---

❶ Reinhold Niebuhr, *Moral Man and Immoral Society* (New York: Charles Scribner's Sons, 1960), p. 258.

1. 何谓克服正义的条件性

作为动机,正义具有不可消除的条件性,但作为建制,正义又必须是无条件的。为了调和这两个相互矛盾的侧面,社会必须通过法律形式来维护正义的条件性。一旦社会采取这一措施,个人就不再有理由坚持正义的条件性,而必须无条件地遵守正义的要求。这一无条件性不仅不违背正义的相互性原则,反而体现了这一原则。最能说明这一点的就是愤恨这一道德情感:如果在我们无条件地遵守正义的要求时,别人违反了正义的相互性原则,我们就会感到愤恨,而这恰恰表明,我们的正义动机仍然是有条件的。

由于正义秉性具有上述特征,我们只有通过诉诸高于正义的品德才有可能在一定程度上克服正义的条件性。这里,"克服正义的条件性"包含三层意思:第一,条件性指的不仅仅是**行为**的条件性,也是**动机**的条件性;第二,动机指的不仅仅是有意识动机,也包括无意识动机;第三,这一克服不能以社会对相互性的保障为前提。只有这三个条件都满足时,正义的条件性才算得到了真正的克服。

根据上述标准,属于正义范畴的"义务"概念显然不足以克服正义的条件性。"义务"意味着"必须",是社会强加给个人的要求。即使一个人能够无条件地履行正义的义务,他所克服的也只是**行为**的条件性,而不是**动机**的条件性。正义的义务仅仅管辖人的行为,而且,这一义务的合理之处仅仅在于,既然社会已经满足了正义的条件性,个人就无权在行为上继续坚持这一条件性。因此,"义务"并没有消除正义的条件性,而只是把维护这一条件性的权力从个人手里转移到了社会手里。在这种情况下，个人别无选择，而只能无条件地履行正义的义务。这种无选择的状态之所以被理解为自愿履行"义务"的状态，是因为道德主体一方面缺乏无条件的正义动机，另一方面又对这一缺乏全无自觉。

倘若如此，要克服正义的条件性，就只能诉诸正义之外的动机，借助于尼布尔所说的"高于正义的品德"。这类品德既包括前道德状态的情感，也包括道德化了的能力，其称谓多种多样，比如：仁爱、慈善、善良、爱心、利他主义、同情心、恻隐之心，等等。这些情感或能力的共同之处是，它们都包含纯粹他向的关注，都超越了利害交换的动机。

然而，在诉诸"高于正义的品德"时，需要注意，这些品德不可能构成正义秉性的**惟一**基础。与此相反，叔本华认为，构成（自愿）正义动机的只有恻隐之心，因此正义与仁爱不同，不是因为它源于另外一个动机，而只是因为它包含的恻隐之心不如仁爱充足。我们在第 4 章已经论证了这一观点为什么不能成立，在此不妨做一简要回顾。在选择某一行为时，如果一个人是出于纯粹的恻隐之心，他就不会仅仅把正义作为目标，他的行为也不会仅仅是正义的行为。反过来，如果一个人的目标仅仅是正义，他的行为也仅仅是正义的行为，那么他的动机就不可能是纯粹的恻隐之心。正义的行为只能出于由恻隐之心和利己之心构成的双重动机。更抽象地说，正义由他向的关注和自向的关注构成，其中，他向的关注使人趋向正义，自向的关注使人止于正义。

只有这样才能解释，为什么一个正义的人一方面有公平待人的诚意，另一方面又达不到仁爱的高度。其实，叔本华比任何人都更确切地描述了这种混合性的品德："这些人具有仿佛**天生**的公正待人的原则，因此他们不会故意伤害任何人的感情，不会不顾一切地追逐自己的利益,而会在追求自我利益的时候考虑他人的权利。在彼此承诺义务的情况下,他们不仅确保让他人尽其本分,也确保让他人得其应得,因为他们真诚地希望无论谁与他们交往都不会成为输家。"❶

在这种人的处世态度中,我们既可以见到他向的关注,也可以见到自向的关注:他们不仅"考虑他人的权利",也"追求自己的利益";不仅确保别人"得其应得",也确保别人"尽其本分"。出于对己对人的同等关注,他们一方面自觉地遵守正义的原则、尊重他人应得的权益,另一方面又无意超越正义去满足他人的需要。

因此,即使恻隐之心可以改变正义秉性,这一改变也不能用恻隐之心本身的程度不同来解释。正义不同于仁爱,不是因为它所包含的恻隐之心在程度上低于仁爱,而是因为正义不仅包含恻隐之心,还包含一定程度的利己之心。正是由于这一混合,正义才有别于仁爱,成为一种独特的道德品性。

2. 正义与友情

不论是在逻辑关系上,还是在发展顺序上,正义都先于比它层次更高的道德品质。为了说明这一点,我想借助亚里士多德有关正义与友情的论述,尤其是麦金泰尔对此论述的诠释。我把正义与友情的关系用作例子,意在阐明正义与更高层次的德行类之间的关系。需要说明的是,我的目的不是质疑麦金泰尔在《追寻美德》中

---

❶ Arthur Schopenhauer, *On the Basis of Morality*, trans. E. F. J. Payne (Indianapolis, Indiana: Bobbs-Merrill, 1965), pp. 138–139.

所阐述的历史性、哲学性命题,以及他从这些命题出发对亚里士多德所做的总体性分析。我关注的是正义与友情在逻辑和概念上的关系,而不是这一关系在古希腊城邦背景下的具体形式。

亚里士多德说:"立法者似乎认为,友情比正义更重要。"❶对此,麦金泰尔解释道:"原因很清楚,正义是在一个已经建立起来的社会里赏功补过的德行;友情则是社会初建之时所必须的。"❷的确,从**道德**意义上讲,以友情为基础的关系可能优于以正义为基础的关系。相对于友情,正义只是一种弥补性的德行:人只有在缺乏友情的情况下才需要正义。亚里士多德所谓"朋友之间无须正义",❸讲的大致就是这个意思。在立法者那里,这一道德优先性显然变成了**立法**优先性。如果社会可以通过立法手段创造一个充满友情的生活环境,人们就不再需要正义,也不再需要诉诸别的手段来弥补正义建制的失败。

问题在于,我们应否进一步认为,友情还具有**逻辑**优先性,是产生正义的必要条件。对此,麦金泰尔的答复是肯定的。在他看来,友情是缔结社会的前提。只有在一个已经建立起来的社会里,人们才有正义可言。换言之,他认为,友情和正义在时间上的先后顺序乃是逻辑顺序,友情乃是使正义成为可能的先决条件。这一观点能否成立,在很大程度上取决于亚里士多德认为在立法上具有优先地位的友情是一种什么样的友情。

从功能上讲,亚里士多德讨论的友情是公民友情(civic

---

❶ Aristotle, *The Nicomachean Ethics*, trans. J. A. K. Thomson, rev. Hugh Tredennick (Harmondsworth: Penguin, rev. edn., 1976), bk. 8, 1155a23–24.

❷ Alasdair MacIntyre, *After Virtue* (Notre Dame, Indiana: University of Notre Dame Press, 2nd edn., 1984), p. 156.

❸ Aristotle, *The Nicomachean Ethics*, 1155a26–27.

friendship）而不是私人友情（personal friendship）。从性质上讲，它是公民友情而不是道德友情（moral friendship）。关于这一点，麦金泰尔自己说得很清楚："亚里士多德所指的友情体现了对善（good）的共同承认和共同追求。这种共同性是建构任何形式的社会的最根本和最首要的东西。"❶ 不过，为了确定友情与正义的逻辑关系，仅仅指出什么是公民友情是不够的，我们还需要探讨，使这种友情成为可能的先决条件是什么。换言之，我们需要知道，在亚里士多德所界定的三种**私人**友情之中，哪一种可以作为公民友情的原型，并使公民友情在逻辑上先于正义。显然，这种友情只能是以善为基础的私人友情。只有以这一原型为基础的公民友情才能以亚里士多德所想象的方式优先于正义，并具有麦金泰尔所描述的道德性质。但这就提出了两个问题，一个是逻辑的，另一个是经验的。

从**逻辑**角度看，一旦有了"以善为基础的友情"，正义就不再必要。对亚里士多德"朋友之间无须正义"的说法，可以做如下解释：在一个以"善"为基本纽带的社会里，虽然人们的行为符合甚至超过正义的标准，但既然他们彼此充满了以"善"为基础的友情情感，他们的关系就不需要用正义的动机来维系，也不需要通过法律的手段来落实。相反，友情对正义的作用不是使其成为可能，而是使其变得多余。所谓正义是弥补性的品德，指的正是这个意思。既然友情在道德上具有优先地位，或者，反过来说，既然正义相对于友情是弥补性的品德，我们就没有理由认为，友情是正义的先决条件，并在逻辑上具有优先地位。实际上，只要友情在道德上具有优先地位，它就不可能在逻辑上也具

---

❶ MacIntyre, *After Virtue*, p. 155.

有优先地位。

从经验角度看,以善为基础的友情也无法成为正义的先决条件。原因很简单:不论在私人之间还是在公民之间,以善为基础的友情都很罕见。亚里士多德解释说:"这种友情实属罕见,因为这种人实属罕见。"❶他还写道:"人不可能与很多朋友维持完美的友情关系,恰如人不可能同时爱许多人一样。"❷倘若如此,即使我们抛开别的因素,以善为基础的友情也不可能在**全社会**范围内充当正义的先决条件,哪怕社会的规模和古希腊城邦一样小。

除了以善为基础的私人友情,我们还可以考虑另外两种私人友情,即"以功利为基础的友情"和"以快乐为基础的友情"。如果以"善"为基础的私人友情不能作为公民友情的原形,那么,以"功利"和"快乐"为基础的私人友情是否可以?麦金泰尔对公民友情的理解是,在这种关系中,所有公民"通过个人特殊友情的直接形式,参与创造和维持城市生活的共同事业"。❸显然,这是一种具有道德性质的友情关系,但它并不排除以"功利"和"快乐"为基础的互利人际关系,即以互利为基础的公民友情。正如罗尔斯所说,人们可以在互利关系的基础上发展出某种共同归属感和认同感。❹

不过,这并不意味着,以互利为基础的公民友情是缔结社会的第一个环节。我们还必须回答一个更基本的问题:以互利为基础的公民友情是怎么产生的,是什么条件使这种友情既有必要又有

---

❶ Aristotle, *The Nicomachean Ethics*, 1156b25.
❷ Aristotle, *The Nicomachean Ethics*, 1158a11–13.
❸ MacIntyre, *After Virtue*, p. 156.
❹ 见 John Rawls, *A Theory of Justice* (Cambridge, Mass.: Harvard University Press, 1971), e. g., pp. 494–495。

可能。❶如果我们把"公民友情"作为最基本的概念，并用它来解释正义的可能性，我们就忽略了一个更基本的概念，即正义的条件（circumstances of justice）。一旦离开了这一概念，我们就无从解释公民友情的起源，也无从解释正义的起源。其实，在感叹以善为基础的友情之罕见时，亚里士多德已经点出了正义的条件，说明了使正义成为必要的原因。他所谓"朋友之间无须正义"一语无非是说，如果正义的条件不存在，正义本身就没有必要。

可见，在指出公民友情的立法优先性时，亚里士多德所谓的公民友情只能是以互利（包括功利和快乐）为基础的友情，而不可能是以善为基础的友情。既然亚里士多德认为，以善为基础的友情是罕见的，而且这一罕见是使正义成为必要的原因，他显然就不会认为，一个社会必不可少的公民友情可以建立在善的基础之上，更不会认为，以善为基础的公民友情是正义的先决条件。亚里士多德关于政治社会之起因的论述也可以证实这一点。❷实际上，社会能够通过立法手段大规模提倡的只能是以互利为基础的公民友情。对立法者来说，做到这一点已经足够了。正如亚里士多德本人说过的，立法的目标是社会的和谐，而达到这一目标并不一定需要以善为基础的友情。

和以善为基础的友情不同，以互利为基础的友情并没有取消正义的条件。"朋友之间无须正义"只适用于以善为基础的友情，而不适用于以互利为基础的友情。然而，只要正义的条件仍然存在，我们就无法把友情作为缔结社会的基础，而必须首先确立正义建

---

❶ 这一点显然不适用于休谟所说的一种较为狭义的友情，尽管这种友情有可能为正义的建立提供某种心理训练。见 Annette Baier, *A Progress of Sentiments*（Cambridge, Mass.：Harvard University Press, 1991）, p. 228。

❷ 见 Aristotle, *The Nicomachean Ethics*, 1160a9-14。

制，然后才谈得上各种互利关系，包括以互利为基础的友情。如果我们指的是**以互利为基础的友情**，那么，就必须说，正义是缔结社会的第一环节，具有逻辑上的优先地位。反过来，如果我们指的是**以善为基础的友情**（假设这种友情普遍存在的话），那么，就必须说，正义是多余的。可见，不论从哪一角度看，友情（不论是以互利为基础的友情还是以善为基础的友情）都不可能是正义的先决条件，而正义反倒是友情（即以互利为基础的友情）的先决条件。在这一点上，古希腊城邦与现代社会并无根本区别。我们不赞成麦金泰尔对正义与友情的关系的解释，原因即在于此。

从上述角度看，以互利为基础的友谊实为正义建制的结果。一旦社会有了得到普遍认可的正义建制，人们之间的互利关系就会逐渐稳定下来，越来越具有可靠性和可预知性。久而久之，人们就有可能发展出相互间的友谊和善意，不再把彼此视为简单的利益交换伙伴。在最理想的情况下，人们甚至会淡忘友谊中的功利性因素，在无利可图的情况下继续保持彼此之间的善意。不过，人们能够在这种情况下"遗忘"互利的意图，不是因为纯粹的友谊关系已经取代了互利关系，而是因为互利关系已经成为友谊关系的一部分，以至于人们可以在相互善意而不是相互竞争的气氛中完成等利害交换。

一旦互利的意图被遗忘，有条件的善意就有可能在人的意识中再现为无条件的善意，升华为一种纯粹的道德动机。这既是一个表象，又不仅仅是表象。因为，一旦被理解为纯粹的、具有独立价值的行为动机，善意就可以得到社会的倡导，就可以**被道德化**，而道德化一旦成功，善意就可以转变为人的**心理**真实。

道德化的实质在于，人们原有的情感或动机可以通过教化而得到强化或升华。同情心也不例外。鉴于此，在讨论同情心对正义动机的影响时，必须区分前道德的同情和道德化的同情。

3. 前道德的同情：认知功能与意动功能

关于同情心作为行为动机之不足，休谟的论述尤具影响。在休谟看来，同情心为人提供的主要不是道德**行为**的动机，而是道德**判断**的媒介。❶休谟之所以这样认为，在很大程度上是因为他没有区分前道德的同情和道德化的同情。在《人性论》中，休谟用了一个带有很强机械色彩的同情（sympathy）概念去解释同感（fellow-feeling）。在《道德原理探究》中，他放弃了同情和同感之间的区别，改用了一个统称为"人情感"（the sentiment of humanity）的概念。❷然而，不管它的名称是什么，同情心对休谟来说都是一种原初和自然的本能，先于并独立于所有的道德概念。这就在一定程度上解释了，为什么休谟认为同情心缺乏意动力，而只能作为道德判断的先决条件或有利条件。作为一种原初和自然的本能，亦即一种前道德的情感，同情心显然不够充分，因而不足以克服利己主义倾向，构成正义的动机。

尚未道德化的同情不仅缺乏意动力，而且其意动力与社会对同情心的需要恰成反比。愈是在需要同情心的时候，同情心就愈不存在。我在前面说过，在正义建制的保障之下，稳定而持久的互利局面有可能导致人们之间的相互善意或同情心，但是，如果这种善意

---

❶ 见 Philip Mercer, *Sympathy and Ethics*（Oxford: Clarendon Press, 1972）, pp. 45, 52–53。

❷ 见 Mercer, *Sympathy and Ethics*, p. 42。另见 Brian Barry, *Theories of Justice*（Berkeley: University of Califomia Press, 1989）, pp. 159, 166。

或同情心未经道德化，它就只能是互利局面的派生物，而不能成为发展这一局面的动力。

稳定而持久的互利局面能导致人们之间的相互善意，反过来，人们之间的相互善意又会有助于互利局面的稳定与持久。这种良性循环的情形与罗尔斯所谓的"良序社会"不无相似之处。在良序社会中，人们出于同情心（即对他人的合理利益的认同）而遵守正义规范，但正如罗尔斯所说，同情心只是正义建制的产物。正义建制赖以起始的动机不是同情心，而是互利愿望。同情心只是良性循环的最后一个环节，其作用仅在于强化以互利动机为基础的正义建制。换言之，同情心在良性循环中的作用很有限：它首先是正义的**产物**，然后才能变成人们实践正义的**动机**。

如果正义的良性循环尚未开始，正义的相互性缺乏保障，那么，同情心能否促使人们无条件地遵守正义规范，从而防止非正义现象的恶性循环，有助于正义建制的确立与巩固呢？显然，前道德的同情心起不到这种作用。人的一个基本心理特征是，我们不同情伤害别人的人，而只同情受到伤害的人。正如莫瑟所说："使我们同情他人的环境总是令人不快、含有痛苦的。"[1]如果一个人在互利关系缺乏保障、相互性屡遭破坏的情况下还能无条件地遵守正义规范，他这样做的原因显然不会是同情。[2]他或许是惧于法律的威慑力，或许是痴心于正义的义务。两者都基于以下信念，即社会将以法律手段惩罚违法者，从而维护正义的相互性。前道德的同情有很强的相互性，因此只能防止人们主动破坏等利害交换，而不能改变或降低正义行为对等利害交换的依赖。换言之，

---

[1] Mercer, *Sympathy and Ethics*, p. 5.
[2] 关于相反的观点，见 Lawrence C. Becker, *Reciprocity* (New York: Routledge & Kegan Paul, 1986), p. 159。

前道德的同情对正义固有的相互性动机没有升华作用，无法帮助人们超越正义的条件性。

休谟和亚当·斯密的"同情"概念之所以像麦金泰尔所说的那样，是一个哲学上的虚构，❶就是因为它仅指前道德的同情。前道德的同情并不是不存在，然而，如果我们认为，前道德的同情有可能是持久而稳定的正义局面的起始动机，而不仅仅是这一局面的产物，那么，我们使用的同情概念就不啻为哲学虚构了。既然休谟已经明确指出，正义的条件之一是同情心（即前道德的、具有意动力的同情心）的缺乏，他就不应同时认为，同情心可以弥补理性利己主义的不足，为正义行为提供动力。然而，在《道德原理探究》中，他恰恰陷入了这一自我矛盾。一方面，他认为，人们的利己主义倾向一般都超过他们对公益的同情，但另一方面，他又试图证明，同情心可以帮助人们克服利己主义，促使他们产生持久而稳定的正义愿望。❷

为了解决上述矛盾，必须区分前道德同情的认知功能和意动功能。一旦区分了这两种功能，就不难看出，虽然前道德同情缺乏意动力，不足以构成正义动机，但它却不乏认知功能，而认知功能在正义动机形成的过程中远非无用。实际上，这正是休谟在《人性论》中表述的颇富创意的观点。他说："**自我利益是建立正义的原初动机**"，同时又说："对**公共利益**的同情却是对正义美德的**道德认可**之根源。"❸由此可见，休谟不仅区分了正义的建立和正义的评价两个不同的阶段，而且还明确提出，对公共利益的同情只在后一阶

---

❶ MacIntyre, *After Virtue*, p. 49.
❷ 对此，本书第 5 章有更详尽的讨论。
❸ David Hume, *A Treatise of Human Nature*, ed. L.A. Selby-Bigge, 2nd edn., ed. P. H. Nidditch (Oxford: Clarendon Press, 1978), p. 670.

段发挥作用。由于这一作用仅限于认知层面,不具有足够的意动力,休谟还进一步指出:同情心"无法控制我们的欲望,但它足以影响我们的趣味,使我们产生赞同或责备的情感"。❶

也就是说,同情心提供的与其说是人的道德行为动力,不如说是人的道德判断媒介。道德判断时常仅限于认知而不涉及行为,所以不一定影响到我们的利益。这就使我们可以一方面从同情心出发,做出合理的道德判断,另一方面又不放弃与这一道德判断相悖的个人利益。换言之,为了做出合理的道德判断,我们无须克服利己之心,而只须在尚不涉及个人利益的情况下暂时忘却个人利益,并通过同情心的作用认同公共利益。在纯粹认知层面上. 同情心与利己之心并不矛盾。

从这一角度看,同情心并不像麦金泰尔所说的那样,是一个纯粹的哲学虚构。不过,站在这一角度,我们所看到的已经不再是利己主义和正义动机之间的距离,而是同情心的认知功能和意动功能之间的距离。因此,一个人能否产生足够的正义动机也不再取决于他能否克服利己之心,而是取决于同情心的认知力能否弥补同情心之意动力的不足。为了弥补这一距离,社会可以诉诸两种办法:

第一,虽然同情心的意动功能不足以使人们产生持久而自愿地遵守正义规范的愿望,但同情心的认知功能却能帮助人们得出关于正义规范的合理结论。同时,既然人们知道,很多人在不同程度上都缺乏持久而自愿地遵守正义规范的愿望,他们就没有理由反对通过强制性的措施来确保每一个人(包括他们自己在内)遵守这些规范。对此,布莱恩·拜瑞(Brian Barry)曾举过这样一个例子:如

---

❶ Hume, *A Treatise of Human Nature*, p. 670. 在休谟看来,同情心仅仅起到认知作用,而私利在认知中并不直接受到威胁,所以同情心与利己之心可以并存。

果"人们愿意投票设立一个公正的制度,以决定如何为某一公共项目捐款,但同时又不愿为这一项目主动捐款",那么,解决的办法很简单,因为我们可以"再投票设立一套制裁措施以确保人们服从"。❶从道理上讲,赞成第一项动议的人也会赞成第二项动议。倘若如此,我们似乎可以说,同情心的认知功能可以通过人们自愿的强制手段(即第二项动议)来弥补同情心之意动功能的不足。

第二,既然如休谟所说,同情心"足以影响我们的趣味,使我们产生赞同或责备的情感",那么,社会就可以从这些"趣味"和"情感"出发,培养人们的义务感,促使人们产生具有足够意动力的道德情感。一旦这样,起作用的就不再是前道德的同情,而成了道德化的同情,或曰**以同情心为基础的义务感**。

4. 道德化的同情:良心与自爱

叔本华认为,同情心或恻隐之心是"惟一真正的道德动力"。❷但他同时也承认,同情心只有在道德化之后才能发挥这种作用。在《论道德的基础》一书里,叔本华批驳了康德的义务概念,进而提出,道德的基础不是"义务",而是恻隐之心。然而,在用恻隐之心取代了义务概念之后,叔本华又重新提出了原则的重要性。他写道:"离开了严格信守的原则,我们就会受制于反道德的倾向。"❸

这说明,和休谟一样,叔本华也意识到,人缺乏足够的恻隐之心,因此,道德行为不能不依赖于原则的约束力。他说:"理性反

---

❶ Barry, *Theories of Justice*, p. 366.
❷ Schopenhauer, *On the Basis of Morality*, p. 141.
❸ Schopenhauer, *On the Basis of Morality*, p. 150.

思使高尚的意向一劳永逸地升华为坚定的信念,让人们尊重所有人的权利而从不侵犯这些权利,因而也不会因为给他人造成痛苦而自责。"❶与康德相似,叔本华在这里毫不回避"理性反思"的作用。但与康德不同,叔本华认为,理性反思只有对具有"高尚意向"的人才起作用。这些人已经具有高度的恻隐之心;理性反思的作用只是使恻隐之心升华为道德意义上的义务感,成为我们所说的道德化的同情心。

虽然叔本华并未直接使用义务的概念,但实际上这一概念的重要性对他来说并不亚于恻隐之心。对两者的功能和相互关系,叔本华做了如下说明:"虽然原则与抽象知识远非道德的源泉和根本基础,但它们在道德生活中必不可少:它们是储存心智习性之地,该习性发自于一切道德的源泉(即恻隐之心——引者),它并不时刻流动,但遇到需要时,它将沿着恰当的渠道(即原则规定的渠道——引者)流动。"❷这就是说,虽然恻隐之心是一切道德的源泉,但它并不充足,不可能随时为人提供道德动力。为了持之以恒地遵守道德规范,人必须发展以恻隐之心为基础的原则性和义务感,即叔本华所谓"坚定的信念"。由此可见,与休谟不同,叔本华更强调理性反思的作用和义务感的必要性。但同时,与康德不同,叔本华又认为,义务感与恻隐之心并不矛盾,甚至可以说,义务感是道德化了的恻隐之心。

根据道德化所使用的不同原则("不伤害他人"或是"尽可能帮助他人"),恻隐之心既可以转化为正义德行(正义的义务感),也可以转化为高于正义的仁爱德行(仁爱的义务感)。这样看待恻

---

❶ Schopenhauer, *On the Basis of Morality*, p. 150.
❷ Schopenhauer, *On the Basis of Morality*, p. 150.

隐之心和德行之间的关系，我们就可以解释，为什么叔本华认为恻隐之心有两个不同的程度，一个对应于正义，另一个对应于仁爱。实际上，正义和仁爱之所以不同，不是因为两者包含了不同程度的恻隐之心，而是因为恻隐之心在这两个不同范畴里有不同程度的道德化升华。换言之，正义和仁爱的区别来自于**恻隐之心的道德化**的不同程度，而不是来自于**前道德的恻隐之心**的不同程度。当然，前道德的恻隐之心可以有各种不同程度，但这些不同程度不能被概括为与正义和仁爱相对应的两个范畴。即使恻隐之心可以表现为两种不同的程度，那也只是因为道德化可以使用不同的原则，从而产生层次不同的德行。所以，叔本华所谓恻隐之心的不同程度实际上是恻隐之心的道德化的不同程度。

如此看来，叔本华确实有道理认为，恻隐之心是道德的惟一基础。不过，一旦经过道德化，恻隐之心就不再是一个纯粹他向的品德，源于叔本华所谓"完全没有利己主义的动机"。❶相反，当道德行为的动力从恻隐之心（前道德的同情心）转变为义务感（道德化的同情心）时，道德主体的关注对象也从他人的需要转变为自己的德行。一旦我经由道德化产生了遵守（以恻隐之心为基础的）道德原则的"坚定信念"，对道德原则的持守就成了我的自我和自尊的一部分。如果我违背了这些原则，我就无法尊重和接受自己。与此相应，我和他人的关系也变成了我和自己的关系。❷我之所以能够分辨是非并采取相应的行动，不再是因为我对他人怀有强烈的恻隐之

---

❶ Schopenhauer, *On the Basis of Morality*, p. 140.
❷ 见 Immanuel Kant, *Critique of Practical Reason*, in *Critique of Practical Reason and Other Writings in Moral Philosophy*, trans. and ed. Lewis White Beck（Chicago: University of Chicago Press, 1949）, p. 258; P. S. Greenspan, *Practical Guilt*（New York: Oxford University Press, 1995）, pp. 200-203。

心，而是因为我看重自己的良心。我注重的首先不是我的行为对他人的影响，而是我的行为对我自己的影响。一旦违背了道德原则，我就会产生良心的自责，从而失去内心的安宁。

对于这一根本性的变化，叔本华并未给予充分的注意。一方面，他把道德的标准规定为"完全没有利己主义的动机"，但另一方面，他又说："含道德价值的行为具有一种**内在的**、不甚明显的特征，那就是，此种行为可以使人感到某种**自我**满足，即良心的认可。同理，此种行为的反面，即非正义和不仁爱的行为，特别是恶意和残酷的行为，会使人受到内心的责备。"❶显然，叔本华没有察觉到良心与恻隐之心的区别。按照我们上面的分析，良心首先是自爱的表现，是一种带有道德性质的自爱，或者，反过来说，是一种带有自爱性质的道德。

为了准确把握上述变化，我们需要一方面区分**以恻隐之心为基础的良心**（即道德化了的同情心；或者说，以同情心为基础的义务感）和**纯粹的恻隐之心**（即前道德的同情心），另一方面区分以恻隐之心为基础的良心和**纯粹的良心**（即不以同情心为基础的义务感）。所谓"纯粹的良心"类似于加布里埃尔·泰勒（Gabriele Taylor）所说的负罪感（guilt）。按照泰勒的分析，构成负罪感的主要是人对社会禁忌的自我意识，也就是说，我知道我做的事情是被社会禁止的。她这样写道："我们习惯于视为被禁止的东西往往涉及我们对他人的行为，这是很自然的。孩提时期的禁令大都集中在这一领域，'道德训练'也是如此。尽管如此，禁令的范围并不限于此，负罪感也不仅是人在违反此类禁令时的反应。对负罪感来说最重要的仅仅在于，某种行为或不为对道德主体是义务性的，但这

---

❶ Schopenhauer, *On the Basis of Morality*, p. 140, 着重标志为引者加。

一要求对内容并无限定。"❶如果我们因伤害他人而感到内疚,造成内疚的原因不是别人受到了伤害,而是我们对这一伤害负有责任。用泰勒的话来说,我们"负有起因之责是负罪感的充分条件,同时也是必要条件"。❷在这种情况下,让我们最不舒服的不是"我做了一件对不起**他**的事",而是"**我**做了一件对不起他的事"。❸相应地,我们关心的首先是自己的良心,而不是受伤害者的痛苦或损失。如果我们采取补救措施,主要目的也是为了洗刷自己的良心,而不是为了减轻受伤害者的痛苦。虽然我们的补救措施有可能在客观上减轻受伤害者的痛苦,但就主观意义而言,它仅仅是一种自爱的行为。❹说到底,源于纯粹良心的负罪感不是"关注他人意义上的道德,因为行为主体关心的主要是他自己"。❺

显然,以恻隐之心为基础的良心不同于以自我为中心的良心。前一种良心包含对他人的关切,而这一关切不仅见于道德主体对受伤害者的情感反应(对他人痛苦的同情),也见于道德主体在采取补救措施时的动机(解除他人的痛苦)。泰勒称这种良心为悔恨(remorse)。她写道:"正是在这个意义上(即关注他人的意义上——引者),悔恨具有道德性。虽然这并非必然,但在典型情况下,行为主体关心的是自己的行为对他人的影响。不仅如此,由于悔恨的焦点是行为而不是行为者,它似乎是一种更为健康的情感。既然行为主体关注的不是自己,自我沉溺的可能性就减小了。"❻

然而,即使这种意义上的恻隐之心也仍然是道德化了的恻隐之

---

❶ Gabriele Taylor, *Pride, Shame, and Guilt* (Oxford: Clarendon Press, 1985), pp 88–89.
❷ Taylor, *Pride, Shame, and Guilt*, p. 91.
❸ Taylor, *Pride, Shame, and Guilt*, p. 92.
❹ 见 Taylor, *Pride, Shame, and Guilt*, pp. 97–98, 103。
❺ Taylor, *Pride, Shame, and Guilt*, p.101.
❻ Taylor, *Pride, Shame, and Guilt*, p. 101, 另见 p. 107。

心,它的表现形式也仍然是人对**道德原则**的尊重(义务感)而不是对**他人**的直接的尊重(同情心)。叔本华反复指出,恻隐之心的道德化有"一劳永逸"之功效,❶意思是说,(前道德的)恻隐之心的作用主要是帮助人们建立道德准则,而不是帮助他们实践道德准则。前者可以一次完成,而后者则需要不断重复。恻隐之心之所以需要道德化,是因为天然的、前道德的恻隐之心不够强烈,不足以产生他向关注。有道德的人虽然愿意遵守以恻隐之心为基础的道德原则,但这一愿望常常来自于他们对原则的重视,而不是直接来自于他们的恻隐之心。实际上,人们对原则的重视本身就说明,他们缺乏足够的恻隐之心。

正是在这个意义上,叔本华指出:"恻隐之心只能通过原则**间接地**作用于正义者的具体行为。"❷然而,他疏忽了一点:在以原则为媒介发挥作用时,恻隐之心的形式不再是前道德状态的恻隐之心,而变成了道德化的恻隐之心。其实,恻隐之心之所以能通过原则发挥作用,正是因为它已经变成了良心,而良心乃是自爱的道德形式,或者说是以道德形式呈现的自爱。正是通过这种道德形式的自爱,良心才能弥补爱人之心的天然不足。因此,这种道德化了的恻隐之心并不像叔本华所描述的那样,不包含任何形式的利己主义动机。恰恰相反,正是因为良心包含了自爱,而自爱人皆有之,它才能成为常人力所能及的道德品质。叔本华本人也承认,具有高度的天然恻隐之心的人为数甚少。既然如此,道德行为的源泉就只能是道德化了的自爱,至多也只能是道德化了的恻隐之心。

---

❶ Schopenhauer, *On the Basis of Morality*, p. 150.
❷ Schopenhauer, *On the Basis of Morality*, p. 151, 着重标志为引者加。

5. 良心的范围

在讨论恻隐之心如何发生道德化的转变时，叔本华只谈正义，而未及仁爱。这绝非偶然。建立具有对等性和普遍性的原则有赖于叔本华所谓"积极的观点"和"消极的观点"的平衡：每个人愿意且能够为别人做的也是他期待别人愿意且能够为他做的。这种平衡属于正义，但却不属于仁爱。对正义来说，不保持积极观点和消极观点的平衡是不明智的，也是不合理的。如果我愿意为别人做的多于我期望别人为我做的，我就是不明智的。明智的人总会希望得到公平对待，一如他愿意公平待人一样。反过来，如果我期望别人为我做的多于我愿意为别人做的，我就是不合理的。在文明社会里，道德对人的基本要求是公平待人，而这一基本要求同时也是最高要求。

与正义不同，仁爱不需要积极观点和消极观点的平衡。仁爱之为仁爱，恰恰因为它是无条件的，无须回报的。当然，一个仁爱的人也希望从别人那里得到正义的待遇，但他肯为别人付出的努力超过正义的要求，而且他的努力也不取决于别人是否怀有和他一样的愿望。因此，一旦一个仁爱的人期望或要求别人对他也施予仁爱（对等性），他就不再是仁爱者；而且，如果一个仁爱的人的行为取决于他人的同样行为（条件性），他也就不再是仁爱者。在这两种情况下，仁爱都变得和正义一样，成了等利害交换的愿望。因此，可以说，**对等的仁爱，有条件的仁爱**，实为正义，而非仁爱。

只有在正义的范畴内，才能找到积极观点和消极观点的平衡，以及个人利益和他人利益的对等。一般来说，我们既不希望正义的要求过高，也不希望正义的要求过低。原因很简单：如果我们出于自私而不愿意为别人付出很多，那么，按照对等原则，我们就必须降低自己对别人的要求；另一方面，如果我们出于自私而希望别人为我们付出很多，那么，按照对等原则，我们就必须为别人也付出很多，而这是一般人不愿接受的。从个人的角度来看，只有当道德要求既符合个人的利益，又不超出个人的能力时，才反映了消极观点和积极观点的平衡。这种平衡不仅是明智的，也是符合道德精神的。从明智的角度看，我找到了两种考量之间的平衡：一方面，为了保护我的利益，我至少需要他人为我做些什么；另一方面，在不过分勉强自己的前提下，我至多能为他人做些什么。从道德的角度看，我找到了我**有资格**期待他人为我做的事情和我**有义务**为他人做的事情之间的对等，即权利与义务之间的对等。

这一对等性使具有普遍性的、我自己和别人都必须遵守的原则成为可能。出于这一对等性，我不仅愿意遵守具有普遍性的原则，而且希望社会通过法律手段来落实这些原则。我之所以**愿意遵守**这些原则，是因为履行对等性的义务不超出我的能力范围，而我之所以希望社会通过法律手段来落实这些原则，是因为我的个人利益和安全感取决于别人是否也遵守这些原则。一般来说，在自己的权益、自己的道德能力和他人的权益、他人的道德能力之间，人们往往更重视自己的权益，同时更信赖自己的道德能力。在这种情况下，人们对法律强制的支持一方面反映了每一个人的自我保护意识，另一方面也反映了每一个人对他人的警惕和不信任。不过，既然这是一个对等现象，法律就起到了约束每一个人的作用，尽管对每一个人来说，法律的意义主要在于约束他人。

然而，人们对法律强制的支持仅限于正义的范围。正义的本质是对等性和相互性，而仁爱的动机则超越了对等性和相互性，因此，正义从根本上排除了仁爱的**动机**。不仅如此，仁爱的行为也超越了对等性和相互性，不是人们普遍愿意而且能够做到的，因此，正义也必须从根本上排除仁爱的**行为**。严格而言，某一准则是正义准则还是仁爱准则，不直接取决于它的内容，而取决于它是否对所有人具有同等的约束力。仁爱的动机只能存在于正义的范围之外，仁爱的行为通常也被置于正义的范围之外。

这一道理也决定了**良心的范围**。如前所述，良心乃是人们在违背社会道德准则或禁忌时感到自责和不安的能力。我们刚刚看到，社会道德准则必须是对等性的、可普遍化的，因而只能是正义的准则，而不能是仁爱的准则。既然如此，良心的范围便相同于正义的范围而不是仁爱的范围。如果我违反了正义的要求，我就会感到良心的不安，但如果我没有达到仁爱的要求，我就没有必要产生这种感觉。在此意义上，良心有助于正义，但却无助于仁爱。在讨论恻隐之心的道德化时，叔本华闭口不谈仁爱，也许正是由于这个缘故。

与此同理，良心的范围也是道德化了的同情心的范围。两者基于同一套道德准则，惟一的区别是，前者更强调行为的义务性，而后者则更强调行为对他人的影响。实际上，道德化了的同情心无非是借助自爱而达到的爱人之心，或以良心为媒介的爱人之心。或者，反过来说，良心无非是以同情心为基础的道德准则的内化。和良心一样，道德化了的同情心也不会超出正义的范围。这说明，道德化了的同情心和良心乃是正义的同态现象。

第12章
正义德行的自我意识性

我们已经多次触及正义秉性的一个重要特征,即正义作为一种德行所具有的高度自我意识性。在本章、也就是全书的最后一章,我们有必要专门分析正义秉性的这一属性,探讨正义秉性作为一种**道德意识**与**自我意识**的存在形式。这一分析有助于我们了解,作为有意识地平衡自我利益和他人利益的结果,正义怎样产生于社会化的过程之中,形成人的一个后天秉性,以及人为了获得这一后天秉性所做的努力为什么既属于一种道德成就,又不能不造成一定的心理代价。这种道德成就和心理代价同时构成了正义秉性的有机组成部分,而最能反映这一特点的莫过于正义作为一种德行所具有的高度自我意识性。

1. 威廉姆斯论有意识的德行

当我们说一个人意识到自己的德行时,我们到底是什么意思?换句话说,如果一个人有意识地做一件被认为具有道德价值的行为，这种意识（或自我意识）的属性或特征是什么？对此，伯纳德·威廉姆斯（Bernard Williams）做了相当精确的回答："如果一个人具有某种德性，他思考问题的方式就会受到影响。不过，我们需要弄清这种影响如何发生。这里重要的是，一个有德行的人在进行思考时并不使用描述这一德行的词汇。一个具有某种德行的人之所以采取某些行为，是因为这些行为符合某一描述，而他之所以不采取某些行为，是因为那些行为符合另一描述。于是，这个人被认为是有德行的人，而他（她）的行为被认为是有德行的行为：比如说，他（她）是一个公正的人或勇敢的人，做的是公正的事或勇敢的事。但是，关键在于，**我们用来描述此人及其行为的概念通常不是此人在选择其行为时所使用的概念**。"❶由于这一缘故，"一个有德行的人所看重的道德考量并不直接等同于局外人对其德行的描述，从前者到后者之路是曲折的，不仅被**自我意识的影响**所构成，而且还与这一影响形成矛盾。"❷

显然，正义的情形并非如此。威廉姆斯认为，正义是一种特殊的德行："一个正义或公平的人选择某些行为，是**因为**这些行为是正义的行为；这个人拒绝某些行为，是**因为**这些行为是不正义或不公平的行为。"❸这里，"因为"一词极为重要，它说明，一个正义者选择其行为的原因和人们用来描述其行为的概念（即"正义"）完全重合：正义行为的内容亦是正义行为的动机。换言之，正义行为之为正义行为，是因为正义者选择该行为的原因是，他明确意识到这是一个被社会描述为正义的行为。这种重合性意味着，正义论同

---

❶ Bernard Williams, *Ethics and the Limits of Philosophy*（Cambridge, Mass.：Harvard University Press, 1985), p. 10, 着重标志为引者加。
❷ Williams, *Ethics and the Limits of Philosophy*, p. 10, 着重标志为引者加。
❸ Williams, *Ethics and the Limits of Philosophy*, p. 10, 着重标志为引者加。

时涉及两个方面,恰如布莱恩·拜瑞(Brian Barry)所说:"解释正义动机的理论同时也必须是确定何谓正义的理论。因为,正义的内容本身必须能够给人们提供使其愿意实践正义的理由。"[1]因此,可以说,正义的动机和内容具有同一性。

在此意义上,正义是一种带有自我意识的德行。借用威廉姆斯的表达方式,这就是说,一个有正义德行的人所看重的道德考量相同于局外人对其德行的描述。或者,借用拜瑞的话说,我们具有正义愿望,是因为我们认同某一规范性的正义观。在这种情形中,我们不仅意识到自己的正义行为的理由,而且还有意识地用正义的概念来描述这些理由。显然,在威廉姆斯和拜瑞看来,这一双重意识是正义者之为正义者的必要条件,哪怕不是充分条件。可惜的是,威廉姆斯和拜瑞并未说明,正义为什么**必然**是一种带有自我意识的德行,或者说,正义德行的自我意识性是如何产生的。

不过,威廉姆斯提到了有助于滋生道德自我意识的某种态度。在这一态度的作用下,一个人会对自己的道德努力产生明显的自我意识,但这不是因为他的道德努力是针对自己的,而恰恰是因为他的道德努力不完全是针对自己的。换言之,在这种情况下,一个人针对自己的愿望(即希望自己是正义的)在很大程度上其实是针对他人的愿望(即希望自己**在别人眼中**是正义的)。对此,威廉姆斯解释道:"旨在满足二阶欲望(即反思性的道德愿望——引者)的思考必须在某一特殊程度上是针对自己的。如果德行培育被认为是第一人称的、带有思考性的活动,那么问题就在于,德行的培养并不完全是针对自己的。用德行概念来考虑自己的可能状态并非真是在考虑自己的行为,考虑自己能够或应该用什么概念来考虑自己的

---

[1] Brian Barry, *Theories of Justice* (Berkeley: University of California Press, 1989), p. 359.

行为，而是在考虑别人会如何描述或评价自己用来考虑自己行为的方式。如果这确实是一个人的道德思考的中心内容，那么，此人的道德关注显然放错了地方。"❶

上述态度确实能使人对自己的德行产生很强的自我意识，不过，这种过分针对他人的道德关注并不是正义德行的自我意识性的必要原因，更不是惟一原因。恰恰相反，即使是在完全针对自己之时，一个人为获得正义德行而付出的道德努力也会具有很强的自我意识性。鉴于此，为了解释正义德行为什么具有**不可避免的**自我意识性，我们必须寻找一个新的思路。

2. 自我克服

正义之所以是一种具有自我意识性的德行，不是、至少不一定是因为它缺乏自我针对性，而是因为在形成这一德行的过程中，人必须克服与正义要求相反的利己主义冲动。正是由于这个缘故，人才会产生道德自我意识，并学会用德行的概念来描述自己的努力以及通过这一努力产生的动机与行为。所以，斯图沃特·汉普希尔（Stuart Hampshire）写道："我们视**正义为对下述欲望的限制：攫取尽可能大份额的报偿的欲望，占据支配地位的欲望**。如柏拉图所言，正义是**对贪婪癖的否定**，亦即对获取分外之物欲望的否定，对无止境的野心和过分的要求的否定，对不知限度的自我张扬的否定。在正义需要被实施并确实被实施时，我们所见到的不是和谐，因为，正义必然阻碍某些欲望，树立某种障碍，让

---

❶ Williams, *Ethics and the limits of Philosophy*, p. 11.

某些事变得不可能。"❶

正是由于这种倾向或欲望的存在,正义才成为必要。作为建制,正义旨在通过强行手段来迫使人们克服这种倾向或欲望。作为德行,正义则旨在使这种克服成为自觉行为,即**自我克服**的行为。在这一意义上,正义正如J. R. 卢卡斯(J. R. Lucas)所说,是一种不情愿的或勉强的德行。❷这是因为,为了获取正义的德行,人必然要和自己的利己主义倾向发生冲突,而且,在这一冲突过程中,人难免会产生一定程度的勉强态度,不情愿放弃自己的利益。尽管如此,只要克服利己主义倾向的动力来自于行为主体自己,并且,行为主体克服这些倾向的原因是道德的而不是策略的,这种不情愿的德行就仍然是德行。

既然是**自我**克服,这一过程就必然包含两个方面:正义者既有与正义要求相反的倾向,也有克服这些倾向的愿望。这两个矛盾侧面的并存意味着,不论正义德行如何完善,它都不是人的自然倾向,而是经由道德努力克服自然倾向的结果。作为这样一种结果,正义必然是有意识的德行。反过来,既然正义是有意识的德行,它就不可能是天然情感,至少不可能完全如此。在这一点上,我们很难同意汉普希尔关于正义是人的天然情感的观点。❸其实,这一观点也违背了汉普希尔本人的一个基本思想,即正义的作用在于限制人的某些天然倾向。

也许有人会说,人的某些天然倾向可以成为正义秉性的原始

---

❶ Stuart Hampshire, *Innocence and Experience* (Cambridge, Mass.: Harvard University Press, 1989), pp. 71–72. 另见 Abraham J. Heschel, *The Prophets* (New York: Harper and Row, 1962), p. 209。

❷ 见 J. R.Lucas, *On Justice* (Oxford: Clarendon Press, 1980), p. 3。

❸ 见 Hampshire, *Innocence and Experience*, p. 82。

构成因素，比如羡慕和妒忌。这固然不错，但是，这些情感只能产生叔本华所说的消极正义感，❶而消极正义感无异于理性利己主义，不能算是严格意义上的正义。严格意义上的正义必须包含一定的积极动机，即克己利人的愿望和能力。如果人确实拥有一种能够构成积极正义感的天然倾向，那它就只能是叔本华所谓的同情心或恻隐之心。

然而，正如我们在第 4 章说过的，积极的正义感不可能完全出于同情心，否则它就无异于仁爱。反过来说，既然正义有别于仁爱，它就不可能完全出于同情心。即使正义感**部分**地源于同情心，人也只有在克服了**其他**的天然倾向之后，才能产生积极的正义感。我们所谓以同情心为基础的正义感，指的无非是由天然倾向（同情心）发展出来的义务感（正义），而义务感之所以必要，恰恰是因为它有助于克服与同情心相反的其他天然倾向。我们强调正义不是人的天然秉性，正是因为这个缘故。实际上，凡是有意识的德行都不是人的天然秉性。所有这类德行（包括正义在内）都是克服天然倾向的结果，而且都是为了这一目的而存在的。即使某一种天然倾向（比如同情心）有助于人克服另一种天然倾向（比如利己之心），这一基本结论也因为义务感的必要而不能被推翻。

从表面上看，在密切的亲朋关系中，人们无须借助有意识的正义感就能做到正义。但这并不是因为，人们在亲朋关系中能够产生更充足的同情心，而是因为他们本能地知道，在亲朋关系中，双方的利益休戚相关，因此，斤斤计较不仅无益，反而会损伤自己的利

---

❶ 见 Arthur Schopenhauer, *On the Basis of Morality*, trans. E. F. J. Payne（Indianapolis, Indiana: Bobbs-Merrill, 1965）, p. 98。

益。这种本能的感觉一般是无意识的,而且,出于艾伦·吉巴德(Allan Gibbard)所说的原因,❶它更有可能是亲朋关系所特有的高度同情心的起因,而首先不是其结果。在亲朋关系中,正义的功能往往只是补救性的。正如汉普希尔所说:"当亲缘关系和友谊关系不足以产生和谐时,人们必须求助于某种得到认可的正义概念,否则冲突就只能靠暴力解决。"❷

上述道理在亲朋关系之外并不适用。在一般人际关系中,每一个人都需要伸张自己的利益,同时防止别人在采取同样行为时伤及自己。在这种情况下,为了维持互利关系,人们必须通过社会化的方式发展正义感,并以此为基础建立起某种不带感情色彩的、非个人化的良性关系。只有通过正义感的作用,人们才能尊重彼此的合法权利,尽管他们无法像在亲朋关系中那样自发地满足彼此的需要。

由于这个缘故,正义感不能不具有双重性质:一方面,正义感的存在表明,人们确实怀有克服利己之心、限制自我伸张的愿望;另一方面,正义感的必要性又说明,人们的利己之心并不那么容易被克服。正如麦克尔·桑德尔(Michael Sandel)所言,无论对个人来说,还是对社会来说,正义感的增加都不一定标志着道德水平的提高。❸同样可能的是,在一种新的社会环境中,人们的自我伸张倾向获得了更大的表达空间,因而需要更强的正义感来对其加以限制与克服。在这种情形中,正义建制与正义感的发展一方面会限制人

---

❶ 见 Allan Gibbard, *Wise Choices*, *Apt Feelings*(Oxford: Clarendon Press, 1990), pp. 257-264。

❷ Hampshire, *Innocence and Experience*, p. 55.

❸ 见 Michael Sandel, *Liberalism and the Limits of Justice*(Cambridge: Cambridge University Press, 1982), p. 32。

们的自我伸张倾向，另一方面也不可避免地会把这种自我伸张倾向纳入"人性"或社会现实的框架内，给予它一个自然化的地位。换言之，通过正义感的发展，与正义感相应的自我伸张倾向不仅受到了限制，同时也被自然化或正常化。

还有一个原因能够帮助我们解释为什么正义感只能是一个具有自我意识性的德行，那就是，正义居于仁爱和利己主义之间。作为一种独立的德行，正义既有别于仁爱，又有别于利己主义。正义之士之所以愿意并且能够在一定程度上克服利己主义，但却不能超越正义的要求而达致仁爱，原因即在于此。和仁爱不同，也和利己主义不同，正义对"可为"和"不可为"有十分明确的规定。尽管这些规定会因时因地而异，但在某一个具体的时空，一个正义者必须按照正义的规定，在一个相当确切的程度上完成自我克服，因而也就需要与之相应的确切意识。此意识便是我们通常所说的正义感。

正义感告诉我们，一个人**应当**在正义要求的程度上克服利己之心，但**不必**在正义要求的程度之外做仁爱之事。所谓正义德行的自我意识性，指的就是这种关于"应当"与"不必"的意识。在这一点上，正义既不同于仁爱，又不同于利己主义。仁爱者具有自发的利他主义精神，利己主义者则完全缺乏利他主义精神。在这两种情况下，人没有自我克服的必要或可能，因而也就不会产生道德意义上的自我意识。而且，仁爱者的利他主义没有限度（因为只考虑他人的需要），而利己主义者的利己之心也没有限度（因为只考虑自己的需要）。在这两种情况下，人也都不必产生道德自我意识。与上述情况不同，正义者愿意为他人着想，但缺乏自发的利他之心，而且，正义者为他人着想的愿望有明确的限度，不会超出平等待人的要求。这就造成了自我克服和道德意识的必要性。离开了自我克服，离开了道德意识的导引，人们要么是放纵的利己主义者，要么是自发的仁爱之士，而不可能准确地达到但又不超过正义的要求。这就是为什么正义不能不是有意识的德行。

3. 自我克服及其报偿

正义的自我意识性还有另外一个侧面。在努力达到正义的要求时，我们往往会注意别人是否也在这样做。如果他们的行为对我们有所影响，这一倾向就会更加明显。在此意义上，正义秉性确实具有威廉姆斯所说的"评估他人的倾向"。❶在威廉姆斯看来，有德行的人需要谨防这一倾向，而值得推崇的是一种"天真"，一种"毫无自我意识，不通过评价别人来衬托自己的德行"。❷这种"天真"恰恰是正义秉性所缺乏的。

正义秉性之所以缺乏"天真"，是因为它的基本特征是人与人之间的相互要求和相互期待，而这种相互性不可避免地包含"评估他人的倾向"。如果说，一个人的自我克服使正义成为一种有意识的德行，那么，一个人对别人的同样要求就使正义的这一特征具有双重的针对性。换言之，正义德行的有意识性源自于一个人对自己的利己之心（即自己有可能做出的非正义行为）和对他人的利己之心（即他人有可能做出的非正义行为）的双重警觉。

然而，在自爱倾向的作用下，人们往往更容易觉察到别人的利己行为，同时更容易意识到自己的正义行为。由于这个缘故，具有

---

❶ Williams, *Ethics and the Limits of Philosophy*, p. 36.
❷ Williams, *Ethics and the Limits of Philosophy*, p. 36.

强烈正义感的人容易是在道德上比较自以为是的人。正义之为有意识的德行，原因之一就是正义者对自己的正义行为充满自我意识。如果人们同时还对别人的利己行为具有高度的道德敏感性，那么，正义的自我意识性就与道德上的自以为是感没有太大的区别了。当别人的非正义行为恰巧伤及自己时，这种自以为是的道德优越感就会在愤恨的作用下变得更为强烈。

在愤恨的情感中，我们不仅意识到自己为了达到正义的要求而付出的自我克服的代价，而且还意识到这一代价的不公平之处，因为有些他人尚未付出同样的代价。所谓愤恨实际上是我们对他人破坏相互性的行为的道德性反应。一个正义的人自然会把正义的要求视为定言命令，并有意识地服从这一命令。但他并未意识到，他之所以愿意服从正义命令，是因为正义命令对他来说实际上是假言命令，是社会不同成员为了达到互利目的而设立的共同行为规则。在这种情况下，只要我们不把正义视为定言命令，我们的愤恨情感就会消失。然而，我们很难这样做，因为社会化的过程已经使我们习惯于把正义作为定言命令。如果违背这一心理习惯，我们就会对自己的道德品质产生怀疑，并因此而失去内心安宁。愤恨的来源恰在于此：既然我们**有意识地**把正义的要求作为定言命令，但同时又**无意识地**把正义的要求作为假言命令，那么，一旦别人违反正义的相互性并伤及我们的利益，我们就会产生愤恨的道德情感。

虽然这种反应本身是有意识的，但它却能以我们意识不到的方式补偿我们在交换关系中受到的损失。不论是从社会的角度看，还是从受害者的角度看，违法者都因为破坏了相互性而降低了他自己的道德地位，从而抵消了物质收益给他带来的好处（如果他的行为违反了法律，这一物质收益本身也会被取消）。不论违法者对此持什么态度，对受害者来说，这都不失为一个安慰。与此同时，因为恪守了正义的定言命令，没有对违法者进行报复，受害者会产生道德上的优越感。这种优越感以道德的形式补偿了受害者因单方面克制自己而遭受的损失。别人愈不具有自我克服的精神，一个遵守正义要求的人就愈得不到他理应从正义的相互性中得到的好处，因而也就愈需要道德形式的报偿。这种报偿不仅能给人带来良心的安宁，让人意识到，自己是公正的、有德行的人，而且还能给人带来社会的认可，使人得以享受"好人的名声"。离开了这种精神的报偿，人很难无意识地把正义作为假言命令（即服务于互利目的的共同行为规则），同时又在意识中把它作为定言命令（即超越利益、具有自身价值的目的）。

4. 以正义的名义

不论是否伴有道德上的自以为是感，正义秉性都有一个前提，那就是，我们不仅要把自己视为被克服的客体，也要把自己视为克服的主体。换言之，我们必须把克服自身欲望的过程变成一个自觉自愿的过程，亦即**自我**克服的过程。然而，就正义的原初（而不是现时）动机而言，这实际上是一个错误认识。我们在前面说过，一个正义的人不仅有违背正义要求的欲望，而且还有克服这些欲望的能力。现在需要补充的是，这两种愿望之所以能够在一个人身上并存，都是由于社会化的缘故。社会从人的"自然本性"出发，把人违背正义要求的欲望当作既成事实，然后通过培养正义感来克服这些自然倾向。也就是说，就生成过程而言，违背正义要求的欲望先于正义。用康德的话说，这些欲望"在道德法则产生之前就已经自然存在，并活跃于我们身上"。❶甚至可以说，违背正义要求的欲望是人的"天性"，而克服这些欲望的正义感则是社会对人的要求，是社会化的产物。从发生学的角度看，自我克服的愿望并非来自个人，而是来自于社会对个人的强制性要求。所谓"正义"实际上是社会用来推行这一要求的理由或名义。借用休谟的话说，正义乃是社会用来创造某种行为习惯的"一种语汇"。❷

当个人以正义的名义克服自身欲望时，他的**行为**属于正义的范畴，但他的**动机**却不必如此。在选择正义的行为时，人们通常都会意识到自己选择这一行为的原因以及这一原因的正义属性。但这并不意味着，这一原因代表的是行为者本人的动机。准确地说，这一原因是社会对相关行为的描述，属于"一种语汇"，使我们能够用人们所普遍理解并接受的方式向自己和他人**表述**我们的行为和动机。这种表述之所以可能，是因为个人克服自身欲望的理由或名义乃是由社会提供的，是社会要求个人克服自身欲望的理由或名义。正义首先是社会强加于个人的要求，然后才成为个人表述自身行为的概念。

我在前面曾把正义感描述为这样一种意识，即人应该在正义要求的范围内克服自己的利己之心，但不必在正义要求的范围之外这样做。这里需要补充的是，这种"应该"意识首先来源于某种"必须"意识，而"必须"意识只能是社会化的产物。汉普希尔说："正义必然阻碍某些欲望，树立某种障碍，让某些事变得不可能。"❸

---

❶ Immanuel Kant, *Critique of Practical Reason*, in *Critique of Practical Reason and Other Writings in Moral Philosophy*, trans. and ed. Lewis White Beck (Chicago:University of Chicago Press, 1949), p. 181.

❷ David Hume, *A Treatise of Human Nature*, ed. L. A. Selby-Bigge, 2nd edn., ed. P. H. Nidditch (Oxford: Clarendon Press, 1978), p. 522.

❸ Hampshire, *Innocence and Experience*, pp.71-72.

这一切只有社会才能做到。社会给个人规定了自我克服的最低限度，同时也规定了正义感的内容。作为个人，我们无法规定这一限度，而只能对这一限度采取某种态度：或者出于畏惧或审慎，把它作为一个不得不服从的外在束缚，或者出于道德上的原因，把它作为一个自己愿意遵守的内在要求。

　　如果上述限度介于利己主义和利他主义之间，我们就还有另外一个选择。既然社会不要求我们以牺牲个人利益为代价发展利他主义，我们就不必彻底放弃个人利益，而只须在追求个人利益时做到合理合法。由此看来，正义感实际上是人在社会化过程中获得的两点认识：第一，正义具有义务性，因此，社会有权强迫个人遵守正义的要求；第二，仁爱属于分外善行，因此，社会无权强迫个人追求仁爱的目标。换用一个更抽象的表达方式，可以说，正义感既反映了社会要求个人做到的自我克服的最高程度，也反映了个人应该自愿做到的自我克服的最低程度。

5. 正义动机的多样性与可变性

　　不过，我们必须把社会强迫个人克服自身欲望的理由和个人接受这种强迫的动机区别开来。虽然强制性要求可以被内化为个人的正义感，从而不再被感受为强制性要求，但上述区别并没有因此而消失。作为"一种语汇"，"正义"为社会提供了改造个人的理由或名义。但这并不证明，社会要求人们克服自身欲望的理由也是人们自我克服的理由。换言之，虽然社会以"正义"为名义要求人们克服利己主义，但"正义"并不一定是人们克服利己主义的动机。正如莱恩霍德·尼布尔（Reinhold Niebuhr）所言：

"惟有行为主体才知道他表面上奉公守法的行为在多大程度上沾染了利己的动机。"❶

在自我克服的过程中，个人不可能完全出于正义的动机，而只能借助于尚待改造的利己主义动机。否则，社会就没有必要通过强制性手段来培养人们自我克服的愿望和能力。尼采告诫说："获得道德的过程本身并不是道德的。"❷意思是，当个人用正义语汇来表述自己的行为时，这一表述再现的不是正义的原初动机，而是人们通过社会化获得的动机。正义语汇所表述的动机是社会化试图给予人们的动机，而社会化本身在很大程度上必须依赖人们的已有动机，即那些尚不符合正义语汇的动机。只有在个人理解并内化了社会以正义的名义强加的各种要求之后，社会的理由与个人的动机才能形成一致。只有在这时，社会通用的正义语汇才能准确表述个人的正义动机。

即使如此，正义行为仍有可能是徒有其表的行为。尼采说，人有能力承诺某件事，但没有能力承诺这件事预设的动机或情感。❸虽然按照社会的要求，我们必须克制过分的利己主义行为，但这并不意味着，我们能够取消利己主义的动机。社会要求于人的只是正义的行为，而不是正义的动机。❹卢卡斯说："不情愿的正义仍为正义"，❺指的大约就是这个意思。既然人没有能力对自己的动机作出

---

❶ Reinhold Niebuhr, *Moral Man and Immoral Society* (New York: Charles Scribner's Sons, 1960), p. 258.

❷ Friedrich Nietzsche, *Daybreak*, trans. R. J. Hollingdale (Cambridge: Cambridge University Press, 1982), 97.

❸ 见 Nietzache, *Human, All Too Human*, trans. R. J. Hollingdale (Cambridge: Cambridge University Press, 1986), I, 58。

❹ 见 Kant, *The Metaphysics of Morals*, trans. Mary Gregor (Cambridge: Cambridge University Press, 1991), p. 56 (231)。

❺ Lucas, On *Justice*, p. 3.

承诺，社会就无法规定，正义必须是一个"全心全意的、发自内心的美德"。所以，"虽然情愿的行为更佳，但只要我做了这些行为，我就达到了正义的标准。"❶

可见，从社会的角度看，要紧的不是正义行为的动机，而是正义行为本身。不论人们自我克服的动机是什么，只要他们按照正义要求的程度达到了自我克服的目的，正义的社会功能就得到了实现。我们已经说过，从发生学的角度看，人们自我克服的动机不可能是正义。现在应该补充说，从功能的角度看，人们自我克服的动机不必是正义。伯纯德·德·尤弗耐（Bertrand de Jouvenel）称："正义如今独立于正义者而存在。"❷我们也许不必对此感到不安，仿佛这只是现代社会特有的现象。事实上，早在古希腊，亚里士多德就说过："好公民不一定必备好人的美德。"❸

当然，一种颇为普遍的观点是，要让人们彻底克服有悖于正义的欲望，最好的办法莫过于培养他们的正义动机。事实是否如此，实为一个开放的问题。在叔本华看来，社会根本没有必要培养人的正义动机："不难想象，一个完善的国家，哪怕只是一套人们笃信的关于死后奖惩的教条，都可能杜绝犯罪。"❹（当然，叔本华紧接着补充道，这样做只能确保政治效果，而不能改进人们的道德："从政治上看，这一做法收效甚大，但它在道德上却一无所获。"）抛开他所坚持的政治效益和道德价值的区别，叔本华的说法酷似某种

---

❶ Lucas, On *Justice*, p. 4.

❷ Bertrand de Jouvenel, *Sovereignty:An Inquiry into the Political Good*, trans. J. F. Huntington（Chicago：University of Chicago Press，1957），p. 140.

❸ Aristotle, *Politics*, trans. Benjamin Jowett, rev. Jonathan Barnes, ed. Steven Everson（Cambridge：Cambridge University Press，1988），bk. 3, ch. 4, 1276 b35—36.

❹ Schopenhauer, *The World as Will and Representation*, trans. E. F. J. Payne（New York：Dover，1969），vol. 1, p. 369.

自由主义的观点，譬如亚当·斯密的"无形之手"论。按照这一观点，"有益的结果产生于社会制度，并不产生于作为个人的个人。自由主义对秩序的构想不必预设，个人一定具有趋向理想的天然倾向。……自由主义者对社会秩序的构想使他们有理由期望，人无须依赖天然善良就能有良好的行为。"❶

类似的观点亦见于尼采的早期著作。在尼采看来，保持良好行为和良好动机的一致不仅不现实，而且也不明智，甚至往往会产生适得其反的效果。从道德教育的最初阶段起，人们就获得了表面上相同的德行，但他们赖以养成这些德行的动机却不相同。为了说明这一点，尼采在"最不称职的教育者"的格言中举了这样一个例子："对甲来说，他所有的真实德行都生长于他富于对抗性的气质；对乙来说，这一切都与他不敢说'不'、顺从他人的脾性有关；丙的全部道德都是其孤傲性格的结果；丁的全部道德则产生于他强烈的合群愿望。"❷通过这些例子，尼采想要说明，尽管"德行的种子"多种多样，但这些不一样的种子却有可能会通过社会化的过程结出同样的果实（德行）。但是，如果"德行的种子……没有播撒在人们的本性中表土最肥沃、最丰富的地方，这些人就产生不了任何德性"。造成这种后果的原因往往不是别的，而是"老师的不称职"，而"最不称职的教育者"莫过于"道德狂热分子，即那些坚信善只能产生于善、建基于善的人"。❸

不仅如此，"道德狂热分子"还没有意识到，表面上的德行并不一定永远会是表面的。恰恰相反，只要持之以恒，任何表面上的德行都有可能演变为真实的德行。这一命题有两个侧面，尼采时而

---

❶ Lester Hunt, *Nietzsche and the Origin of Virtue* (London: Routledge, 1991), pp.56-57.

❷ Nietzsche, *Human, All Too Human*, Ⅱ b, 70.

❸ Nietzsche, *Human, All Too Human*, Ⅱ b, 70.

突出一面，时而突出另一面。一方面，尼采认为，人虽然能养成某种德行，但这并不说明，人真正是有德行的；善的源头不是善，道德的源头亦不是道德。另一方面，尼采又明确指出，这只关乎道德的起源，而不涉及道德的发展。就道德的发展而言，最初是表面上的德行完全有可能发展为真实的德行。

这两个侧面构成了（早期）尼采对道德的理解：道德源于非道德；起初只是表面上的道德可以经由社会化的途径演变为真实的道德。在"伪装乃是责任"的格言中，这两个侧面被综合为下述观点："一般来说，善产生于以善为外表的长期伪装"（命题的第一个侧面）；然而，"长期伪装之物终于变成**自然**：伪装最终得到升华，因而器官和本能（指道德的'器官'和'本能'——引者）就成了虚伪之园的惊人之果"（命题的第二个侧面）。❶我们也可以用"遗忘"来描述这一"升华"过程。在关于正义的一条格言里，尼采指出，升华与遗忘互为因果，是同一过程的两个方面。"因为人们自幼便受到训练去赞赏和模仿这种行为，所以，久而久之，正义的行为便被人们认为是非利己的行为：正义行为的崇高价值恰恰有赖于这一表面现象。不仅如此，和所有的价值一样，这一崇高价值与日俱增，因为，受到高度珍视的东西，人们必然极力去做，争相模仿，不惜代价地加以扩充，于是，每个人为此付出的劳累与热忱都作为一种价值被附加于这一受珍视的东西，从而使它的价值不断增长。**若无遗忘，世界上还有什么道德可言！**诗人会说，遗忘是上帝安排在人类尊严之殿堂门口的守门人。"❷

如果尼采是正确的，那么，尽管正义只能源于假象，但它有

---

❶ Nietzsche, *Daybreak*, 248.
❷ Nietzsche, *Human, All Too Human*, I, 92.

可能经由假象而发展为真正的道德。当一个人用社会教给他的正义语汇向自己（而不是仅仅向他人及社会）表述自我克服的过程时，正义对他来说就不仅仅是表象，而变成了他内在的、真实的道德动力了。在习惯的作用下，自我克服会逐渐发展为自然需求，以至于人们会最终"遗忘"自我克服的原初动机，把社会强加给他们的理由作为自己新的动机。这样一来，社会要求的正义动机与个人具有的正义动机就达到了一致，社会通用的正义语汇也成了个人正义动机的准确表述。这就是社会化的任务：通过道德教化为这种一致创造主观条件，并通过保障正义的相互性为这种一致创造客观条件。不过，由于正义不仅包含了道德的无条件性，还包含了利益交换的有条件性，这一双重任务对任何需要正义的社会都构成了永久性的挑战。

引用书目

Anscombe, G. E. M., "Modern Moral Philosophy," *Philosophy* xxxiii, 1958. Arendt, Hannah, *The Human Condition* (Chicago: University of Chicago Press, 1958).

——, "Thinking and Moral Considerations," *Social Research* 38, 1971.

Aristotle, *The Nicomachean Ethics*, trans. J. A. Thomson, rev. Hugh Tredennick (Harmondsworth: Penguin, rev. edn., 1976).

——, *Politics*, trans. Benjamin Jowett, rev. Jonathan Barnes, ed. Steven Everson (Cambridge: Cambridge University Press, 1988).

Baier, Annette, *A Progress of Sentiments* (Cambridge, Mass.: Harvard University Press, 1991).

——, "Hume on Resentment," *Hume Studies* 6, 1980.

Baier, Kurt, *The Rational and the Moral Order* (Chicago and La Salle, Illinois: Open Court, 1995).

Barry, Brian, *Justice as Impartiality* (Oxford: Clarendon Press, 1995).

——, *Theories of Justice* (Berkeley: University of California Press, 1989).

Becker, Lawrence C., *Reciprocity* (New York: Routledge, 1986).

Bourdieu, Pierre, *The Logic of Practice*, trans. Richard Nice (Stanford, Calif.: Stanford University Press, 1990).

Buchanan, Allen, *Marx and Justice* (Totowa, New Jersey: Rowman and Littlefield,

1982).

———, "Justice as Reciprocity versus Subject – Centered Justice," *Philosophy and Public Affairs* 19, 1990.

Campbell, Tom, *The Left and Rights* (London: Routledge & Kegan Paul, 1983).

Cooper, David E., "Hegel's Theory of Punishment," in *Hegel's Political Philosophy: Problems and Perspectives*, ed. Z. A. Pelczynski (Cambridge:Cambridge University Press, 1971).

Elster, Jon and Karl Ove Moene, *Alternatives to Capitalism* (Cambridge: Cambridge University Press, 1989).

Gambetta, Diego, "Can We Trust Trust ? " in *Trust: Making and Breaking Cooperative Relations*, ed. Diego Gambetta (New York: Basil Blackwell, 1988).

Gauthier, David, *Morals by Agreement* (Oxford: Clarendon Press, 1986).

Gibbard, Allan, *Wise Choices, Apt Feelings* (Oxford: Clarendon Press, 1990).

———, "Constructing Justice," *Philosophy and Public Affairs* 20, 1991.

Greenspan, P. S., *Emotions and Reasons* (New York: Routledge, 1988).

———, *Practical Guilt: Moral Dilemmas, Emotions, and Social Norms* (New York: Oxford University Press, 1995).

Habermas, Jürgon, *Justification and Application: Remarks on Discourse Ethics*, trans. Ciaran P. Cronin (Cambridge, Mass.: MIT Press, 1993).

———, *Law and Morality*, in *The Tanner Lectures on Human Values*, vol. 8, ed. Sterling M. McMurrin (Salt Lake City: University of Utah Press, 1988).

———, *Moral Consciousness and Communicative Action*, trans. Christian Lenhardt and Shierry Weber Nicholsen (Cambridge, Mass.: MIT Press, 1990).

———, *Philosophical- Political Profiles*, trans. Frederick G. Lawrence (Cambridge, Mass.: MIT Press, 1985).

———, *The Theory of Communicative Action*, vol. 1, *Reason and the Rationalization of Society*, trans. Thomas McCarthy (Boston: Beacon Press, 1984).

———, "Reconciliation through the Public Use of Reason: Remarks on John Rawls's

Political Liberalism," *Journal of Philosophy* 92, 1995.

Hamlyn, D. W., *Schopenhauer* (London: Routledge & Kegan Paul, 1980) .

Hampshire, Stuart, *Innocence and Experience* (Cambridge, Mass.: Harvard University Press, 1989) .

Harsanyi, John C., *Rational Behavior and Bargaining Equilibrium in Games and Social Situations* (Cambridge: Cambridge University Press, 1977) .

G. W. F. Hegel, *Hegel's Philosophy of Right*, trans. T. M. Knox (Oxford:Clarendon Press, 1952) .

Heschel, Abraham J., *The Prophets* (New York: Harper and Row, 1962) .

Hill, Thomas, *Dignity and Practical Reason in Kant's Moral Theory* (Ithaca, New York: Cornell University Press, 1992) .

Hume, David, *An Enquiry Concerning the Principles of Morals*, ed. J. B.Schneewind (Indianapolis, Indiana: Hackett, 1983) .

——, *A Treatise of Human Nature*, ed. L. A. Selby– Bigge, 2nd. edn., ed. P. H. Nidditch (Oxford: Clarendon Press, 1978) .

Hunt, Lester, *Nietzsche and the Origin of Virtue* (London: Routledge, 1991) .

Jouvenel, Bertrand de, *Sovereignty: An Inquiry into the Political Good*, trans.J. F. Huntington (Chicago: University of Chicago Press, 1957) .

Kant, Immanuel, *Critique of Practical Reason*, in *Critique of Practical Reason and Other Writings in Moral Philosophy*, trans. and ed. Lewis White Beck (Chicago: University of Chicago Press, 1949) .

——, *Groundwork of the Metaphysic of Morals*, trans. H. J. Paton, in *The Moral Law* (London: Hutchinson, 1947) .

——, *Kant's Political Writings*, ed. Hans Reiss, trans. H. B. Nisbet (Cambridge: Cambridge University Press, 1970) .

——, *The Metaphysics of Morals*, trans. Mary Gregor (Cambridge: Cambridge University Press, 1991) .

Kierkegaard, Søren, *Concluding Unscientific Postscript to Philosophical Fragments*, trans. Howard V. Hong and Edna H. Hong (Princeton: Princeton University Press, 1992) .

——, *Works of Love*, trans. David F, Swenson and Lillian Marvin Swenson (Princeton: Princeton University Press, 1946) .

Lucas, J. R., *On Justice* (Oxford: Clarendon Press, 1980) .

Lukes, Steven, "Taking Morality Seriously," in *Morality and Objectivity*, ed. Ted Honderich (London: Routledge & Kegan Paul, 1985) .

MacIntyre, Alasdair, *After Virtue* (Notre Dame, Indiana: University of Notre Dame Press, 2nd. edn, 1984) .

Marx, Karl and Friedrich Engels, *The German Ideology*, ed. C. J. Arthur (New York: International Publishers, 1981) .

McCarthy, Thomas, *Ideals and Illusions* (Cambridge, Mass. : MIT Press, 1991) .

Mercer, Philip, *Sympathy and Ethics* (Oxford: Clarendon Press, 1972) .

Mill, John Stuart, *Utilitarianism*, in John Stuart Mill and Jeremy Bentham, *Utilitarianism and Other Essays*, ed. Alan Ryan (Harmondsworth: Penguin, 1987) .

Montesquieu, *The Spirit of the Laws*, trans. and ed. Anne Cohler, Basia Miller and Harold Stone (Cambridge: Cambridge University Press, 1989) .

Murphy, Jeffrie G., *Kant: The Philosophy of Right* (New York: Macmillan, 1970) .

Nagel, Thomas, *Equality and Partiality* (New York: Oxford University Press, 1991) .

Niebuhr, H. Richard, *Christ and Culture* (New York: Harper and Row 1956) .

Niebuhr, Reinhold, *Moral Man and Immoral Society* (New York: Charles Scribner's Sons, 1960) .

Nietzsche, Friedrich, *The Antichrist*, in *The Portable Nietzsche*.

——, *Daybreak*, trans. R. J. Hollingdale (Cambridge: Cambridge University Press, 1982) .

——, *Ecce Homo*, trans. Walter Kaufmann and R. J. Hollingdale (New York:Randam House, 1967) .

——, *The Gay Science*, trans. Walter Kaufmann (New York: Random House, 1974) .

——, *Human, All Too Human*, trans. R. J. Hollingdale (Cambridge: Cambridge University Press, 1986).

——, *Nietzsche Contra Wagner*, in *The Portable Nietzsche*.

——, *On the Genealogy of Morals*, trans. Walter Kaufmann and R.J.Hollingdale (New York: Random House, 1967).

——, *The Portable Nietzsche*, ed. and trans. Walter Kaufmann (New Youk : Viking Press, 1954).

——, *Thus Spoke Zarathustra*, in *The Portable Nietzsche*.

——, *The Will to Power*, ed. Walter Kaufmann, trans. Walter Kaufmann and R. J. Hollingdale (New York: Random House, 1967).

Norton, David Fate, ed., *The Cambridge Companion to Hume* (Cambridge:Cambridge University Press, 1993).

Nussbaum, Martha, *Therapy of Desire: Theory and Practice in Hellenistic Ethics* (Princeton: Princeton University Press, 1995).

Pogge, Thomas W., "Kant's Theory of Justice," *Kant Studien* 79, 1988.

Rabinow, Paul, ed., *The Foucault Reader* (New York: Pantheon, 1984).

Rawls, John, *A Theory of Justice* (Cambridge, Mass.: Harvard University Press, 1971).

——, *Political Liberalism* (New York: Columbia University Press, 1993).

——, "Reply to Habermas," *Journal of Philosophy* 92, 1995.

Sandel, Michael, *Liberalism and the Limits of Justice* (Cambridge: Cambridge University Press, 1982).

Saner, Hans, *Kant's Political Thought*, trans. E. B. Ashton (Chicago: University of Chicago Press, 1973).

Scanlon, Thomas, "Contractualism and Utilitarianism," in *Utilitarianism and Beyond*, ed. Amartya Sen and Bernard Williams (Cambridge: Cambridge University Press, 1982).

Scheler, Max, *Ressentiment*, trans. Lewis B. Coser and William W. Holdheim (Milwaukee, Wisconsin: Marquette University Press, new edn., 1994).

Schopenhauer, Arthur, *On the Basis of Morality*, trans. E. F. J. Payne (Indianapolis,

Indiana: Bobbs – Merrill, 1965).

——, *The World as Will and Representation*, vol. 1, trans. E. F. J. Payne (New York: Dover, 1969).

Shell, Susan Meld, *The Rights of Reason: A Study of Kant's Philosophy and Politics* (Toronto: University of Toronto Press, 1980).

Shklar, Judith, *The Faces of Injustice* (New Haven: Yale University Press, 1990).

Smith, Adam, *An Inquiry into the Nature and Causes of the Wealth of Nations*, ed. Edwin Cannan (Chicago: University of Chicago Press, 1976).

——, *The Theory of Moral Sentiments*, ed. D. D. Raphael and A. L. Macfie (Indianapolis, Indiana:Liberty Classics, 1982).

Strawson, P. F., *Freedom and Resentment* (London: Methuen, 1974).

Stroud, Barry, *Hume* (London: Routledge & Kegan Paul, 1977).

Taylor, Charles, "The Nature and Scope of Distributive Justice," in *Philosophy and the Human Sciences* (Cambridge: Cambridge University Press, 1985).

Taylor, Gabriele, *Pride, Shame, and Guilt* (Oxford: Clarendon Press, 1985).

Tillich, Paul, *Love, Power, and Justice* (London: Oxford University Press, 1954).

——, *Morality and Beyond* (New York: Harper and Row, 1963).

Williams, Bernard, *Ethics and the Limits of Philosophy* (Cambridge, Mass.:Harvard University Press, 1985), p. 36.

——, "Formal Structures and Social Reality," in *Trust: Making and Breaking Cooperative Relations*, ed. Diego Gambetta (New York: Basil Blackwell, 1988).

后　记

　　这本关于正义的书可以说是一部相当抽象的哲学论著，但我做这项研究的念头却始于对具体的社会道德现象的观察与思考。这些现象可以概括为：如果社会上一部分人的非正义行为没有受到有效的制止或制裁，其他本来具有正义愿望的人就会效仿这种行为，乃至造成非正义行为的泛滥。这种现象在任何社会都可能发生，在道德文化和法律制度不健全的社会更是如此，而且，不论一个社会有什么样的正义观念，这一可能性都无法避免。本书的主要思路，即正义的两面性，就是在思考这一现象的基础上逐渐形成的。顺着这一思路研读有关著述时，我才发现，这一问题很少有人问津，甚至关于正义心理的任何研究都属鲜见。于是，我的这项研究就有了双重目的，一是以上述现象为切入点，解释正义心理和正义运作的若干重要方面，二是试图填补正义研究中的一个空白。第一个目的，也是更主要的目的，产生于作者对具体的社会道德现象的观察与思考，因此，我恳请读者在考虑本书的抽象论证时能结合对现实社会问题的具体思考。说到底，抽象的论证是为了解释具体的现象，否则就失去了意义。

　　此项研究始于1995年初。我先后在美国弗吉尼亚大学、匹兹堡大学哲学系、普林斯顿高等研究院社会科学部进行研读与写作，并最终成稿于香港大学哲学系。其间，多位同行或朋友阅读了书稿的部分或全部，提供了重要修改意见或其他方面的帮助：吴芬、Neil Cooper、王云萍、梁治平、万俊人、方克涛、Annette Baier、Nicholas Bunnin、Michael Walzer。离开了他（她）们的帮助，本书不可能以现在的形式完成。在本书的最后修改和编辑出版过程中，三联书店的许医农先生给我提供了热情的鼓励和极富成效的帮助。上述一切，都是超过了"正义"的分外行为，对此我深表谢意。

三联·哈佛燕京学术丛书

[一至十六辑书目]

第一辑

01 中国小说源流论 / 石昌渝著
02 工业组织与经济增长的理论研究 / 杨宏儒著
03 罗素与中国 / 冯崇义著
　——西方思想在中国的一次经历
04 《因明正理门论》研究 / 巫寿康著
05 论可能生活 / 赵汀阳著
06 法律的文化解释 / 梁治平编
07 台湾的忧郁 / 黎湘萍著
08 再登巴比伦塔 / 董小英著
　——巴赫金与对话理论

第二辑

09 现象学及其效应 / 倪梁康著
　——胡塞尔与当代德国哲学
10 海德格尔哲学概论 / 陈嘉映著
11 清末新知识界的社团与活动 / 桑兵著
12 天朝的崩溃 / 茅海建著
　——鸦片战争再研究
13 境生象外 / 韩林德著
　——华夏审美与艺术特征考察
14 代价论 / 郑也夫著
　——一个社会学的新视角
15 走出男权传统的樊篱 / 刘慧英著
　——文学中男权意识的批判
16 金元全真道内丹心性学 / 张广保著

第三辑

17 古代宗教与伦理 / 陈来著
　——儒家思想的根源
18 世袭社会及其解体 / 何怀宏著
　——中国历史上的春秋时代
19 语言与哲学 / 徐友渔 周国平 陈嘉映 尚杰著
　——当代英美与德法传统比较研究
20 爱默生和中国 / 钱满素著
　——对个人主义的反思
21 门阀士族与永明文学 / 刘跃进著
22 明清徽商与淮扬社会变迁 / 王振忠著
23 海德格尔思想与中国天道 / 张祥龙著
　——终极视域的开启与交融

第四辑

24 人文困惑与反思 / 盛宁著
　——西方后现代主义思潮批判
25 社会人类学与中国研究 / 王铭铭著
26 儒学地域化的近代形态 / 杨念群著
　——三大知识群体互动的比较研究

27 中国史前考古学史研究 / 陈星灿著
   (1895—1949)

28 心学之思 / 杨国荣著
   ——王阳明哲学的阐释

29 绵延之维 / 丁　宁著
   ——走向艺术史哲学

30 历史哲学的重建 / 张西平著
   ——卢卡奇与当代西方社会思潮

第五辑

31 京剧·跷和中国的性别关系 / 黄育馥著
   (1902—1937)

32 奎因哲学研究 / 陈　波著
   ——从逻辑和语言的观点看

33 选举社会及其终结 / 何怀宏著
   ——秦汉至晚清历史的一种社会学阐释

34 稷下学研究 / 白　奚著
   ——中国古代的思想自由与百家争鸣

35 传统与变迁 / 周晓虹著
   ——江浙农民的社会心理及其近代以来的嬗变

36 神秘主义诗学 / 毛　峰著

第六辑

37 人类的四分之一：马尔萨斯的神话与中国的现实 / 李中清　王　丰著
   (1700—2000)

38 古道西风 / 林梅村著
   ——考古新发现所见中西文化交流

39 汉帝国的建立与刘邦集团 / 李开元著
   ——军功受益阶层研究

40 走进分析哲学 / 王　路著

41 选择·接受与疏离 / 王攸欣著
   ——王国维接受叔本华 朱光潜接受克罗齐 美学比较研究

42 为了忘却的集体记忆 / 许子东著
   ——解读50篇文革小说

43 中国文论与西方诗学 / 余　虹著

第七辑

44 正义的两面 / 慈继伟著

45 无调式的辩证想象 / 张一兵著
   ——阿多诺《否定的辩证法》的文本学解读

46 20世纪上半期中国文学的现代意识 / 张新颖著

47 中古中国与外来文明 / 荣新江著

48 中国清真女寺史 / 水镜君　玛利亚·雅绍克著

49 法国戏剧百年 / 宫宝荣著
   (1880—1980)

50 大河移民上访的故事 / 应　星著

第八辑

51 多视角看江南经济史 / 李伯重著
   (1250—1850)

52 推敲"自我"：小说在18世纪的英国 / 黄梅著

53 小说香港 / 赵稀方著

54 政治儒学 / 蒋　庆著
   ——当代儒学的转向、特质与发展

55 在上帝与恺撒之间 / 丛日云著
   ——基督教二元政治观与近代自由主义

56 从自由主义到后自由主义 / 应奇著

第九辑

57 君子儒与诗教 / 俞志慧著
　　——先秦儒家文学思想考论
58 良知学的展开 / 彭国翔著
　　——王龙溪与中晚明的阳明学
59 国家与学术的地方互动 / 王东杰著
　　——四川大学国立化进程（1925—1939）
60 都市里的村庄 / 蓝宇蕴著
　　——一个"新村社共同体"的实地研究
61 "诺斯"与拯救 / 张新樟著
　　——古代诺斯替主义的神话、哲学与精神修炼

第十辑

62 祖宗之法 / 邓小南著
　　——北宋前期政治述略
63 草原与田园 / 韩茂莉著
　　——辽金时期西辽河流域农牧业与环境
64 社会变革与婚姻家庭变动 / 王跃生著
　　——20世纪30—90年代的冀南农村
65 禅史钩沉 / 龚隽著
　　——以问题为中心的思想史论述
66 "国民作家"的立场 / 董炳月著
　　——中日现代文学关系研究
67 中产阶级的孩子们 / 程巍著
　　——60年代与文化领导权
68 心智、知识与道德 / 马永翔著
　　——哈耶克的道德哲学及其基础研究

第十一辑

69 批判与实践 / 童世骏著
　　——论哈贝马斯的批判理论
70 身体·语言·他者 / 杨大春著
　　——当代法国哲学的三大主题
71 日本后现代与知识左翼 / 赵京华著
72 中庸的思想 / 陈赟著
73 绝域与绝学 / 郭丽萍著
　　——清代中叶西北史地研究

第十二辑

74 现代政治的正当性基础 / 周濂著
75 罗念庵的生命历程与思想世界 / 张卫红著
76 郊庙之外 / 雷闻著
　　——隋唐国家祭祀与宗教
77 德礼之间 / 郑开著
　　——前诸子时期的思想史
78 从"人文主义"到"保守主义" / 张源著
　　——《学衡》中的白璧德
79 传统社会末期华北的生态与社会 / 王建革著

第十三辑

80 自由人的平等政治 / 周保松著
81 救赎与自救 / 杨天宏著
　　——中华基督教会边疆服务研究
82 中国晚明与欧洲文学 / 李奭学著
　　——明末耶稣会古典型证道故事考诠
83 茶叶与鸦片：19世纪经济全球化中的中国 / 仲伟民著
84 现代国家与民族建构 / 昝涛著
　　——20世纪前期土耳其民族主义研究

第十四辑

85 自由与教育 / 渠敬东　王　楠著
　　——洛克与卢梭的教育哲学
86 列维纳斯与"书"的问题 / 刘文瑾著
　　——他人的面容与"歌中之歌"
87 治政与事君 / 解　扬著
　　——吕坤《实政录》及其经世思想研究
88 清代世家与文学传承 / 徐雁平著
89 隐秘的颠覆 / 唐文明著
　　——牟宗三、康德与原始儒家

第十五辑

90 中国"诗史"传统 / 张　晖著
91 民国北京城：历史与怀旧 / 董　玥著
92 柏拉图的本原学说 / 先　刚著
　　——基于未成文学说和对话录的研究
93 心理学与社会学之间的
　　诠释学进路 / 徐　冰著
94 公私辨：历史衍化与
　　现代诠释 / 陈乔见著
95 秦汉国家祭祀史稿 / 田　天著

第十六辑

96 辩护的政治 / 陈肖生著
　　——罗尔斯的公共辩护思想研究
97 刘蕺山哲学思想研究 / 高海波著
98 汉藏之间的康定土司 / 郑少雄著
99 中国近代外交官群体的
　　形成（1861—1911）/ 李文杰著
100 中国国家治理的制度逻辑 / 周雪光著
　　——一个组织学研究